KB032199

동양의 논리는
어디에 있는가

박동환
철학선집 II

동양의 논리는 어디에 있는가

사월의책

동양의 논리는 어디에 있는가

1판 1쇄 발행 2017년 4월 1일
(초판 1993년 7월 20일 고려원)

지은이 박동환
펴낸이 안희곤
펴낸곳 사월의책

편집 박동수
디자인 김현진

등록번호 2009년 8월 20일 제396-2009-126호
주소 경기도 고양시 일산동구 무궁화로 7-45 451호
전화 031)912-9491 | 팩스 031)913-9491
이메일 aprilbooks@aprilbooks.net
홈페이지 www.aprilbooks.net
블로그 blog.naver.com/aprilbooks

ISBN 978-89-97186-66-2 94100
ISBN 978-89-97186-64-8 (세트)

* 책값은 뒤표지에 있습니다.
* 이 도서의 국립중앙도서관 출판예정도서목록(CIP)은 서지정보유통지원시스템 홈페이지(http://seoji.nl.go.kr)와 국가자료공동목록시스템(http://www.nl.go.kr/kolisnet)에서 이용하실 수 있습니다.
(CIP제어번호: CIP2017004099)

차례

한 조각의 철학적 회고 2

21세기에 들어서 수많은 사람들이 세계의 곳곳을 여행하기 위해 해외로 나간다. '그들은 세계를 보고 무엇을 생각하며 돌아올까?' '그 생각들을 모아 정리하면 하나의 철학이 나오지 않을까?' 이 책은 내가 미국에서 유학을 마치고 돌아와 십여 년이 지난 다음 다시 1년 동안의 유럽 생활에서 겪은 체험과 학습과정에서 달라진 생각들을 몇 가지 철학적인 문제의식을 가지고 엮어놓은 것이다.

서양 문화에 대한 제2의 체험과 학습 기회였던 나의 유럽 생활은 뜻밖에도 나에게 동양인으로서의 자존심과 정체성을 돌이켜 보며 찾도록 강요당한 시간들로 가득했다. 나는 더 이상 청년기에 미국에서 보낸 유학 때처럼 자기의 뿌리를 생각하지 않고 현지의 문화와 철학에 몰입해 그것을 학습하는 데만 집중할 수 없었던 것이다. 그럼에도 다시 고향에 돌아온 그때 20세기 한 가운데서 돌이켜 본 동양의 전통이라는 것은 자기 자부나 자기 긍정을 하기에는 이미 세계적 보편성을 상실해 버렸거나 아니면 너무나 수세방어적인 논리에 빠져 있었다. 그래서 솔직히 나는 무엇인가 새로운 것을 학습하려고 바라보았던 서양에서도 내가 소속해 있는 동양에서도 철학적으로

의탁할만한 어떤 입지도 찾을 수 없었다. 나는 철학적으로 세계에서 추방당한 고아에 다름없었다.

그러므로 나는 내가 전공하는 철학 아니 그 동서양의 전통에 대하여 방관자 아니면 비평가의 관점을 지키지 않으면 안 되었다. 철학은 나에게 전공으로 전념할 수 있는 소속처가 아니라 무언가 그것의 전적인 착각 또는 잘못된 방향에 대하여 고발할 수밖에 없는 처지에 놓이게 된 것이다. 나는 모든 전통의 철학에 대한 병리학적 진단을 내리는 일에 몰두해야 했다. 군사정권 아래에서 혼미를 거듭하던 1980년대 한국에서 열풍을 일으켰던 유물사관이나 지식사회학의 방법론에 대한 나의 관심은 그것이 바로 고대문명의 발상지에서 인류가 창안해 냈다고 자부하는 '철학사'라는 전통에 대한 병리학적 진단에 참고가 되리라는 기대에서 비롯하는 것이었다. 그러한 뜻을 가지고 나는 이 책에서 어느 문명권에서나 발상했던 철학사의 전통에 대한 두 개의 접근 방법을 실험하고 있다.

하나는 서양철학사의 전통은 고대 그리스의 비극 작가들에 의해 제기되었던 인간 존재에 대한 해답할 수 없는 물음들을 폐기해 버리는 실수를 했다고 보는 것이다. 이를테면 소크라테스와 플라톤으로 비롯하는 인간의 이성 또는 그 논리적 전략에 대한 과도한 믿음에 기울어서 간과해 버린 그러나 해답할 수 없는 물음들에는 다음과 같은 것이 있다. 증명하려는 자에게 결코 주어지지 않는 진리는 어떤 모양으로 다가오는가? 인간의 합리적 사유체계를 초월하는 높은 단계의 진리는 사유의 대상인가? 존재하는 모든 것이 자신을 지탱하려고 최선을 다해도 왜 끊임없이 사라져 가는가? 전쟁이 지나간 자리에 폐허밖에 남은 것이 없을 때 사람들이 실현하려는 목표나 이념보다 언제나 더 큰, 그래서 잡을 수 없는 그 덧없는 시간의 질서를 어떤 논리로 이해해야 하는가?

다른 하나는 백만 년 아니면 적어도 수십만 년 전에 나타났을 호모에렉투스의 돌도끼와 그에 따르는 대상 매개의 수단 곧 유(類)개념 또는 범주의 발명처럼 철학적으로 반성되어야 할 중요한 사건은 없다는 것이다. 세계로 퍼져나간 돌도끼와 유(類)개념 그것들은 모두 인류가 자신의 먹이 정복과 영토 확장을 위해서 끌어들인 대상 매개의 수단이었다. 그 매개 행위의 1차적 대상은 자연이며 2차적 대상은 동료 인간이었다. 그런 매개행위는 세계에 존재하는 것들을 단순한 '대상'으로 취급함으로써 그것들의 자체성 인식을 혼란에 빠뜨리는 장애물로서 역사적 기능을 해왔다. 자연이든 인간이든 그 자체의 실상은 '대상'으로 접근할 수 있는 존재가 아니다.(ㅂㄷ, 『x의 존재론』, "존재하는 모든 것들을 인간으로부터 해방시켜라" 보기) 말하자면 인류 문명과 함께 등장한 철학자들은 내내 존재 자체가 간직한 진리의 탐구자로서 일하기보다는 대개 이를테면 플라톤이나 공자 같은 인간통치 또는 천하평정의 기획자로 아니면 데카르트나 로크, 헤겔이나 에드문트 후설 같은 자연의 정복자로 전락해 버린 것이다.
(161213)

초판의 머리말

지금까지 수백 년 동안 동양사람의 서양문화에 대한 관계는 다만 학습자이며 수용자에 지나지 않았다. 서세동점(西勢東漸)의 추세 가운데서 우리들이 처음 서양문화를 배우고 익힐 때, 흔히 서양사람은 합리적이고 논리적이며 동양사람은 감성적이고 직관적이라는 겉보기 진단을 스스로 내렸었다. 그러니 그 외래의 사상과 방법이 자기 전통의 사고방식과 부딪쳐 어떻게 교류·종합될 수 있는가에 대한 깊이 있는 접근이 불가능했다.

이제 서구 전통의 논리를 기준으로 해서 동아시아사람의 문화와 세계관을 평가하는 무리를 더 이상 계속할 수 없다. 서구사람과 동아시아사람이 지녀 온 문화와 세계관에 각기 고유한 전형의 합리성이 있을 뿐만 아니라, 그것은 서로 다른 논리적 바탕 위에 이루어진 것임을 말할 수 있어야 한다. 이러한 발견이 있고서야 동·서양의 전통이 첨예하게 충돌하며 지양하는 여기 동아시아에서 21세기로부터 펼쳐질 새로운 세계 철학사의 항방에 기여할 수 있을 것이다.

여기에 모은 글들은 1976년에서 '82년, 그리고 '88년에서 '92년 사이에 쓴 것들이다. '83년으로부터 6년 동안 생각의 초점과 스타일에

변화가 일어나 아무것도 내놓을 수가 없었다. 무엇에 대하여 쓸 것인가? 무엇을 근거로 할 것인가? 그 우연성과 허구를 벗어날 수 없었다. 이 모색의 기간에 진지한 흥미를 가지고 수업에 참여한 동학들이 함께 나누었던 이야기의 흔적을 여기서 발견할 것이다.

수업에 참여한 토론의 동반자에 대한 나의 관계는 스승이라거나 교사라는 말로 표현하기 어렵다. 나는 스승이나 교사이기를 늘 거부해 왔다. 나는 언제나 그들이 애써 세워보려는 생각을 흔들어 놓는 악역을 하거나 그들이 자신의 소유처럼 놓지 않으려는 이런 저런 철학자의 이야기를 토해 내도록 압력을 가하는 박탈자의 역할을 했기 때문이다. 천 년을 이어받은 스콜라철학의 전통을 거부하고 '세상'이라는 책을 직접 읽기로 결심했던 데카르트의 직관과, 서주(西周) 이래의 전적훈고(典籍訓故)를 제쳐놓고 민간에 떠도는 가요와 속담을 높은 차원의 한 관점으로 엮어낸 노자(老子)의 탈속(脫俗)은 시범적이다.

여기에 나타난 철학적 사유는 1940년대에서 '90년대에 걸쳐 있는 시대의 체험과 관찰을 반영한다. 반전을 거듭한 이 시대에 타의와 자의가 뒤범벅이 된 수렁 가운데서 잡힌 생각이 지난 시대의 또는 다음 시대의 철학과 무엇을 공유할 수 있을지 나는 모른다. 일본제국의 식민통치와 이념을 앞세운 남북의 전쟁, 초근목피(草根木皮)의 빈곤과 군사쿠데타로 시작된 물량주의 산업, 서구문화에 대한 열등감과 자아표현의 저돌적 태도, 말세의 징조에 대한 불안과 21세기 세계 재편에 거는 희망. 이러한 세계의 물결 가운데서 나는 어떤 나라와 어떤 시대를 초월한 보편성을 요구할 수밖에 없다. 모든 일시적인 실현과 편파적 주장이 차례로 사라져 가며 결국에 무엇을 남기는가?

지금까지 모든 논리학의 체계는 자체함축에 집착하는 개념분석이나 기호조작 위에 세워졌다. 개념분석과 기호조작은 사물의 범주와 질서를 관념의 영토로 끌어들인다. 그러나 마음은 그 집착과 경직의 습성에도 불구하고 세계의 무상(無常)하고도 자유로운 변화의 실상을 따라 연출한다. 그것은 한낱 관념이나 도구의 주체로서가 아니라 존재의 숙명과 당위를 실행하는 현실세계의 파동 가운데서 틀지어지는 것이다. 그것은 개념과 기호의 유희가 따를 수 없는 자체소멸과 초월의 관계를 자각하고 지향하는 일을 한다. 그러므로 마음의 논리학은 중심을 잃고 회귀하는 것들의 끝없는 행렬을 따라 다른 차원으로 이행하는 심화(深化)의 관계를 추적한다.

사람의 관념이 주관주의 또는 자아중심의 형태를 벗어나려면 관념의 숙주(宿主)인 마음을, 마음의 길을 따라 빠져나가야 한다. 관념론 비판의 가장 발전한 형태라고 주장하는 맑스의 유물변증법조차도 아직 하나의 관념론에 지나지 않는 것은, 그것이 엄밀성이라는 명분으로 자체함축에 매달리는 개념분석의 하나인 헤겔의 변증법을 벗어나는 길을 찾지 못했기 때문이다. 관념의 탈출 통로로서 마음의 논리가 있다.

이 책에 6년 앞서 출간된 『서양의 논리, 동양의 마음』은 흔히 철학개론이라는 이름 아래 파편적으로 논의되는 주제에 대하여, 그리고 지금 여기에 내놓는 것은 동서(東西)의 이런 저런 철학사 가운데서 걷잡을 수 없이 더해 가는 인류의 사상적 분열에 대하여 원시적 통일성을, 말하자면 보편의 바탕을 제안한다. 그러나 보편의 바탕이라는 것은 소크라테스로부터 아리스토텔레스에 이르는 본질탐구와 논리분석에서도, 스튜어트 밀(J. S. Mill)의 귀납법에서도, 헤겔의 변증법에서도, 그리고 노자가 말하는 무명(無名)의 상도(常道)에서조차도 실현될 수 없었던 것이다. 모든 임시의 기회를 다투는 것들이 사라져가며 던지는 암호 가운데서 세계에는 실현될 수 없을 원시의 통일자에 초월적으로 관계하는 어떤 논리학이 쓰여질 수 있는가?

1993년 6월

제1부

마음의 논리학은 있는가?

1. 사사(私私)로운 출발—방법의 모색

1

1.1 독학시절의 어느 날, 나는 번역된 외국의 수학 참고서를 읽다가 "수학은 모든 과학의 여왕"이라는 데카르트의 말에 부딪쳤다. 이때 비로소 지금까지 어떤 공부를 하려고 해도 신통한 진전이 없고 다시금 다른 공부로 옮기지 않으면 안 되는 이유를 알게 된 것이다. 내가 하려던 학문이 언제나 다른 학문에 기초를 두고 있기 때문이었다. 한 분야의 학문을 잘 이해하려면 그것이 기초를 두고 있는 다른 학문을 먼저 이해해야 한다는 생각에 도달한 것이다. 다른 어떤 것에도 기초를 두고 있지 않은 가장 기초적인 학문은 무엇일까? 데카르트의 그 유명한 말에서 얻은 결론적인 질문이었다.

그러나 얼마 가지 않아서 나는 수학에 관한 문제의 해답이 우연적인 발견이나 착상에 의존한다는 사실에 실망했다. 어떤 문제는 한나절을 붙들고 있어도 풀리지 않았다. 그러다가 어느 순간, 별안간 해답이 어디로부터인지 다가왔다. 우연에 의존하지 않는 가장 기초적이고 가장 필연적인 바탕을 찾는 사고는 어떤 것인가?

1.2 나는 철학을 전공학문으로 잡은 뒤에도 과연 이것이 내가 어린 시절부터 찾으려던 그런 것인지 수없이 돌이켜봤다. 철학을 전공

으로 잡은 지 거의 10년 만에 쓴 석사학위 청구논문에서도, 그 후 다시 6년 만에 쓴 박사학위 청구논문에서도 나는 철학에 대해서 아직도 방관자의 처지에 있음을 고백하지 않으면 안 되었다. 철학을 공부할수록 나는 점점 철학 안으로부터 철학 밖으로 나가지 않으면 안 된다는 생각이 들었다.

철학 밖의 세계가 역시 살아 있고 실제로 있는 것이었다. 철학은 환상에 지나지 않을 수도 있고 철학 없이도 살 수 있지만, 철학 밖의 현실은 그런 것이 아니었다. 그럼에도 철학은 내내 버리지를 못했다.

'거짓말쟁이, 넌 뭘 하는 거야! 철학에선 현실로, 현실에선 철학으로, 교묘한 도피행각 아냐?'

나는 이렇게 변명했다.

'철학의 울타리 밖을 창 너머로 내다보다 보면 어느 땐가는 울타리 안이 초라하게 보여서 뜯어 고칠 것이고, 그러고 다시 밖을 내다보면 그것도 마음에 안 들게 될 거야.'

이것에 치여서 저것이 깨지고 저것에 치여서 이것이 깨지는, 철학도 현실도 서로 부딪치는 그런 파행성(跛行性) 가운데서 내가 잡고 싶은 무엇이 있는 것 같았다. 말하자면 울타리 안팎에다 한 다리씩 딛고 절뚝거리며 뛰는 파행성에 내가 철학이란 이름으로 기대하는 자유가 있었다.

그러나 나는 수학의 우연성에 실망했던 것처럼 철학 안에서도 이미 놓여 있는 궤도, 이러한 우연성에 의존해야 한다는 사실에 다시금 실망했다. 소설과 발명의 행위에서처럼 어떤 궤도에도 의존하지 않는 파행적 구상의 자유를(이 파행의 자유처럼 나에게 필연적인 것은 없다. 파행이 저지르는 모순처럼 자유롭고 필연적인 것은 없기 때문이다. 모순에다 필연과는 전혀 다른 진릿값을 매기는 서양 논리학은 반쪽의 논리학이다) 철학에서 허용하지 않음을 알았을 때 나는 거의 철학을 포기했다. 철학을 하려면 철학책을, 철학 고전을 꾸준히 읽어야 한다는 것이 예상하지 못했던 문제로 다가왔다. 철학은 나에게 너무나 뜻밖에도 철학사라는 시공(時空) 가운데서 이미 목 졸려 죽은 이런 저런 철학자와 그의 우연한 문제에 발상을 의존해야 하는 참기 어려운 보수적인 학문이었다.

1.3 철학의 역사에서 끊임없이 사라지고 일어나는 사상의 파노라마는 나로 하여금 어느 사상에도 안주하지 못하도록 언제나 다른 곳으로 인도했다. 철학은 그것을 시작했을 때부터 나에게 비평이나 회의의 대상이었지 한 번도 나의 한결같은 헌신과 믿음의 대상이 되지를 못했다. 철학은 현실접촉을 잃은 자의 자의적(恣意的)인 관념조작극이라는 인상을 나는 버릴 수 없었다. 현실과 실천에 가장 높은 값을 매긴 듀이도 맑스도 그 관념조작의 긴 파노라마에 끼어드는 똑같은 이야기를 할 뿐이었다. 철학의 관념적 허구성을 맹렬히 비판하는 그들도 그 기본적인 범위를 넘어서면 순전히 논리적인 장난을 그칠 줄 모르고 쏟아 내는 공론가(空論家)로 돌변해 버리는 것이었다. 나는 다시금 철학공부라는 것은 사람의 일생을 걸 것이 못 된다는 생각에 이르게 되었다.

2

2.1 나는 1960년대로 들어서는 무렵에 신학과에 다니는 친구들로부터 서양에서 들어온 기독교가 우리나라에서 겪고 있는 변화에 대

하여 새로운 이야기를 들었다. 그것은 기독교가 우리나라의 토속신앙이나 불교나 유교로부터 어떤 영향을 받고 있는지에 대한 신학자와 종교학자들의 연구가 이미 대중적 관심거리가 되고 있음을 말해주는 것이었다. 그러한 연구는 물론 기독교가 본래의 순수복음신앙을 떠나 기복적(祈福的)인 민간신앙으로 화하고 있다는 비판도 포함하고 있었으나, 서양으로부터 온 기독교의 새로운 발전과 토착화의 방향을 제시할 수 있는 연구라고도 볼 수 있었다.

그런데도 '60년대의 철학계에서는 서양철학이 우리나라에 들어와서 어떻게 비판되고 새로이 발전할 수 있는가에 대한 반성이나 연구가 이루어지지 않았다. 도대체 나와는 시대환경을 달리하는 플라톤이나 칸트, 실증주의나 실용주의를 공부해 가지고 내가 살고 있는 이 현장에서 일어나는 일에 대하여 무엇을 어떻게 말할 수 있는 것인가? 나에게는 공자의 가르침이 우스웠다. 밤을 새워 생각했으나 책을 읽느니만 못하더라고? 아니 그 어지러운 시대에 태어난 공자가 옛날 책을 읽으며 무엇을 얻으려고 했을까?

2.2 타자에 의해서 수없이 뒤집히고 꼬이고 꼬인 우리 역사의 현실을 앞에 놓고 퇴계니 율곡이니 마르쿠제니 롤스니 하는 이의 철학을 입에 담는다는 것이 부끄러운 일이었다.

우리들은 다른 사회 역사적 맥락에서 이루어진 철학의 결론을 마치 우리의 고유한 발상인 것처럼 그대로 재연하는 연극배우와도 같았다. 일상인들이 사회적으로 맡겨진 역할을 관례에 따라 수행하듯이 우리 철학자들은 플라톤이나 헤겔, 아니면 주자가 만들어 준 틀 속에서 생각하고 말하는 것이었다.

2.3 그들이 흥미 있게 토의하거나 신랄하게 서로 논박하는 문제는 나에게 대수롭지 않았고, 내가 일으키는 문제는 그들에게 관심 밖의 것이었다. 이 사실은 이제 막 새로운 세계에서 공부를 시작하려는 나에게 심각한 좌절로 다가왔다.

2.4 나는 모든 철학에 대한 병리학적 진단을 내리고 싶었다. 철학이 모든 다른 사람들의 생각처럼 이런 저런 우연한 전제조건에 의존해야 하는 것이라면, 무엇이 철학자를 비철학자로부터 구별해 줄 것인가? 나는 어떤 철학의 입장에도 들어갈 수 없는 탈(脫)철학의 길에 설 수밖에 없었다. 그리고 그것은 우리나라 안에서 서로 풀려날 수 없이 맞물려 있는 사회적, 도덕적 혼란과 이념적, 군사적 대결로부터 각각 한걸음씩 물러나서 타협할 수밖에 없게 하는 평화의 인식론적 바탕이 될 것이라고 생각했다.

나는 이때부터 세상에서 벌어지는 갈등이나 모순관계가 근본적으로 제거될 수 있는 것이라는 전제 위에 세워지는 모든 철학에 문제가 있다고 생각했다. 나는 그런 것이 제거되지 않는 현실을 어렸을 때부터 반발과 저항의 여부에 관계없이 겪어 왔고, 앞으로의 세대에게도 그런 것이 없는 세계를 기대하거나 전제하도록 가르치는 것은 오히려 그들을 더 불행하게 만드는 결과를 가져 오지 않을까 우려했다. 따라서 모순은 받아들일 수 없는 것이므로 제거해야 한다는 논리적인 사고의 요청과, 모순이 제거되지 않은 잉여와의 관계를 언제나 겪으며 살 수밖에 없는 현실적인 운명의 불가피함 사이의 괴리를 어떻게든 새로이 파악할 필요가 있다고 생각했다. 그리고 이 같은 논리와 현실의 긴장된 괴리가 서양사람들의 역사에 나타난 사상과 체질에 고유한 것이라는 점을 시간이 흐르면서 확실히 인식할 수 있었다. 말하자면 우리의 사상과 현실의 심각한 문제가 외래적인 것이라는 자각이 나의 마음 가운데 생긴 것이다. 이때에 이미 확실했던 것은 적어도 내가 철학에서 어떤 분야의 전문가가 될 수 없다는 것이었다. 나는 그들이 펼쳐 놓은 문제의 마당으로부터 벗어나서 될 수밖에 없다는 느낌이 들기 시작한 것이다.

3

3.1 나는 내 또래의 나이를 산 이들이 모두 그렇듯이 이미 어린 시절에 일본 국기에 절하며 천황의 만수무강을 빌었고, 해방과 함께 태극기가 게양되니 "동해물과……"를 불렀는가 하면, 그 반대편으로 돌아서서는 인민공화국기를 흔들며 미제국주의를 규탄했고, 다시 나타난 태극기 앞에서 국기에 대한 맹세를 외우는 굴욕적인 변절을 거듭했다. 이 지조 없이 흐르는 시대의 격류를 바라보며 무엇을 느껴야 하는가? 이러한 시대에도 역사를 보는 하나의 관(觀)이 있을 수 있는가? 이러한 변절 끝에 가질 수 있는 역사의 이념이란 무엇인가?

3.2 1940년을 전후하여 태어난 문학세대는 6·25전쟁의 체험을 가지고 소설을 써 왔다. 그러나 그의 시대를 같이 산 철학자에게는 소설의 기발한 전개와 극적인 반전(反轉)을 아무리 변형시켜 보아도 풀리지 않는 문제가 있다. 한 시대를 산 모든 사람들의 처절한 인생체험이 다만 이런 저런 이야기로 흩어져 버리지 않고 민족의 뿌리 깊은 체질과 정신 가운데서 하나의 철학으로 남으려면 그러한 체험이 존재론적으로 형상화되고 간결한 논리로 맺어져야 한다. 이 지

조 없이 변절하고 역전하던 우리 시대의 격류가 서양사람이 가르쳐 준 연역추론이나 변증논리의 질서정연한 도식에 용해될 수 있는가? 인생과 역사의 사건이 기대하고 노력하는 사람의 의도에 따르는가? 시초의 계획(가설)에 따라 귀결되는 무엇을 보았는가? 부딪치고 꺾여서 결국에 모두 취소되는 역사의 폐허 가운데서 무엇이 우리를 위로해 주었는가? 쉽게 절망할 수도 쉽게 기대할 수도 없는 철학자의 마음은 어디에 두어야 하는가?

3.3 유년시절에는 모든 것이 마음대로 되는 것 같았는데, 소년시절에는 마음대로 되는 일이 없었다. 하려고 마음먹은 모든 일이 여기저기에서 부딪치고 꺾였다. 그래서 나는 나의 현재의 모습을 내가 지금까지 시도했던 모든 계획이 실패했기 때문에 얻어진 결과라고 말한다.

3.4 모든 백성들이 이쪽 아니면 저쪽 어느 쪽엔가 서서 싸워야 했던 6·25전쟁은 이념의 차이나 이해관계의 갈등에 그 시초의 원인이 있다고 생각되었다. 순박한 사람들이 어디서나 허구의 도덕이나 이해관계 그리고 핑계뿐인 이념에 의해서 이용당하고 괴롭힘을 당하고 있는 것이었다. 사람들을 이념이나 허구의 노예상태로부터 해방시키면 보다 시달림이 없는 평화로운 세상이 되지 않을까? 그러나 그때, 내가 맑스의 근본사상은 자세히 알 수 없었지만, 적어도 공산주의 행동강령이나 사르트르의 참여의 행동철학도 여전히 언제 끝날지도 모르는 역사의 가혹한 수레바퀴에 사람들을 잡아넣고 진리인지 아닌지도 완전히 판명되지 않은, 아니면 영원히 밝혀지지 않을 이념과 사상의 노예로 만들고 있는 것이 분명했다. 내가 어려서부터

시작한 파란 많은 우리나라 역사의 체험과 관찰은 그러한 판단을 내리기에 충분한 것이었다.

3.5 1970년대의 유신정권이 가져 온 한국적 민주주의론과 함께 학계 전반에 일기 시작한 터무니없는 사람들의 애착의 대상인 한국학과 동양학에 대한 관심은 나로 하여금 사회현실 밖으로 아르키메데스의 지점을 찾도록 밀어냈다. 그리고 우리의 전통을 포함하는 동양사상사 자체가 순수사변이나 언어의 유희를 배격하고 현실에의 도덕적, 실천적 관심으로 엮이어 온 흐름을 돌이켜보았을 때, 내 자신의 사회지향적 관심이 다만 자기 소속의 전통을 반영한 것에 지나지 않았다는 자각에 이르게 되었다. 그것은 제자백가들이 시대의 무대에서 사라진 뒤에도 모든 사조들이 모습을 바꾸어 되살아났지만, 언어를 유희하던 이른바 명가(名家)는 다시는 역사의 빛을 못 보게 한 그러한 전통이었다. 일찍이 듀이의 실용주의와 맑스의 사적 유물론이 중국의 지식인들에게 열띤 호응을 얻었던 연유도 그러한 전통의 맥락에서 이해할 수 있는 것이었다.

그때야 비로소 나는 순수사변과 언어의 유희를 일삼았다는 옛날 그리스의 철학자들에게 관심을 기울였다. 거기서 나는 테오리아(theoria)의 순수정신에 승복했다. 거기서 나는 실제의 효용치나 현실의 강제성을 깨고 진정한 독립과 창조를 허용하는 진공(眞空)의 자유를 만난 것이다. 거기에 나를 여태까지 괴롭히던 온갖 현실변호의 잡설로부터의 해방의 길이 있는 것 같았다. 그들은 옛날 이집트나 중국에서 만들어진 것과는 다른 기하학의 순수이론체계를 가지고 있었다. 그것은 감각과 현실에 대한 파르메니데스의 거부처럼, 나에게 현실의 제약을 깨뜨리고 뛰어넘는 어떤 새로운 힘과 방법을 주는 것 같았다.

4

4.1 미국의 어느 상원의원이 한 연회장 구석에서 수첩을 들여다보고 있었다. 비서가 다가와서 물었다.

"다음 가실 곳을 잊으셨나요?"

"아니, 지금 내가 어디에 있는지 모르겠어."

그들은 시간에 쫓기며 일한다. 그들은 휴가시간에 더욱 바쁘다. 언제나 무엇이든지 해야 한다. 해야 할 아무 일도 없는 시간에 그들은 존재하지 않는 것이다. 무엇이든지 해서 업적을 이루어야 그들의 존재가 증명되는 것이다.

갑동이의 업적은 갑동이의 존재를 증명하는 것이다. 증명되지 않는 것은 존재하지 않는 것이다. 이는 파르메니데스 이후 서양 철학자들이 얼마나 집요하게 밀고 온 명제인가. 존재의 사실뿐만 아니라 존재의 값을 증명해 주는 것도 업적이다. '함으로써' 비로소 존재의 값이 증명된다. '하지 않음으로써' 증명 혹은 인식되는 존재의 사실이나 값은 그들에게 없다. 그래서 모든 값에 대한 그들의 평가는 일함이라는, 말하자면 업적성취라는 동일한 척도에 의존하게 된다. 동일한 척도 위에서는 비교가 가능할 뿐만 아니라 경쟁이 불가피하다. 그리고 동일한 척도로 환원되는 비교와 경쟁에서 사유와 개성은 사라져 간다.

싸우는 자는 서로 닮는다. 닮은 것이 없는 자는 경쟁에서 제외된다. 경쟁은 닮은 자들끼리 서로 닮지 못하도록 견제하고 제거하는 운동이다. 이러한 경쟁에서 거세될 가능성에 불안을 느끼지 않는 자는 없다. 이렇게 자기 존재를 실현하고 증명하기 위한 업적성취는 경쟁으로, 경쟁은 자기 상실의 불안으로 이어지는 모순과 역설에 빠진다. 그들의 세계에서 열심히 일하는 것이, 노동과 성취의 욕구가 어째서 그러한 역설에 빠지는가? 그들의 존재실현 또는 증명의 논리에, 노동과 업적성취에 어떤 철학적 문제가 있다고 생각하기에 이른 것이다.

이처럼 업적성취라는 것을 인간이 지닌 가능한 합리성의 완전한 실현이며 증명으로 여기는 대표적인 철학이 바로 프래그머티즘이라고 나는 생각했다. 특히 듀이의 그것은 인간의 논리적인 사유로써 현실 가운데서 문제의 모순과 혼란을 해소하며 목적을 성취하는 방법이라고 강조한다. 그러나 이렇게 목적성취의 현실행위에서 합리적인 모순해소의 가능성을 믿는 것이 듀이 같은 실용주의자만이 아니라, 서양 철학사의 큰 흐름을 잡고 있는 하나의 주류라는 생각으로까지 미치게 된다.

따라서 목적성취의 행위에 있어서 합리적인 모순해소의 가능성에 대한 듀이의 주장을 분석 · 비평하는 것은 서양 철학사를 잡고 있는 하나의 주류를 분석 · 비평하는 일의 기초라고 생각할 수 있다. '60년대 서양사람들의 현실사조와 과학사상에서도 급격한 동요가 일고 있었다. 그 동요를 이끌었던 철학사조는 맑스와 프로이트에 대한 새로운 해석과 근대과학의 정통성에 대한 토마스 쿤을 비롯한 과학사가들의 도전이었다. 그러한 현실사조와 과학사상 가운데서 듀이를 비롯한 서양 철학자들의 전통적인 합리성 개념에 그대로 지탱할 수 없는 논리적 허구가 들어 있음을 깨닫게 된다.

그래서 나는 맑스도 프로이트도 토마스 쿤도 허용하지 않을 결론으로 한걸음 더 나아갔다. 말하자면 현실에 대하여 철학자들이 집요하게 투영하는 모순과 갈등해소는 다만 논리적인 요청일 뿐이다.

이것은 파멸로 위협하는 모순과 갈등을 피하려고 몸부림치며 결국에 들이킨 운명의 고배, 20세기 동양사람의 수모와 좌절을 회고하면 지울 수 없는 결론이다. 모순과 갈등의 문제적 상황을 합리적으로 해소하는 방법이 있으리라는 쉼 없이 되풀이된 서양 철학자들의 주장은 현실과 격리된 철학적 희망으로 동양사람을 기만하는 논리의 유희다.

도대체 목적성취라는 현실행위에서 합리적인 모순해소를 가장(假裝)하는 것은 온 세계의 사람들을 자기들에게 유리한 놀이의 판도로 압축시키려는 서양적 지성의 유희로 볼 수밖에 없다. 무엇을 이루기 위하여 열심히 일하는 것이, 그것이 노동이든 자기 성취든 간에 무자비한 경쟁과 자기 상실의 모순에 빠지지 않으려면 야수시대의 흔적이 아직도 지워지지 않은 서양사람의 동물적 지성에 대한 경고가 있어야 한다.

4.2 나는 옛날부터 운명을 점치는 사람이나 예언가에 대하여 묘한 열등감 같은 것을 느꼈다. 제아무리 뛰어난 석학이나 학자로서 자부할지라도 자기 운명의 미래에 대해 일자무식한 점쟁이의 칼 같은 단언에 어떻게 대항할 수 있겠는가? 나는 소년시절을 시골에서 보내는 동안 사람의 운명에 대한 기막힌 점(占) 이야기를 수없이 들었다.

이제는 사람의 손에 달린 동물의 운명을 관찰하며 끝없는 회의에 잠긴다. 그리고 더욱 미미한 것들에 대해서는 그의 운명을 언제라도 좌우할 수 있는 나의 자의(恣意)를 실험해 보고 죄의식에 사로잡힌다. 언제 밟혀 죽을지 모르는 개미의 운명은 누가 점을 쳐 주나? 사람의 운명은 그보다는 확실히 보장된 것인가? 인류는 시초에 다른 동물과 대등한 위치에서 겨루었을 것이다. 잡아먹고 잡혀 먹히고. 지금도 동물의 눈을 가까이서 한참 들여다보고 있으면 그러한 야수시대의 날카로운 겨냥과 무서운 덮침이 나의 어렴풋한 원시의 기억회로를 긴장시킨다. 나는 선의(善意)가 속수무책인 상황에 빠져 들며 묻는다.

"하느님, 어째서 세상을 이렇게 만드셨죠? 잡아먹고 잡혀 먹히게."

4.3 유학에서 돌아온 지 10년 후에 이루어진 제2의 서양 견문과 체험의 기회는 자기 망각과 상실의 과정이었던 더 젊은 시절의 유학 체험과는 아주 대조적인 것이었다. 그것은 나에게 동양인으로서의 자존심과 자기의 정체를 다시 찾도록 강요한 기회였다.

말하자면 나는 더 이상 유학시절처럼 이방인으로서의 자기 처지를 잊어버리고 현지의 사상과 문화에 몰입해 안주할 수만은 없었던 것이다. 그래서 나는 철학자들이 말하는 개방사회라는 것이 연역논리 같은 엄밀한 추리에 바탕을 두는 것이고, 그와 대조되는 이른바 폐쇄사회는 음양논리와 같은 관용과 개방적 사유에 바탕이 있다는 논지를 세우기 시작했다.

엄밀한 연역논리를 지지한다면 추론이 그 자신의 전제의 함축범위 밖으로 펼쳐지는 것을 허용할 수 없다. 그것은 자신의 전제에 반대나 모순되는 것을 허용하는 결과를 가져온다. 엄밀논리를 지지하는 사람들 사이에서는 각자가 가진 전제의 함축범위 밖의 다른 사람의 전제나 그로부터의 귀결을 받아들일 수 없다. 따라서 그들 사이에 벌어지는 다원화와 대결관계는 피할 수 없는 것이다. 말하자면 엄밀논리를 가진 사람들이 서로 전제를 달리할 때 서로 폐쇄된 자기 밖의 타자와의 대결, 대화, 교류를 피할 수 없는 개방사회의 관계로 강요받는 것이다.

서양의 과학자나 철학자가 논쟁에서 각자의 이론적 전제를 펼쳐 나가는 집요한 연역적 일관성은 감탄할 만한 것이다. 그래서 이들 사이에는 끝없는 모순긴장과 모순해소의 역학관계가 이루어진다. 그러한 집요한 일관성을 일찍이 포기하는 개방논리의 소유자들 사이에서는 다른 전제들 사이의 대대(對待)와 조화의 질서가 쉽게 이루어져 결국 폐쇄사회로 정착 또는 정체될 수 있는 것이다. 이것이 바로 열심히 일하는 것, 말하자면 노동과 자기실현이라는 하나의 척도가 경쟁을 일으키고 경쟁은 자기 상실의 모순을 낳는 경우처럼, 어디서나 일어나는 발전의 패러독스다.

나는 점점 논리의 해명이 없이는 사회철학과 역사의 법칙에 대한 이해가 불가능하다는 생각에 이르게 되었다. 이른바 논리학을 이해한다는 철학자들은 흔히 신실증주의나 실존주의에서 그렇듯이 논리라는 것은 존재나 역사법칙 성립의 어떤 조건도 될 수 없다고 생각한다. 나는 바로 이 점이 헤겔을 거부하는 철학자들의 공통의 약점이라고 생각했다. 헤겔의 존재론과 역사철학에 대한 반론이 성립하려면 반드시 그의 논리학의 결함에 대한 논리학적 분석에 의해서 가능한 것이다.

철학자들은 통속적인 논리학의 세 가지 방법인 연역법과 귀납법 그리고 변증법이 지니는 공통점에 대하여 간과한다. 그 공통점은 이 세 가지 논리가 다 같이 연역논리의 요청을 전제로 깔고 있다는 점이다. 그것은, 말하자면 모두 전제로부터 배반 또는 이탈 없이 유도 가능한 함축범위의 확장방법이다. 흄의 회의주의 경향은 연역논리의 요청을 경험분석에 적용하는 데서 얻은 귀결이다. 경험은 연역논리의 요청에 호응하지 않기 때문이다. 경험은 귀납론자에게는 긍정의 기회를 제공하지만, 회의주의자에게는 부정(배반 또는 이탈)의 기회를 제공한다. 라이프니츠와 흄은 인간 경험이 지닌 부정의 역할을 간과하지 않았다. 칼 융의 '비(非)인과성'(acausality) 개념이나 르네 톰의 '카타스트로피'(catastrophe) 개념은 연역법이나 귀납법이나 변증법이 갖는 공통의 간과점(看過點)에 대한, 비록 미완성적이지만 대안의 논리를 모색한 것이다.

「전도서」의 필자가 말한 다음의 사태를 논리학자는 어떻게 표현할 것인가?

> 발이 빠르다고 달음박질에 우승하는 것도 아니고 힘이 세다고 싸움에서 이기는 것도 아니며 지혜가 있다고 먹을 것이 생기는 것도 아니고 슬기롭다고 돈을 모으는 것도 아니며
>
> …………
>
> …………
>
> 모두들 그물에 든 물고기 같고 덫에 치인 새와 같은 신세라, 갑자기 액운이 닥치면 벗어날 길이 없다.

이렇게 존재와 역사의 은폐된 함정의 질서를 「전도서」의 필자는 문학적으로 표현한다. 그러나 논리학자들은 이렇게 가능한 세계질서의 은폐된 부분, 잉여에 대하여 논리적으로 표현하기를 거부해 왔다. 하이데거도 은폐된 질서의 파악을 기분(Grundstimmung)의 상태에서 시도한다. 세계에 실현된 현실사태는 쉼 없이 꺾었다가 세우며 다시 거두어 사라져 가는 은폐된 타자(他者) 질서의 부분일 뿐이다.

5. 한계 보전적 해탈론

최세만*: 사주(四柱) 보신 적 있으십니까?

박동환: 있습니다.

최: 잘 맞는 것 같았습니까?

박: 맞는 것도 있습디다.

최: 사주라는 것은 유물론적 착상에 의한 것이라고 할 수 있지 않겠습니까? 사람이 오행(五行)의 기(氣)로써 이루어지는 것으로 보고 어떤 사람이 어떤 기가 성(盛)한 연, 월, 일, 시에 태어났는가를 따져서 그 기가 속한 오행간의 상호작용으로서 그 사람의 기의 구조를 산출한 뒤 그러한 기의 구조를 가진 사람이 세계 속의 기의 구조의 변화와 어떻게 상호작용을 하며 살아가리라는 것을 기계적으로 예견하는 것이라고 할 수 있으니까요.

박: 그렇게 볼 수 있겠지요. 그러나 또 하나 지적할 수 있는 점은 사주라는 것은 역사적인 사건들, 이를테면 어떤 전쟁 또는 역사적 사변 같은 것이 개개인의 운명들에 어떻게 영향을 주는가 하는 점에 대해서는 어떤 인과적 또는 상관관계적 설명을 해주지 않는다는 점입니다.

최: 그런 것 같습니다. 그러나 『정감록』 같은 것은 오행의 원리에 근거하여 역사적 사건들을 예언하는 것이 아닙니까? 역술(易術)에

* 대학원 공부를 시작한 지 얼마 되지 않은 청년시절의 최세만—지금은 최세만 교수—이 어느 날 오후의 대화를 며칠 후 이렇게 엮어 왔다. 노을이 짙은 학교식당 한 구석에 마주 앉아 서로 약간 추위에 떨며 녹음기도 노트도 없이 우연히 터진 시비(是非), 질문과 응답을 기록한 것이다. 지금도 나는 이 대화를 읽으며 그의 주의 깊은 감수성, 굴절이 자유로운 상상력에 감탄한다.

있어서 사람과 세계는 오행이라는 성질을 띤 기로 이루어져 있고 이들의 상호관계로써 그 운명의 전개를 풀 수 있다고 하는 원칙은 가지고 있는 것 같습니다.

박: 사주에 대해서는 나도 소년시절에 상당히 관심이 있었습니다. 그 당시 6·25전쟁으로 피난 간 곳이 계룡산 문화권에 속하는 곳이었기 때문에 한때 『정감록』의 신비성에 도취되어 헤어나지 못한 적도 있었습니다. 그 고장에서는 여름에 험악한 날씨에 장마가 계속되면 으레 사람들이 천지개벽의 때가 왔다고 수군거리곤 했습니다. 그러나 그러한 예언이 틀린 것으로 밝혀질 때는 동네 노인들이 『정감록』 해석의 권위자를 찾아가 다시 문구풀이를 해 가지고 오는 것을 보았지요. 그러한 예언이 몇 번씩 어긋나는 것을 보고 『정감록』의 마력으로부터 차츰 풀려나게 되었지만……. 아무튼 이때 운명의 문제를 생각하면서 내 철학적 문제가 싹텄던 것 같습니다.

필연의 법칙 또는 오행(五行) 법칙에 의해서 내려지는 운명과 그러한 필연성에 대한 강박관념에도 불구하고 불우한 자신의 희망을 실현하려는 자유의지와의 갈등 사이에서 방황하던 소년시절이 엊그제 같습니다.

최: 우리나라에서는 옛날부터 국가적 차원의 정책 결정을 할 때에도 역학(易學)의 이론을 참고한다는 얘기를 들었습니다. 가령 도읍지를 옮긴다든지 묘지를 결정한다든지 또는 결혼과 이사를 위한 택일에서도 역술이 작용하곤 합니다.

박: 그런 것을 보면 사회적 환경이나 개인의 생애에서 나타나는 문제들을 이해하고 접근하는 데 있어 한국인과 서양인들 사이의 차이가 어디에 있는가 하는 것을 명확히 지적할 수 있을 것 같습니다. 서양인들 같으면 문제의 상황을 어디까지나 인과적 설명이나 논리

적 증거추리에 의해서 접근하려고 할 것입니다. 한국인을 포함하는 동양 문화권의 사람들은 숙명 또는 운명에의 예속감을 의식하는 정도가 강한 반면에, 서양인들은 자연과 운명에 대한 인간 이성의 우월성에 대한 믿음이 강하다고 할 수 있습니다.

최: 글쎄요. 그렇지만 동양에도 '진인사 대천명'(盡人事待天命)이란 말이 있지 않습니까? 그것은 문제상황에 처한 인간이 그에게 주어진 능력을 최선으로 발휘한다는 데 있지 않습니까?

박: 그러나 진인사라고 해도 그것이 서양인들의 경우와 같이 자연과 운명에 대결하는 인간 이성의 도전은 아닌 것입니다. 동양에서의 인사(人事)는 자연에의 적응과 조화에서 이루어지는 것이지만, 서양에서의 인간적 활동은 운명을 타개하고 자연을 조작 또는 정복하려는 것이 아닙니까? 인사와 역사를 대하는 동·서양의 태도 차이는 그들이 지닌 자연관의 차이에서 유래한다고 볼 수 있습니다.

'꾀 있는 놈이 복 있는 자를 못 당한다'는 속담을 들어본 적 있습니까?

최: 들어본 적은 없지만, 그러한 사고방식을 이해하고는 있습니다.

박: 그러니까 우리의 전통적 사고방식 가운데는 자기 운명을 타개하는 힘으로서의 인간 이성에 대한 믿음이 그렇게 강하게 나타나지 않았다고 할 수 있습니다. 역사의 시간성을 거부한 구조주의자 레비스트로스도 이 차이점을 부인할 수 없을 것입니다. 그 반면, 오늘 서양 문화권의 사람들은 세계의 문제를 철저하게 이성 논리적 수단으로 해결하려고 합니다. 현대에서 그 대표적 예를 들면, 프래그머티스트 듀이의 문제 해결방식은 대단히 이성적이고 논리적입니다. 미국에 머무는 동안 나는 이런 점에 아주 경멸을 느꼈었습니다. 문제 해결에 있어서 이성과 논리에 호소할 때 오히려 자기 합리화, 인간적

편견과 독단에서 헤어날 길이 없는 상황들을 많이 관찰 · 체험했기 때문입니다. 여기서 우리는 어떤 이성의 정밀한 논리적 체계로도 포착할 수 없는 현실 또는 실재의 측면들이 있을 수밖에 없다는 반성에 도달합니다.

그러나 오늘 우리나라의 철학적 상황을 보면, 우리의 전통적 사고방식에서 오는 반사작용 때문인지, 이것은 긴 설명을 필요로 하는 표현이지만, 이성과 논리에 대한 호소가 대단히 고조되어 있는 것을 발견합니다. 이성과 논리가 역사와 실재세계에 대하여 가지는 작용과 부작용이 충분히 이해되고 있는가를 반성하는 것은 우리 사상계의 중요한 과제입니다. 서양철학의 수입을 통해서 고조된 이성적 논리의 활동은 우리나라 철학도들에게 주로 '합리성에 대한 추구'로서만 이해되는 경향이 있습니다.

그러나 서양사람들의 합리성에의 추구 이면에서 간과될 수 없는 점은 '객관정신', '소외정신'입니다. 서양 문명권의 과학과 철학사에서 객관정신, 소외정신을 빼놓을 수 없을 것입니다.

최: 그 점에 대해서 약간 의문이 있습니다. 평소에 선생님은 "소외는 결국 바람직한 것은 아닐지 모르지만 나는 소외를 추구한다"고 자주 말씀하셨습니다. 우리의 사고방식이 일부 서양 철학자들의 영향을 받아 소외를 기피해야 할 것으로만 생각하고 소외의 정신, 즉 객관정신의 중요성을 간과하고 있다고 보시기 때문에 의도적으로 그런 입장에 서시는 것 같은데, 그렇다면 선생님의 본래의 입장은 어떤 것입니까? 소외와 그 반대가 상호 보완적이라는 것입니까?

박: 그것이 아닙니다. 나는 우리의 역사와 문화에는 객관의 정신, 소외의 정신이 결여되어 있다는 것을 지적할 뿐입니다. 더구나 서양철학의 어떤 측면에 대한 편중적 선호로 인해서 그런 경향이 더욱

심해져 갑니다. 그와 대조적으로 서양인들의 문화에서 결여된 것은 물론 다른 측면들입니다. 그러나 이러한 경향에 대해서 상호 보완적이란 말이 부적당한 이유는 어떤 문화에든지 허점은 근본적으로 무수히 있을 수 있기 때문이 보완이란 불가능한 것입니다. 서양의 정신과 우리의 정신을 비교했을 때 우연히 소외라는 개념이 부각되었을 뿐입니다. 세계에는 여러 문화권들이 있습니다. 그래서 이슬람 문화권, 인도 문화권, 그리스 로마 문화권, 스페인 문화권에서도 우리의 정신을 보충할 우수한 측면들을 발견할 수 있을 것입니다.

최: 그렇다면 "나는 소외를 추구한다"고 하신 선생님의 철학이 서구의 철학자들에게 평가받을 때 선생님의 입장이 어떻게 공정하게 이해될 수 있는 것입니까?

박: 한국 지성사의 관점에서 이해해 주기를 요청해야 할 것입니다. 해방 이후 우리나라 사상계에서 실존철학으로부터 맑스주의에 이르는 서구철학의 계보만이 일반 지성인들 사이에 호소력을 발휘해 왔다는 것은 우리의 역사와 문화가 지닌 어떤 허점을 반영하고 있는 것입니다. 말하자면 한국 지성사를 통해서 볼 때 오늘의 소외와 비인간화의 정신적 체험을 우리 문화 속의 객관정신을 키우는 계기로 삼아야 할 단계라는 것입니다.

최: 그러니까 우리 문화 가운데에 소외의 정신이 부족하고 서양문화에서는 소외가 비판될 만하다고 보신다면, 선생님의 본래의 입장은 그 어느 쪽도 아닌 제삼의 입장을 지향하는 것 아닙니까?

박: 어떤 두 개의 독립적 현상을 비판한다고 해서 이것도 저것도 아닌 제삼의 방향을 추구한다고는 볼 수 없습니다. 소외와 그 반대 경향은 역사의 과정 가운데서 교차하는 문화의 다른 두 측면이라고 보면 됩니다. 인간화와 객체화, 그리고 주체성의 강조와 객관화 정신

이란 한 문화권의 정신사를 구성하는 리듬이라고 할 수 있습니다.

결론적으로 하고 싶은 말은, 입장을 바꾸는 것 같지만, 서양의 전통에서보다는 동양의 전통 속에서 더욱 훌륭한 객관정신, 소외정신을 찾을 수도 있다는 것입니다.

최: 구체적으로 동양 전통의 어디에서 그런 것들을 보십니까?

박: 도가와 불가의 정신에서입니다. 지금까지의 얘기로 볼 때 서양 전통에 객관정신, 소외정신이 더 많은 것 같으나 사실 거기에는 반성되지 않은 논리적 사유의 전제들이 뿌리깊이 내려져 있어서 문제입니다. 선불교의 해설가 스즈키의 말을 빌리면 개념의 감옥(conceptual prison)이라는 것이 서양인들이 벗어나기 어려운 함정이라고 생각됩니다. 그러나 현대철학에 와서는 이러한 개념과 논리의 틀 자체에 대한 반성과 비판을 거듭하고 있어서 방법론의 한계에 대한 의식이 극도로 발전되어 있다는 점을 잊어서는 안 될 것 같습니다.

현대세계와 현대사상의 흐름에서 드러나는 '탈(脫)이데올로기의 경향'이 바로 이러한 방법론적 반성에 근거하는 것으로 해석할 때 현대 철학사의 성숙해 가는 정신을 감지하리라고 생각합니다.

최: 선생님이 늘 말씀하시는 '탈(脫)이데올로기'는 우리가 우리 인식활동의 전제들을 깨달으면 그 전제들로부터 자유로울 수 있다는 것이었습니다. 그러나 선불교에서는 우리의 인식구조 또는 그 과정을 해소해야만 진정한 객관세계를 대할 수 있다고 하지 않습니까?

박: 서양철학적 훈련에서 얻은 고질인지는 몰라도 인식의 구조 또는 과정을 떠난 객관세계를 볼 수 있느냐 하는 점을 문제 삼지 않을 수 없습니다. 내 견해로는 인식구조의 틀 또는 전제들을 자각하고 임의적으로 그 어느 것에도 얽매이지 않을 수 있다면 그것이 객관성을 획득하는 길이라고 믿습니다. 객관성은 인식구조의 자기 반성에

서 또는 자기 소외를 통한 자기 고발에서 출발합니다.

최: 인간은 누구나 언제나 어떤 전제를 가지고 사유할 수밖에 없다는 운명에 비추어 볼 때, 일반적으로 인식의 전제는 인식의 한계라고도 말할 수 있습니다. 그렇다면 선불교가 그 인식의 한계를 넘어서야 한다고 주장하는 데 반하여, 선생님께서는 어디까지나 그 한계 안에 있으면서 그 한계를 고발하는 데 그치자는 것이라고 할 수 있습니다. 그렇다면 인식의 구조를 해소해서 그 한계를 넘어선 사람과 인식의 구조와 한계를 철저하게 자각하는 데 머물러 있는 사람 사이에 어떤 차이가 있다고 생각하십니까?

박: 차이가 있다고 주장한다면, 그것은 한계를 '넘어섰다'고 하는 사람의 착각입니다. 나는 관념론자가 아닙니다. '넘어섰다'고 하는 경지가 한계와 전제를 자각하고 이에 매여 있지 않은 사람의 경지에서 그렇게 다른 것이라고 볼 수 없습니다. 그러나 한계를 '넘어섰다'고 하는 사람의 경지와 비교할 때 한계 보존적(限界保存的) 관점은 다음과 같은 인식론적 우위성을 가진다고 생각합니다. 인식의 구조를 해소해서 인식의 한계를 넘어간 사람들은 이성의 논리, 지식의 체계와의 관계가 단절되어 버리는 반면에, 한계 보존적 해탈의 길을 택한다면 인간 지성의 정수로서의 과학적 지식 또는 논리적 이해력과의 관계를 유지하면서 객관을 또는 해탈의 경지를 얻을 수 있다는 것입니다. 지식과 논리의 틀에 대한 반성에 의해서 일단 인식의 근거 또는 전제들을 자각할 수 있게 되면, 그때는 편협한 지혜와 삶의 투쟁이 우리를 더 이상 얽매지 않으며 우리는 마치 한 상면의 유희를 보는 것처럼 세계에 대하여 자유로운 인식자, 해탈자가 될 것입니다. 나의 존재와 사상의 건축 밑에 깔려 있는 전제들을 깨침으로써 이루어지는 자기 정체에 대한 반성과 해탈을 통해서 환상이 아닌

세계의 객관적 양상에 도달하게 될 것입니다. 물론 해탈과 소외의 정신으로만 역사를 이해하고 만들어 갈 수는 없을 것입니다. 그러나 적어도 요즘 논리적 설명과 분석을 진리탐구의 유일한 수단으로 삼거나 인간회복, 이념적 실천에의 참여를 부르짖는 현대사상의 난무들이 모두 다 해방 이전의 단계에서 벌이는 파편적 집념들의 싸움이라고 크게 볼 수 있게 될 것입니다.

6

6.1 철학은 고대의 언어와 문헌에 대한 연구가 아니다. 철학은 기록과 기억의 무덤에 은폐된 삶과 존재의 깊은 뿌리에 대한 회고로부터 시작되는 것이다. 그것은 언제나 자기 시대의 가능한 가장 원시적 물음과 반성에 대한 증언이며 아무도 보장하지 않은 미래를 향하여 몸을 던지는 탐험이다.

6.2 이런 저런 민족의 언어체계로서 길러진 철학으로부터 해방되는 길을 찾는다. 언어체계와 그 조작 이전의 철학, 그것을 어떻게 말할 수 있는가?

돌도끼와 그 세계매개의 논리, 동굴과 그 세계매개의 논리, 불[火]과 그 세계매개의 논리, 질그릇과 그 세계매개의 논리 사이의 관계를 회고하라. 이것들 사이의 관계에 언어의 사용이 끼어들 뿌리로부터의 이유가 없다. 돌도끼와 불, 동굴과 질그릇 그리고 논리와 형이상학은 자연사 가운데서 발전된 원시적 생존전략으로서, 다만 생물물리적 관계에 바탕을 두고 잉태되는 것들이다. 이러한 원시적 생존의 조건에 대한 회고와 반성, 거기에 미래의 인류가 찾는 보편의 논리와 철학이 있다.

6.3 철학적 탐구의 방법은 논리에 있는가? 분석과 비판에 있는가? 이해와 해석에 있는가? 증명과 증거에 있는가? 아니다.

가장 깊은 방법이 양심이라는 것에 있다. 양심으로 내려가는 것이 자기 방어 또는 자기 같음이라는 집념을 넘어서 삶과 존재의 가장 깊은 동기와 바탕을 직시하는 길이다. 주관의 집착과 왜곡을 떨쳐버린 양심에 가장 가까운 논리적 행위는 자기 자신의 그리고 인류 공유의 급급한 생존행위와 논쟁적 주장에 묻혀버린 전제와 가정을 다름으로의 길에서 돌이켜보는 일에 있다.

6.4 왜 논리가 아니라 양심을 철학의 방법으로 하는가? 사람들의 논리는 도구일 뿐이다. 양심은 도구인가? 무엇의 도구인가?

양심이라는 것은 강자가 매기는 약자 지배의 도구이거나 약자가 호소하는 강자 조정의 도구일 수 있다. 그럼에도 이 지배와 조정의 논리를 집착과 왜곡으로 고발하는 양심의 보다 깊은 소리, 보편주의가 있다. 이 양심의 보편주의는 공격과 방어의 전략으로써 또는 자기 같음을 지탱하는 전략으로써 이루어져 온 지배주의의 논리와 집착하는 세계이해를 스스로 문제 삼는 철학의 자기를 향한 다름으로의 물음을 일깨워 준다.

6.5 아직도 철학적 물음이 비철학적 물음과 함께 섞여 있다. 철학적 물음이란 어떤 것인가? 그것은 다른 모든 물음들이 떨어져 나간 다음에 남는 가장 순수한 것이다. 더 이상의 이런 저런 정보가 흔들

수 없는 영원의 사태에 관한 것이다.

철학은 어느 경우에나 피할 수 없는 숙명, 보편적이고 필연적인 것에 관한 것이다. 철학은 어쨌든 겪게 될 그런 사태의 우주적 구도, 그것을 찾는다.

6.6 철학적 예견은 언제나 준비되어 있지 않은 장(場)에 나타나 당혹감을 안겨준다. 철학자는 현재를 향하여 말하지 않는다.

2. 논리학이란 무엇인가?

1. 자연사에 일어난 생존전략인 논리

1.1 자연을 무대로 인류의 발달사를 이끌어 온 상징적 사건과 계기들을 돌이켜 엮어 본다.

(1) 인류는 자연회전의 한 고리가 되어 살다. 어떤 개별자의 목적도 의식작용도 독자적으로 행사할 수 없는 자연의 부분으로서.
(2) 동굴이나 숲을 찾아서 가능한 한 자연의 적으로부터의 위협에 대하여 자기를 방어적(defensive)으로 은폐하다.
(3) 손이 자유롭게 해방되고 손의 연장(延長)으로서의 도구를, 나무창, 돌도끼 그리고 불을 만들어 쓰다. 손과 도구를 구사하여 자신의 목적을 실현하려는 공격적(offensive) 행위가 자연에 대하여, 존재하는 모든 것에 대하여 가해지다.
(4) 그릇 될 만한 것을 찾아서 또는 질그릇 따위를 만들어서 자기에게 필요한 자연의 산물을 긁어모으고 나누어 담다. 자연에 대하여 자기 본위의 질시매기기, 말하자면 근본적으로 공격적인 분류와 동일화의 원칙을 적용하기 시작하다.
(5) 이 분류와 동일화의 원칙을 바탕으로 모든 범주체계(category system)와 제도가 자리 잡히다. 그 제도와 범주체계에서 이른바 합리

성과 논리의 체계가 싹트다. 옛날 그리스 철인들의 논리학과 존재이해가 여기에 바탕을 두다.

(6) 다시금 자신의 분류와 동일화의 원칙을 더욱 적극적으로 자연에 강제하는 방법을 시도하다. 실험조작으로써 허구의 분류와 동일화의 체계를 깨고 보다 현실적인 분류와 동일화의 체계를 만들어 자연을 조작하려는, 세계의 지배자가 되려는 이른바 과학혁명을 하다.

(7) 20세기에도 여전히 공격적이며 방어적인 그리고 물리적이거나 개념적인 도구조작기술의 혁명이 계속되다. 그러나 자기 본위의 분류와 동일화 체계에 의한 세계지배주의가 부딪칠 모순과 반전 가능성을 반성하는 새로운 철학적 양심의 등장이 기다려지다.

1.2 자기 실현과 그 공격적, 방어적 보조수단으로서의 관념체계라는 주관주의에 빠져 버린, 기껏 2,500년의 철학사를 거슬러 올라가는 회고로는 인류를 자기 본위의 사상과 행위로부터 건져내기 어렵다. 인류의 자기 본위의 사고와 행위의 뿌리는 옛날 철인들의 세계이해에서 싹튼 것이 아니라 자기 존재의 지탱과 확장을 위하여 이런 저런 소박한 수단을 개발하기 시작한 원시인류의 삶, 그 삶이 이루어진 석기시대 이전에 깊이 묻혀 있다. 그러니 석기시대까지 이루어진 원시인류의 삶의 조건과 환경을 회고 분석하면, (1) 그들의 생존전략으로서 보존 방어적이거나 개척 공격적인 행동양식이 처음에 나타났고, (2) 그런 생존전략의 전개 가운데서 개척적인 상향(upward)추론 및 보존적인 하향(downward)추론이라는 관념조작의 형식이 잉태된 것이다. 이것들은 모두 자기 동일성 지탱을 위한 전략으로서 이 세계에 대한 같음으로의 환원행위다. 이 같음으로의 논리전략 아래에 깊이 깔린 주관주의를 벗어나는 데에 자기 본위의 사

상과 행위를 반성하는 길이 있다.

인류의 세계이해에 대한 철학적 반성은, 동서(東西)의 고대 철학사를 인류의 원시적 삶이 시작된 석기시대 이전으로부터 다시 조명하는 데서 가능하게 될 것이다. 원시인류의 탄생으로부터 지난 2,500년에 걸친 철학사상의 발전에 이르기까지 다만 생명의 자기 지탱과 확장을 위한 전략, 곧 세계의 다름을 같음으로 돌리는 행위가 지배해 왔다. 개척적, 공격적 행위와 상향추론은 알 수 없는 세계를 향한 탐험과 확인의 길로서, 보존적, 방어적 행위와 하향추론은 탐험과 확인의 소산을 연장하고 관리하는 길로서 개발되어 온 것이다.

1.3 같음으로의 논리전략, 그것은 모든 존재하는 것이 자기 같음을 지탱하는 데 끌어들이는 가장 오래되고 보편적인 원리다. 지금까지 인류의 의식과 사고는 그런 자기 동일성 지탱의 원리를 가장 효과적으로 수행하는 구실을 해 왔다.

인류는 숲속에서 들판으로 나와 걸어 다닐 수 있게 손이 자유로워졌을 때로부터 자기 같음의 지탱을 위하여 세계를 향한 공격적이며 방어적인 온갖 전략을 동원했다. 돌도끼나 불 또는 상향추론이라는 관념가설의 방법을 세계에 대한 개척적이고 공격적인 전략으로 삼고 동굴이나 질그릇 또는 하향추론이라는 관념보존 및 연장의 방법을 세계에 대한 보존적이며 방어적인 전략으로 삼았다.

그러나 모든 존재하는 것이, 더군다나 인류의 의식이라는 것이 언제나 자기 동일성 지탱을 위한 같음으로의 논리전략만을 수행하는 것은 아니다. 그들에게는 **다름으로의** 논리전략을 수행할 수밖에 없는 계기가 또한 다가온다.

1.4 발전이라고 할 만한 것이 다름으로의 논리적 맥락에서 나타난다. 다름으로의 논리적 맥락이 발전의 유력한 작용이 되는 이유는 어디에 있는가? 그 단순화 작용에 있다. 한 영토에 존재하는 모든 것들의 자기 같음으로의 확장운동은 그 모든 것들의 논리적 모순관계를 이끌거나 그 모든 것들의 공존 가능성을 포화상태로 몰아감으로써 그 복잡성으로의 경향을 다름으로의 운동으로써 단순화시키지 않으면 안 되는 임계점에 부딪친다.

모순관계 또는 포화상태는 거기에 얽힌 모든 존재하는 것들로 하여금 그의 같음으로의 운동을 다름으로의 운동으로 거두어 복잡성을 포기하고 단순화하도록 하는 압력으로서 작용한다. 이러한 다름으로의 발전형식은 물질의 세계에서만이 아니라 정신과 사회의 영역에서도 혁명의 불가피한 상황을 이끌어내는 것이다.

1.5 인류의 철학사는 옛날 그리스 철인들의 '로고스'에 의한 존재이해의 사상으로부터 시작된 것이 아니다. 옛날 중국이나 인도의 도덕과 인간 구원의 사상으로부터 시작된 것도 아니다. 원시인류가 개척했던 삶이 어디서나 보편적으로 일으킨 형식으로부터, 그러나 그 형식에 대한 어떤 근본적 반성도 없이 오늘의 철학사에까지 이르게 된 것이다.

그러니 지금까지의 철학사는 인류의 생존투쟁의 역사이지 진리탐구와 양심의 역사라고는 말하기 어려운 점이 있다.

이것은 철학사의 바탕을 결정해 온 논리와 사유형식이라고 하는 것이 다만 자연사에 일어난 생존전략의 부분이라는 점을 반성할 때 피할 수 없는 결론이다. 추적할 수 없는 태고로부터 자연을 향한 생명의 자기 지속운동으로서 의식의 같음으로의 매개행위가 지난

2,500년 동안의 철학과 그 논리가 답습해 온 동일률과 분류의 질서 그리고 추론형식들을 끌어들인 것이다.

1.6 논리란 무엇인가? 논리적 추론이란 다만 물음의 행위일 뿐이다. 이 물음의 형식을 찾는 데에 논리학의 뜻이 있다. 과학은 주어진 자연에 대한 물음이다. 그 물음의 형식이다. 논리의 물음은 존재하는 어떤 것에 대한 물음이 아니다. 물음이 지향하는 대상의 특성에 상관없이 일어나는 물음이다.

무엇을, 아니 어떻게 물음인가? 그 물음의 형식, 그것이 논리의 문제다.

어떻게 물음인가? 물음이 지향하는 그것이 무엇이든 간에 그것의 '같음'을 물음이다. 그 '같음'을 추적하는 물음으로서 이런 저런 상향추론과 하향추론의 형식이 이루어진다. 자연 또는 세계와 관계함에 있어서, 그러나 대상의 성격에 관계없이 던져지는 인간의 물음이 그렇게 형식화되는 것이다. 세계에 대한 개척 공격적 물음으로서 상향추론의 여러 형식이, 보존 방어적 물음으로서 하향추론의 여러 형식이 나타난다.

그렇다면 왜 그 같음에 대하여 다름을 묻지 않는가? 자연에서도 그 밖의 세계에서도 부딪치는 사물에 대하여 그 다름을 물을 수 있다. 그것 역시 부딪치는 세계의 특성에 상관없이 일어나는, 그러나 지금까지 논리에서 간과된 물음의 길이다.

1.7 같음으로의 운동을 앞세우지 않는 다름으로의 운동이 없고, 다름으로의 운동을 앞세우지 않는 같음으로의 운동이 없다. 이 각기의 패권을 향한 자연의 전략과 운동이 서로 엇갈리는 데서 세계의 온갖

파노라마가 펼쳐지며 거두어진다.

1.8 같음으로의 운동은 무엇으로서 일어나는가? 순수한 사유의 논리로서 일어나는 운동이 아니다. 논리적 사유로서가 아니라 모든 개별화된 생명의 자기 동일성 지탱의 운동으로서 일어나는 것이다. 그러니 이 같음으로의 운동의 자연사는 원시인류의 생명지속을 위한 세계 매개행위의 전략으로 거슬러 올라간다.

1.9 다름으로의 운동은 무엇으로서 일어나는가? 같음으로의 운동 또는 그 논리전개의 매개자인 이름[名]과 로고스(λόγος)로서 이루어지는 질서에 대하여 파국적이고 분열적으로 다가오는 실(實)과 허(虛)로서 일어난다.

왜 세계의 사물들은 근본적으로 자기 같음(동일성)을 지탱할 수 없는가? 세계에 드러난 동일자는 상대와의 다름[實]에 그리고 절대에의 다름[虛]에 이미 얽혀 있기 때문이다.

1.10 비트겐슈타인에게 자연사(natural history)와 규칙 또는 지시 또는 척도(measure)로서의 논리는 어떻게 공존할 수 있는가? 논리적 추론이라는 것이 규칙과 지시에 따르는 것이라면, 그리고 그것이 다만 반복과 훈련으로서 지켜지는 척도에 지나지 않는다면, 그것이 어떻게 인간적인 조작이라는 자의성을 벗어나 자연사의 부분이 될 수 있는가?

모든 존재하는 것들 가운데서도 자기 같음으로의 공격적이며 방어적인 전략에 가장 유능한 인간 의식이 엮어내는 규칙과 지시사항으로서 논리 또는 논리적 추론형식이 자연사에 등장하는 것이다.

그러나 자연사에는 같음으로의 논리전략에 지지 않게 언제나 주어진 규칙과 지시에 어긋나며 분열하는 다름으로의 행위 또는 논리형식이 또 하나의 자연의 전략으로서 나타나는 것이다.

2. 폭력으로서의 의식과 파라다이스 논리

2.1 의식은 그 자신의 같음이 지지되는 지평으로 사물들을 눕힌다. 사물들을 같음의 지평으로 눕히려는 의식의 활동으로서 논리적 추론과 지식의 체계가 이루어져 왔다. 그러나 그 자신 모든 다른 존재처럼 임시의 이탈자로서 세상에 등장한 의식이 '바로 이것이다' 라고 그의 같음으로 눕힐 수 있는 사물은 세상에 없다.

2.2 사물들을 같음의 지평으로 눕히려는 의식은 말한다.

'이것은 나무다.'
'이것은 돌이다.'
'이것은 바람이다.'

그러나 그들은 모두 거부하는 몸짓을 한다.

'나는 나무가 아니다.'
'나는 돌이 아니다.'
'나는 바람이 아니다.'

그러니 나무이면서 나무가 아니다. 돌이면서 돌이 아니다. 바람이면서 바람이 아니다.

나는 본다.
그러나 보지 않는다.
나는 듣는다.
그러나 듣지 않는다.
나는 잡는다.
그러나 잡지 않는다.

2.3 진리를 찾아 광야를 헤매는 자는 어디에도 머물지 않는다. 아무것도 잡지 않는다.

2.4 마음은 어디에 있는가? 그것은 어떤 틀에 묶어 놓을 수 없는 것. 마음은 언제나 잉여에 산다. 자신을 어떤 같음으로 묶는 울타리를 떠난다.

마음은 어디에 잡아 놓을 수 있는 것이 아니다. 마음은 어디에도 있는 것이 아니다. 그것은 어떤 것이 아니다. 그것은 다만 아니다.

2.5 세계의 다름을 견딜 수 없는 의식, 그래서 세계를 어떤 같음으로 돌려놓으려는 의식, 그것이 세계에 대한 폭군으로서 아니면 철부지 망나니로서 행세하는 것이다.

2.6 의식이 그의 원칙으로서 고집하는 동일률, $\forall x(x=x)$, 그것은 세계를 향한 폭력의 도구다.

2.7 가장 엄밀한 증명의 바탕을 찾아 가장 원초적인 것으로 내려간 논리학자 프레게는 동일률에 부딪쳐 더 이상 나아갈 수가 없었다. 그는 동일률에 대하여 증명을 제시하지 않고 다만 그것을 받아들이지 않는 것은 미친 짓이라고 단언한다(G. Frege, ***The Basic Laws of Arithmetic*** (Berkeley, 1964), 14쪽). 그러나 동일률은 가장 엄밀한 증명을 찾는 사람이 바탕으로 삼을 수 있는 가장 원초적인 것이 아니다.

동일률에 대한 증명을 찾을 수 없다면, 거기에 머물러서 그것을 가장 원초적인 바탕이라고 선언해야 할 이유가 없다. 오히려 증명되지 않는 것을 가차 없이 배제하는 가장 엄밀한 추적 끝에 마지막으로 만나는 것은 동일률이 아니라 모순과 혼돈일 뿐이다.

2.8 *X*로 드러난 사태는 *X*'이다'. '이다'로서 그 사태의 흔들림이 없는 '같음'을 나타낸다. 그런데 한 흔들림이 없는 '같음'의 사태로 드러남은 그렇게 그 사태를 구별하는 행위이며, 그 사태를 그렇게 구별하는 행위는 그 사태를 그렇게 '다름'으로서 세우는 것이다. 그래서 한 드러난 사태의 흔들림이 없는 '같음'을 세우는 것은 바로 그 사태의 확연한 '다름'을 주장하는 것이다. 한 사태의 '같음'의 주장은 그 사태의 '다름'의 주장이다. 그러니 한 사태의 '같음'은 바로 그 사태의 '다름'이다. '이다'는 '아니다'로서, '아니다'는 '이다'로서 행위한다.

이렇게 자기 분열하는 논리적 그리고 초시간적 역전(逆轉)의 관계를 외면하고 '이다'의 '이다'만을, 그리고 '아니다'의 '아니다'만을 고집할 때, 말하자면 A=A라는 형식논리의 원칙을 고집할 때 가면의 자기 동일자의 세계가 나타난다. 그러나 '이다'(같음)의 '아니다'(다름)와 '아니다'(다름)의 '이다'(같음)라는 이 논리적 역전의 사태보다 앞서는 어떤 존재 또는 의식의 사태도 없다. 아니, 모든 나타난 사태에는 이미 자기 분열의 논리적 사태가 스며 있다.

2.9 '이다'는 '이다'이며 '아니다'는 '아니다'라고 하는 동일성의 원칙이 '이다'의 '아니다'를, 그리고 '아니다'의 '이다'를 말하는 자기 분열의 논리에 앞서는 바탕이 되는가? 동일성의 원칙으로부터 분열의 논리를 유도할 수는 없으나 분열의 논리에 대한 제한을 가함으로써 가면의 동일자의 동일성을 말할 수 있으므로 분열 또는 모순의 논리가 동일성의 원칙에 앞서는 보다 보편적인 바탕이 된다.

2.10

'나는 거짓말쟁이다.'
'나는 나다.'

이러한 진술들 밑에 엎드려 있는 모순과 역설의 사태는 모든 논리의 피할 수 없는 바탕이다. 그리고 모순과 역설의 바탕은 '같음과 다름의 서로 떨어질 수 없음'이라는 기본원리에 있다. 말하자면 다름은 다름으로서 같음이기 때문에 비로소 다름이며, 같음은 같음으로서 다름이기 때문에 비로소 같음이다. 따라서 같음은 다름이며 다름은 같음이다.

한 주어진 사태에 얽힌 온전한 논리적 관계를 종합적으로 보면, 같음은 같음이면서 다름이며, 다름은 다름이면서 같음이다. 이로써 모든 일관된 논리적 추론과 그것을 바탕으로 해서 나타나는 존재의 사태는 이런 혼돈과 모순의 바다 위에 떠 있는 한 조각의 가설일 뿐이다. 태초에 모순과 혼돈이 있었으니 옛날 그리스의 철인들이 존재의 질서로서 끌어들인 이른바 '로고스'라는 것은 만물이 일어나며 자신의 같음을 지탱하려고 지어낸 한 조각의 파생질서다.

2.11 모든 지점이 온 방향으로 퍼져 나가는 그리고 온 방향으로부터 다가오는 거점(據點)이다. 세계의 어떤 지점도 어떤 방향도 어떤 다른 지점이나 어떤 다른 방향에 우선하는 것은 없다. 이것은 자의적인 질서에 대한 반항이며 거부다. 모든 질서가 자의적인 것임을 반영하는 가장 근본적이고도 단순한 질서는 혼돈이다.

2.12 나의 입 안에 들어 있는 생선구이는 즐거움인가 고통인가? 이것을 누구의 느낌으로 말할 것인가? 먹이를 얻어 생명에 힘을 더할 나의 즐거움인가? 먹혀 들어가는 생선의 몸부림치는 고통에다 그 고통스런 몸부림을 함께 느끼는 나의 고통인가?

나의 입 안에 든 생선구이는 즐거움이면서 고통이다. 어느 한 쪽의 느낌과 인식을 가지고 말하기 어려워지는 파라다이스의 마음이 있다. 마음이 그가 기숙(寄宿)해 있는 신체의 물리적 그리고 국지적 동일성에 따라야 할 필연성이 없다. 생선구이를 삼키는 나에게 그리고 먹히는 생선에 얽혀 일어나는, 같음으로의 길과 다름으로의 길이 얽히는 총체적 느낌과 인식에서 어느 쪽으로 기울 이유가 없는 것이다. 우리의 모든 체험에 얽혀 일어나는 '이면서 아닌' 총체적 사태는 자기 분열적 혼돈의 모습을 지닌다.

2.13 존재하는 사태나 존재행위 자체가 다름이며 이탈이다. 무엇으로부터의 다름이며 이탈인가? 그런 사태를 거두어가는 자로부터

의 다름이며 이탈이다. 다름과 이탈로서 이루어진 존재의 사태는 그러니까 가면적 또는 조건부 동일자다.

가면적 동일자를 지탱하려고 펼치는 존재행위에 맞서서 거두어 가는 자가 있음에 틀림없다. 가면적 동일자들이 제각기 자신을 같음으로 지키려고 투쟁하는 세계에는 펼치고 거두어가는 그리고 다시 펼치는 존재론적 갈림이 쉼 없이 일고 있다. 그러나 펼치는 자에 맞서서 거두어가는 자가 그의 비밀을 드러내 보이리라고 기대할 수는 없다. 그는 다만 펼치는 자에 맞서서 다름으로 매듭짓고 깨뜨리고 사라져가는 자로서만 다가온다. 하이데거의 이른바 존재론적 다름으로 말하는 "은폐된 존재"란 깨뜨리고 사라지며 거두어 가는 자에 대하여 마치 그의 정체를 보는 듯이 가리킴이 아닌가?

존재론적 엇갈림을 이루는 같음으로의 펼침과 다름으로의 거둠은 시공(時空)적 분할 또는 분신(分身)에 앞서는 운동원리다. 펼침과 거둠이 얽혀서 매듭지음으로, 시공의 현상으로 나타나거나 얽혀서 깨짐으로 사라져 간다. 세계에 나타난 가면적 동일자의 자기 같음으로 펼치는 행위는 결코 그 동일자의 다름으로 거두어 가는 자 자신의 연출 또는 '지연효과'라고만 볼 수는 없다. 존재론적 엇갈림은 서로 환원되기를 거부하는 힘들의 자기 기회를 향한 결투이며 얽힘이다.

2.14 세상에 자신의 자리에 그대로 머물 수 있는 영원한 어떤 것도 없다면, 가장 보편적인 지속자(持續者)는 어떤 자리를 차지하는 것도 아닌 논리적인 것에 있다. 모두 수많은 이음을 따라 같음으로의 길로 돌아가고 수많은 매듭으로 끊어지는 다름으로의 길로 흩어져 간다. 이것이 세상에 자리 잡고 자기를 드러내는 모든 것이 예외 없

이 거치는 '이면서 아닌' 길이다. 그러나 세상이 '이면서 아닌' 길을 따라 펼쳐지며 돌아가는 것일까?

그것은 아직도 관찰하는 자, 보는 자에게 나타나는 길이며 세상이다. 보지를 말아라. 길을 버려라. 길을 버리고 보라. 세상은 혼돈과 무질서의 바다일 뿐이다. 세상은 '이기도 하고 아니기도 한' 것이다. 세상은 '인 것도' 아니고 '아닌 것도' 아니다. 그러니 세상에서 벌어지는 모든 일을 짓고 그 마지막 책임을 지는 자가 있다면 그의 마음과 논리를 무엇으로 잡을 수 있겠는가? 그는 언제나 다름으로서 사라져갈 뿐이다.

3. 호모 에렉투스의 돌도끼에 얽힌 철학사

1. 호모 에렉투스의 돌도끼로부터 옛날 그리스 철인들의 존재론에 이르기까지

1.1 무한의 결핍자인 눈

눈은 얼마나 잔인한가?

1.2 인류의 철학사는 결코 옛날 그리스 철인들에게서 비로소 시작되었다고 말할 수는 없다. 그들의 철학적 발상, 말하자면 존재에 대한 논리적 사유는 원시의 호모 에렉투스(homo erectus)가 지구상의 지배자로 등장하면서부터 발전시켜 온 자연과의 대응관계의 오랜 역사 가운데서 아주 최근에 파생된 하나의 혁명이었을 뿐이다. 그러므로 철학사의 시원에 대한 완전한 이해는 태곳적 돌도끼의 발명자 호모 에렉투스가 착안한 존재파악과 그 논리에 의해서 이루어진 최초의 혁명으로부터 시작하지 않으면 안 된다.

1.3 인류는 언제부터 추상적 개념에 의한 사고를 할 수 있게 되었을까? 맑스는 고전시대의 그리스 사람들이 발전시킨 뛰어난 추상적 개념의 체계가 그들의 무역관계에서 이루어진 화폐사용—물물교환에 대신하는 추상성 관계—에 연유하는 것이라고 했다. 상부구조로

서의 추상적 개념의 체계, 예를 들면 철학과 논리사상의 근원을 물질 경제적 토대에서 찾는다는 점에서 그의 유물론에 어울리는 것이기는 하지만, 실은 추상적 개념에 의한 사고는 그보다 훨씬 앞선 백만 년, 적어도 수십만 년 전에 살았던 인류의 공동조상 호모 에렉투스에게서 싹튼 것으로 보아야 한다.

달아나는 혹은 덤벼드는 짐승을 잡기 위하여 나무로는 창을, 돌멩이로는 날카로운 도끼를 만들면서 그들은 추상적인 개념조작의 방법을 잉태한 것이다. 시야에서 사라진 짐승이 다시 나타나기를 기다리며 만든 창과 도끼에는 이미 겪은 그리고 앞으로 부딪칠 사태들의 일반화라는 추상적인 조작이 관여되어 있기 때문이다. 창은 일정한 거리에 있는 짐승을 찔러 넘어뜨려야 할 경우에 쓰일 것이고, 도끼는 가까이 덤벼드는 짐승을 쳐서 가르는 경우에 쓰일 것이다.

아직 직접으로 부딪치지 않은 미래의 이런 저런 유동적 대상과 사태에 맞을 만한 어떤 쓰임의 도구를 제작할 때 이미 겪은 사례들의 일반화라는 추상적 조작의 밑받침이 전제되지 않을 수 없다. 그 아직 나타나지 않은 대상이나 사태에도 그것을 겨냥한 도구에도 감각적 직접성이나 구체성은 없고, 이미 겪은 일회적 격투현장의 경험들을 지양시킨 추상적인 사태구성 또는 예상이 숨겨져 있다. 이렇게 인류는 어떤 철학이나 논리체계도 그 밖의 어떤 상부구조의 문화도 가지기 오래 전에 추상적 개념조작의 방법에 이를 수 있었을 것이라고 상상할 수 있다.

1.4 자연지배의 힘으로서 지식과 논리를 구상한 것은 갈릴레이와 프랜시스 베이컨처럼 과학혁명을 이끈 과학자들로 시작된 것이 아니다. 불과 기술을 인류에게 가져다 준 프로메테우스, 예언된 숙명

에 대결하여 자신의 판단과 의지를 행사한 오이디푸스 같은 비극의 주인공과 그의 이야기를 펼친 시인들, 존재에 대한 사유의 동일성을 명제화한 파르메니데스, 엄밀한 논리적 추론으로서 존재영역을 실재화한 플라톤 같은 철학자들로 시작된 것이다.

그들은 모두 자연 또는 존재의 비밀에 대한 논리적 조작의 승리를 위하여 노력했다. 다만 베이컨과 갈릴레이에 와서 비로소 논리적 조작 또는 지식에 대하여 존재의 사실에 의한 확인과 통제 가능성이 완성된다. 말하자면 이들에게서 논리적 조작은, 실험이라는 자연으로부터의 동의(확인)에 의한 자연의 통제와 지배에 이르게 된 것이다.

1.5 백만 년에서 수십만 년 전에 있었을 돌도끼와 추상적 개념의 발명처럼 철학적으로 회고되어야 할 인류사의 중요한 사건은 없다. 그 발명은 옛날의 동물적 생존에서 겨우 벗어난 인류가 자신의 먹이 정복과 영토확장을 위한 타자—그것이 무엇이든 간에 자기 생존에 필요한—매개의 수단으로서 끌어들인 것이다.

여기서 매개의 대상으로서 관계한 일차적 타자는 자연이며, 이차적 타자는 동료 인간이었다. 자연을 대상으로 한 생산력을 바탕으로 사회적인 생산관계가 발전되었던 것처럼. 그러나 돌도끼와 추상적 개념을 발명했던 원시의 단계에서, 그리고 그 기술의 효율을 완성시킨 플라톤의 이데아에 관한 변증법이나 갈릴레이의 중력법칙에 관한 수학적 추리에 대하여, 그것들이 다만 그들 자신의 먹이정복과 영토확장을 위한 자연 또는 존재매개의 도구적 기능에 지나지 않음을 자각하기를 기대할 수는 없다.

그러한 자각과 반성은 그런 대상매개의 기술이 충분히 적용되어 그 효과와 역효과가 실제로 드러난 20세기 문명 가운데서 비로소 이루어지는 것이다. 20세기의 마지막 철학은, 먹이정복과 영토확장의 목적으로서 무반성적 타자매개의 진리를 추구해 온 지난 시대의 철학과 불연속적(不連續的) 관계에 놓인다. 철학은 현존재에게 시시로 요구되는 삶의 구제(먹이정복) 또는 자아의 실현(영토확장)이라는 편협한 목적행위를 떠나서야 그 다음의 발전단계인 양심의 진리에 이를 수 있다. 그러므로 철학의 역사가 약 2,500년 전 그리스의 탈레스나 플라톤으로부터 출발했다고 간단히 말할 수는 없다. 그들의 세계관이 돌도끼와 추상적 개념을 사용하기 시작했던 수십만 년 전 호모에렉투스의 (타자매개의 편협한 목적행위로서의) 세계관과 근본적으로 다르지 않기 때문이다.

2. 생산력과 생산관계, 그보다 보편적인 하부구조

2.1

> 최근의 인류 역사가 사랑보다는 투쟁으로 특징지어지는 이유는 무엇일까? 그것은 인류의 생활양식이 수렵 · 채집에서 농경생활로 변천한 데 기인하는 것이라고 여겨진다. ……수렵 · 채집인은 자연 질서의 일부를 이루지만 농경인은 필연적으로 그 질서를 왜곡시킨다. 그러나 그보다 중요한 점은 정착 농경사회에서는 재산축적이 가능해져 그것을 지킬 필요성이 대두했다는 사실이다.(리처드 리키, 로저 레윈, 『오리진』, 김광억 옮김 (서울, 1983), 16~17쪽)

인류가 농경시대로 접어들면서 자연의 질서를 왜곡하기 시작했다는 주장에 설득력이 있는가? 그러면 수렵·채집시대의 인류는 다만 자연의 질서에 순응하기만 했을까? 다만 자연의 일부로서 존재했다고 볼 수 있는가? 수렵·채집을 위하여 그들이 손에 들었을 나무창과 돌도끼는 이미 자연에 대한 자연스럽지 않은 접근을 시도한 것이다. 어떤 도구를—그것이 물리적인 것이든 관념적인 것이든 간에—매개로 한 자연에의 접근은 자연에 대한 자연스럽지 않은 접근이다. 수렵·채집의 행위에서도 농경인의 축적행위에서도 자연의 질서에 대한 인간의 동일한 이해와 조작이 일어나고 있음을 확인할 수 있다.

세계에 실현된 일체의 것들을 강약관계로 엮어 놓은 지배와 피지배의 사슬, 그것을 벗어날 수 있는 무엇이 있는가? 그런 것은 없다. 생존을 위한 자연의 정복과 지배, 목적실현을 위한 비상한 타자매개의 역사는 자본주의 생산관계의 형성 이전에, 농경사회의 축적경제의 발전 훨씬 전에, 적어도 백만 년 이전에 나타났을 호모 에렉투스의 두 개의 앞발이 단순한 보행의 기능으로부터 해방되었을 때 시작된 것이다. 자유로운 손의 활동, 이것이 인류에게 자연에의 새로운 접근을 가능하게 한 것이다. 그것이 세계를 자신의 목적실현에 매개하는 도구로서의 기능을 발휘할 수 있게 한 것이다.

2.2 원시의 인류가 자연을 자신의 생존목적에 매개하기 위한 도구와 절차로서 돌도끼와 추상적 개념, 협동과 분업제도를 끌어들인 것이다. 자신의 생존을 위하여 자연을 매개하는 행위, 그 밖의 무엇이 관념과 현실의 구성조건이며 하부구조일수 있겠는가?

대상으로서의 타자(여기에 자기 이외의 무엇이 포함되지 않겠는가?)에 대한 매개행위로서 일체의 세계인식과 현실구성이 집행된다. 뿌리를 따지자면, 결국 생산관계라는 것도 생산력이라는 것도 모두 상부구조일 뿐이다. 인간 자신의 목적실현을 위한 타자매개행위, 이것이 모든 상부구조, 예를 들면 돌도끼와 추상적 개념, 협업과 착취제도 등을 일으키는 하부구조다.

2.3 강약으로 얽힌 힘의 사슬, 이 사슬에서 벗어날 자 누구냐? 왜 서로 강약으로 얽혀 잡아먹고 먹히게 되었을까? 왜 우주는 그렇게 짜여졌는가? 그 이유를 물어도 어디서도 대답을 들을 수가 없다. 대답이 있을 수 없기 때문에 물을 필요가 없는가? 마음 가운데서 모든 것의 정당성을 흔드는 이 물음에 대한 우주의 침묵, 침묵의 무자비성을 향하여 인간의 물음이 일으키는 비동일성(非同一性), 그것은 좌절이 확실한 인간의 반항이 아닌가? 인간의 물음이, 그의 집요한 의식의 움직임이 존재의 질서에 일치할 길이 있는가?

맑스는 사람들끼리 벌이는 약육강식에 대하여 그 도덕성을 물으면서도 모든 살아 있는 것들, 모든 있는 것들 사이에서 강약으로 얽히는 사슬의 무자비함에 대하여는 묻지 않았다. 그의 철학이 사회정의의 실현을 외치면서도 그 실현의 도덕적 근거가 우주적 질서로부터 어떻게 보장받을 수 있는지에 대하여는 묻지 않았다.

인간의 도덕적 노력이 부딪친 비극, 그 비극의 위대한 주인공 오이디푸스에게서 드러난 도덕적 무력감에 좌절하지 않고 다시금 정의의 실현을 향한 옛날 그리스 철인들(파르메니데스, 소크라테스, 플라톤을 보라)의 논리적 사유, 그 정밀성의 탐구가 결국 선사시대로부터 존재의 비밀을 자신의 존재실현에 매개시키기 위하여 발명했던 힘의 도구들 가운데 하나로 둔갑하지 않았는가? 논리적 사유는 진리로, 진리는 생존의 무기로 바뀌어 버리지 않았는가? 자연에 대한 인류 역사의 승리를 약속한 과학의 산업화의 선각자 베이컨도, 자본과 노동계급 사이의 갈등과 각축이 보편화될 현대산업사회의 병폐를 예고하고 고발한 맑스도 약육강식의 사슬로 얽힌 우주적 질서에 대하여 도덕적 의문을 제기하지 않았다.

2.4 짐승이나 나무가 자연 가운데서 그의 생명을 유지해 가는 방법을 보라. 그들은 어떤 도구나 대리자(代理者)의 매개가 없이 자신의 몸으로 자연과 직접 부딪치고 싸운다. 그들은 자연과 한 몸이 되어 산다. 그들은 자연의 자연스러운 과정, 그 강약(强弱)의 관계에 순응한다. 그들은 그들의 생존을 유지하고 영토를 확장하기 위하여 자연을 효율적으로 조작할 수 있는 비상한 도구, 예를 들면 대리기능으로서의 돌도끼나 노예, 추상적 매개기능으로서의 과학을 끌어들일 수 없다.

돌도끼, 노예, 과학과 같은 대리자 혹은 도구를 매개로 하는 인류의 목적실현 행위는 그 왜곡에 따르는 추상성 때문에 자연의 총체적 질서와의 위태로운 긴장관계에 놓인다. 이렇게 인류가 자연을 그의 생존목적에 매개하기 위하여 도끼를 들었을 때부터 과학혁명에서 과학기술에 의한 산업혁명에 이르기까지 삶에 얽힌 노동, 그런 목적에 얽힌 집요한 사유와 조작의 절차가 변함없이 개발되어 왔다.

2.5 인류는 옛날 그리스에서 엄밀논리에 의한 추상적 사고를 하기 전에, 그리고 그것으로써 존재의 사태를 파악하고 합리화하기 전에 그와 비슷하고도 상징적으로는 같은 일을 이미 기억할 수 없는 선사시대로부터 해왔다. 그와 같은 처음의 일이란 원시적인 도구에 의한 자연에의 접근이었다. 도구라는 것은 존재로부터 밀려오는 저항을

도구 사용자 자신이 지닌 목적에 적합하도록 유도하는 역할을 하는 것이다. 사실 지상의 다른 종류의 추종을 불허한 인류의 우월한 발전은 이러한 도구로 쓰이는 것들이 여러 단계의 혁명을 거치는 사이에 이루어진 것이다.

인류가 자연의 환경을 자신의 생존목적에 매개시키기 위해서 가장 먼저 발명한 도구 가운데 하나는 나무로 된 창이나 돌로 만든 도끼였을 것이다. 날카로운 도끼로 덤벼드는 짐승을 잡고 그 가죽을 찢어 먹기에 적당한 크기로 썰어 내거나 나무를 잘라 울타리를 짓거나 그것을 깎아 다른 도구를 만들 수도 있었을 것이다. 이런 수많은 작업의 사례들이 그들이 만든 도끼라는 하나의 도구에 집약되어 있다. 그러나 도구는 존재가 제공하는 풍부한 감성적 다양성의 유혹을 거부하고 오직 그 자신에게 이미 주어진 목적수행을 고집하는 것이다.

말하자면 그것은 존재 자체가 지닌 무한정성을 자신의 삶의 실현이라는 편협한 목적으로 단순화하고 추상화하는 것이다. 여기서 목적 수행자로서의 도구는 그가 지닌 숙명적 추상성 또는 자의성을 망각하고 그 도구에 의해 매개된 세계를 존재로부터 다가오는 사태 자체와 동일시하는 경향을 낳는다.

세계로부터의 위협과 저항을 자신의 목적으로 유도하고 굴복시키기 위하여 끌어들인 또 하나의 도구는 싸움의 상대로부터 얻은 전리품으로서 사로잡은 짐승이나 굴복한 사람이었다. 그들은 적의 침입을 저지하는 방파제나 수색대로 쓰이고 위험하거나 힘든 작업을 대행하는 도구적인 역할을 하였다. 이렇게 호모 에렉투스의 단계로 들어선 다음에 인류는 자신의 목적실현을 위한 대행자로서 이런 저런 도구를 가지고 존재 일체를 파악해 온 것이다.

인류는 자연과 고도로 효율적인 노동관계를 맺어서 생산력의 발전을 이루고 거기에 따르는 생산관계라는 사회체제를 구성하기 전에, 이미 존재 자체 또는 세계를 대상화하고 그것을 다시 (자신의 목적실현을 위하여) 자기화하는 철저한 지배주의적 세계관의 소유자로 등장한 것이다. 원시적인 생산력 형성단계에서 이미 지배주의적이고 소외유발적인 생산관계와 사회체제가 잉태된 것으로 볼 수 있다.

그럼에도 지배주의적이고 소외유발적인 생산관계와 사회체제의 비판에 앞서서 나무창과 돌도끼를 손에 들었던 생산력의 원시적 단계에 대한 회고와 비판이 요구되는 점을 맑스는 간과하였다. 말하자면 생산력 형성의 원시적 단계에 대한 이해에서 "의식이 존재를 규정하는 것이 아니라 존재가 의식을 규정한다"고 하는 맑스 자신의 명제가 보다 철저하게 적용되었어야 하는 것이다. 그리하여 우리는 다음과 같은 물음을, 지나 온 인류 문명사에 던지게 된다. "생산력 형성의 원시적 단계로부터 일정한 생산관계와 사회체제의 발전단계에 이르기까지 인류의 의식이 존재의 규정성에 성실하게 따랐는가?"

3. 의식과 존재의 관계, 그럼에도 암호상자에 갇힌 존재의 비밀

3.1 처음에 의식은 누구의 것도 아니었다. 파도처럼 바람이 부는 대로 이는 의식은 다만 흔들리며 흐르는 것이었다. 공중에 떠도는 바람에 주인이 없듯이 처음에 이는 의식에도 주체가 없다.

그에게는 우리집도 우리마당도 없었고, 더구나 나의 집, 나의 것은 있을 수 없었다. 처음부터 아예 우리니 나니 하는 주체란 있는 것이 아니었다. 세상을 오고 가는 말에도 오랫동안 주어가 없었다. '벼락

치다'라는 놀라움에서 그 힘의 주인으로 '하늘님이' 떠오르고 '배고프다'라는 느낌에서 먹을 것을 찾는 '내가' 나서게 되었다.

3.2 지식과 논리를 힘으로 보고 이를 추구해 온 서양 철학사는 존재에 대한 의식의 일방 결정적이고 지배주의적인 경향을 띤다. 이는 계급적 지배주의의 전통을 비판하는 맑스도 빠져 나가지 못한 경향이다. 그리고 이 전통은 이미, 지식은 덕이라고 말한 소크라테스에게서 확고히 서양인의 철학에 주입되었다. 그 덕은 행위의 기술이며 힘이다. 소크라테스의 지식의 행동력과 베이컨의 지식의 생산력은 무엇이 다른가?

3.3 코페르니쿠스의 지동설로의 혁명에 자신의 비판철학을 비유한 칸트도, 다윈의 생존을 위한 투쟁과 진화법칙의 논리를 받아들인 맑스, 듀이도 코페르니쿠스와 다윈의 세계관에 대한 적절한 철학적 해석을 발견하지 못하였다. 그들은 자연에 대한 인간의 일방적 규정과 지배적 관계에 대한 반성도, 우주의 존재론적 구도(構圖) 안에서의 의존자 또는 주변자로서의 인간의 절대한계에 대한 자기 인식도 이룰 수 없었다. 말하자면 그들은 코페르니쿠스와 다윈이 깊숙이 관여한 근대과학혁명의 충실한 후계자로 자처하면서도 여전히 편협과 독단이 지배하는 인본주의와 합리주의를 바탕으로 자기 중심의 세계관에 머물러 있었다.

3.4 물리학자는 실험조작에 대한 반응결과의 관계로서 탐구대상의 성질을 규정한다. 그러나 대상을 규정함에 있어서 기억해야 할 것은, 대상 자체가 또한 인간의 실험조작, 말하자면 질문에 응답하는

주체라는 점이다. 사람이 조작·규정하려는 대상 자체가 오히려 주체가 되어 어떤 반응을 사람에게 던져 오는 것이다.

자연이라는 대상조차도 조작·규정하려는 행위로서의 나의 물음에 대하여 어떤 응답을 던져 올지 물음을 던지는 내가 일방적으로 결정할 수는 없다. 따라서 결정론의 세계관은 의식의 존재에 대한 일방적 규정행위이며 존재영역으로부터 예상할 수 없는 반론과 보복을 받을 수 있는 여지를 간과하는 것이다. 그러니까 그의 응답을 기다려서야 비로소 응답에 얽힌 그의 성질과 성향을 파악할 수 있다. 그럼에도 그가 지닌 성질과 성향의 전모를 그가 던져 오는 응답으로서 온전하게 파악할 수 있는 것은 아니다. 그 자체의 모습은 모든 가능한 응답을 받은 다음에도 여전히 암호상자 안에 잠겨 있는 알 수 없는 어떤 것일 뿐이다.

3.5 아직도 자신의 정체를 드러내기를 거부하는 비밀의 주인. 암호상자(black box)에 들어앉은 그는 묻는 자의 가설에 대하여 응답한다. 자연의 질서라는 것도 역사의 법칙이라는 것도 다만 암호상자의 주인으로부터 끌어낸 한 묶음의 질문과 응답의 관계식일 뿐. 암호상자로부터 흘러나온 응답과 응답에 얽힌 질문 이상으로 우리가 세계에 대하여 알 수 있는 것은 없다.

3.6 존재에 대한 의식의 결정론도 의식에 대한 존재의 결정론도 역사에 있어서는 진리가 아니다. 존재는 그의 모든 비밀을 의식에게 내주는 일이 없다. 그럼에도 의식이 존재를 향하여 한없는 보상(해답)을 요구(물음)하는 온갖 모험(실험)을 함으로써 탐구의 역사는 이루어진다. 존재의 부분이기를 거부한 의식의 집요한 모색과 그럼에

도 존재의 의연한 저항으로 엮어지는 우주적인 자가 분열, 자기 배반의 관계로서 자연의 인식과 삶의 역사는 전개된다.

3.7 세계를 절대적으로 결정하고 지배하는 자, 사람들은 그를 신(神) 혹은 '스스로 있는 자'라고 일컫고 그에게 이런 저런 성질을 매기려고 하지만, 나는 그 알 수 없는 자를 향하여 물음을 던질 수 있을 뿐이다. 그 알 수 없는 자에 대하여 생각한다는 것은 부당한 일일 것이다. 다만 그 알 수 없는 자로부터의 반향이 인간의 경험에, 인간의 논리적 사유에, 인간의 의지에 어떻게 부딪쳐 오는지 기다릴 수 있을 뿐이다. 그것이 그 알 수 없는 자가 인간의 세계를 결정하고 지배하는 논리적 형식인지도 모른다. 세계를 태초부터 결정하고 지배하는 자는 기다리며 찾아야 할 어떤 것이지 인식의 출발점이 될 수 있는 어떤 것이 아니다.

모든 사람이, 모든 살아 있는 것이 공유할 수 있는 것, 그것은 '이해할 수 없는 어떤 것'이다. 이해할 수 있고 따질 수 있는 것이라면 그것은 언제나 우리들 사이에서 불일치를 일으킨다. 그러므로 공유할 수 있는 진리는 그것에 대해서는 아무것도 이해할 수 없는, 말문이 막힐 수밖에 없는 그런 파국의 마지막 사태에 숨겨져 있다.

죽음의 세계로 들어간 자에 대하여, 인간이 거부할 수 없는 재난과 이변 앞에서 우리의 말문은 막힐 수밖에 없다. 거기에 모든 살아 있는 것들, 모든 있는 것들을 결정하고 지배하는 자의 비밀이 숨겨져 있을 것이다.

그럼에도 철학적 사유의 수천 년 역사 가운데서 이어져 온 착각은 세상에 나타난 사물들의 본질에서, 증거의 객관성과 논리적 합리성에서, 최고의 선(善)에서, 이런 저런 신의 속성들에서 모든 살기 위하여 경쟁하는 것들이, 아니 모든 있는 것들이 공유할 수 있는 진리를 찾은 데에 있다.

4. 자가 분열자로서의 의식 그리고 존재의 보편원리로서의 비동일성

4.1 동양에서 사람들이 오랫동안 말해온 무념 무상(無念無想). 그것은 사람들이 어디로 침잠하는 가운데 자기 의식을 잃어버리는 상태. 어느 때에 또 자기 의식을 잃는가? 고통과 충격이 닥쳐왔을 때. 너무 고통스럽고 견디기 어려워서 자기 아닌 것이 되어 사태를 감당하는 것이다. 존재의 사태에다 자기를 포기하는 것이다. 그것을 진리의 순간이 아니라고 말할 수 없다. 존재의 사태에 대결할 수 있는 한, '나', '나', '나', '내가 누군데……'라고 의식이 그의 고유한 영토를 주장한다. 그러나 그 영토를 지킬 수 있는 것이 언제까지냐? 그것은 시간문제일 뿐.

그러니까 동양인인 나는, 맑스와 엥겔스가 말했으면서도 완전히 이해할 수 없었던 명제 "의식이 존재를 결정하는 것이 아니라 존재가 의식을 결정하는 것이다"에 전적으로 공감할 수밖에 없다.

4.2 무자비한 자연의 행보(行步), 그것은 인간이 일으키는 이념이고 법칙이고 보편성이고, 모두를 그의 몸짓 하나로 부러뜨릴 수 있다. 그 부러질 허구의 지팡이는 진작 버릴수록 자유롭다.

의식은 처음부터 존재에 대결하는 독립의 지배자로서 세계에 등장한 것이 아니었다. 의식은 존재와의 동행자로 존재에 기숙하다가

차츰 비동일성의 자기 영토를 개척한 것이다. 그리고 사람들은 그 의식의 비동일성을 망각하는 것이다. 이제는 오히려 자기 의식으로 동(일)화하지 않는 것을 거부하는 것이다. 이렇게 의식은 동화하지 않는 존재의 자기화라는 불가능한 요구를 존재의 질서를 향하여 던진다. 진리탐구라는 이름으로. 의식이 스스로 취한 비동일성으로 말미암은 존재의 비동일성을 이제 자신의 동일성 지평으로 눕힐 수 있는 것인가?

4.3 인간의 의식이 자연으로부터의 진화적 소산이라면, 이해하기 어려운 부분은 왜 자연이 그 자체 안에 자기 부정적 매개자인 의식을 잉태하고 있느냐 하는 것이다. 고도의 의식활동이 가능해진 인간은 장구한 시간에 걸친 여러 차례의 도구혁명으로 얻은 생산력의 비약적 발전 가운데서 철저하게 자기 부정적, 자기 파괴적인 자연매개의 태도를 대리하게 된 것이다.

인간은 그의 고도로 발달한 의식을 매개로 자연과 관계함으로써 (돌도끼 사용으로부터 노예제도와 과학기술혁명에 이르기까지) 자연과의 직접적 또는 동일적 관계를 포기하고 있다. 인간은 그의 의식을 매개로 하여 여러 형태의 대리기능을 지닌 도구를 끌어들여서 자연 또는 존재의 철저한 자기 배반, 자기 부정, 자기 분열적 비동일성의 경향을 실현하고 있는 것이다. 왜 자연도 의식도 마치 공모자들처럼 다 함께 자기 배반, 자기 부정, 자기 분열의 길, 자기 동일성을 거부하는 길을 달려가고 있는 것일까?

존재로부터 분열된 의식과 의지, 그것을 실현하려는 개체들의 존재에 대한 끝없는 비동일적 파악이 결코 존재 설계자로부터의 동의를 받을 수 없는 모양으로 과학과 기술의 산업사회에서, 역사의 주체로서 자처하는 사람들의 이념과 철학 가운데서 진행되고 있다.

4.4 사람은 세계를 자신의 구도대로 길들이려고 한다. 그러나 세계는 저항한다. 사람이 그의 먹이를 정복하고 영토를 확장하는 듯하다가도 결국 그의 종말인 죽음을 피할 수 없다. 누구든지 알 수 없는 존재의 깊이로부터 쉼 없이 넘쳐 오는 반격에 굴복할 수밖에 없다. 그에게 종말을 가져오는 최후의 반격인 최후의 부정은 언제나 그 자신의 구도 밖에 자리 잡은 존재의 타자성으로 말미암는 것이다.

그러나 그는 타자로 하여금 자기를 부정하도록 자신의 구도를 만든다. 말하자면 그의 구도 밖에다 타자성을 허용함으로써 그의 구도로 하여금 자체 부정에 빠지도록 유도하고 그리하여 스스로 자신의 종말을 가져 오도록 결정하는 것이다.

사람은 그의 집요한 논리적 사유가 보장하는 세계인식을 그의 삶을 위한, 그의 영토확장과 먹이정복을 위한 구도라고 믿겠지만, 거기에는 언제나 그 자신의 종말을 예고하는 함정이 숨을 죽이며 누워 있다.

4.5 경험세계에 일어난 사건들과 그들의 숙명인 타자화라는 현상이 있을 뿐이다. 세계에 일어난 사건들은, 그들의 원인이나 근거를 자신 가운데에 지니지 않기 때문에 타자 의존적이며 타자로 이행하는 것이다. 그것들이 의존하거나 이행하는 타자는 무엇으로 이름할 수 있는가? 이데아인가? 존재의 근원인 일자(一者)인가? 무(無)인가? 절대자인가?

철학자들은 모든 일어나는 사건들이 이행해 가고 의존하는 타자의 영토를 대상화한다. 모든 사건들이 결국에 귀속할 만한 대상을 만들어서 그 대상을 확인하고 자기화하려고 한다. 결국 자기 의식의 영토로 다시 끌어들여지지 않는 대상은 없다. 대상화 행위에는 이미 자기화가 전제되어 있다. 그것은 의존과 귀속의 대상인 동시에 그것으로 자기를 확인하고 자기에게 봉사하도록 하는 도구가 되는 것이다.

세계에 자기 몸을 드러내는 모든 것들의 숙명인 타자에의 이행을, 그 숙명의 비동일성을 자기 동일자 또는 절대자에 호소해서 구제하려는 세계인식의 노력은 결국 다시금 좌초해서 타자화될 수밖에 없다.

4.6 명제에의 일치가 아닌 비(非)은폐로서의 진리를 어떻게 찾는가? 의식과 언어, 욕망과 그 매개행위를 버림으로써이다. 서양의 과학과 철학사에서 그러한 진리가 나타난 일이 있는가? 의식과 욕망과 그 논리에 길들여진 파르메니데스의 존재는 비은폐의 진리가 아니다. 비은폐의 진리는 존재하는 모든 것에, 그리고 그의 욕망과 논리에 깃드는 비동일성에 있다. 그 비동일성의 진리는 사유와 언어가 깨지는 충격에서, 존재하는 것의 존재에의 욕망이 좌절되는 파국에서 주어진다.

4.7 나는 내가 아니다. 동일성이란, 따지자면 이 세상에 있는 것이 지닐 수 있는 성질도 아니고 그것에 대한 정확한 판단도 아니다. 세상에 자기 몸을 드러낸 것들 가운데서 '자기와의 다름'으로 옮겨 가지 않는 것은 없다. 나는 나 또는 나의 것이라고 믿는 것에 대한 가상적 소유자거나 임시의 관리자일 뿐이다. 사람은 누구나 근본적으로 자기가 말하고 행동하는 것이 아니다. 자기를 빌려 자기와 다

른 많은 것들이 말하고 행동하고 있을 뿐이다. 그러니까 '박 서방이 노래를 부르며 잔디를 깎고 있다'라는 명제는 다음과 같은 의문을 일으킨다. (1) '노래를 부르며 잔디를 깎고 있는' 주체는 참으로 박 서방인가? (2) 박 서방을 가리키는 모든 동일성의 묘사(identifying descriptions)가 물리 화학적으로, 사회 경제적으로 박 서방에게 돌아가는 것인가?

5. 철학의 양심, 철학적 문명론

5.1 철학자에게는 문제된 삶에 대한 해답을 얻는다는 것이 최고의 목표는 아니다. 철학자가 구하는 것은 고통과 위협이 절박한 삶으로부터의 탈출이 아니다. 예수도 맑스도 오랫동안 고통과 두려움에 싸인 많은 사람들에게 구원의 희망이 되어 왔다. 그리고 물론 자신에게 부딪쳐 온 문제를 풀어줄 해답을 사람인 철학자도 동물도 마찬가지로 찾는다.

그러면 철학자가, 그리고 최선에 이른 사람이 다른 사람과 동물과 달리하는 점은 무엇인가? 고통과 불안의 문제를 해결하는 능력과 지혜인가? 인류는 원시의 돌도끼를 손에 들기 시작했을 때부터 물리학의 수식을 푸는 펜을 백지 위에 놀릴 수 있기까지 동물과는 격이 다른 발전을 해왔으나, 그럼에도 그 점에 대해서는, 말하자면 자기 목적성취에 있어서는, 다만 정도의 차이를 이루었을 뿐이다. 그는 자신의 문제된 삶을 해결하기 위한 거듭된 도구개발로써 그런 차이를 가져 온 것이다. 그러나 인류가 개발한 도구 가운데서도 그의 우월한 사색이 드디어 동물의 것과 근본적으로 달리하게 된 점은 그것이 자신의 문제된 삶의 해답을 얻는 편협한 목적을 벗어날 수 있다는 데 있다. 그래서 해답이 있을 수 없음에도 질문을 던지고 오히려 눈앞에 놓인 해답을 방해하는 의문까지도 포기하지 않는다는 데 있다.

삶을 위한 문제해결만이 철학적 사색이 추구하는 최선의 목표는 아니다. 당장의 삶과 죽음을 가르는 문제에의 해답이 아닌 진리를, 아니면 해답을 외면한 의문을 던지는 행위의 높은 뜻을 버릴 수 없는 것이 철학자다. 자신의 삶에 승리의 기회가 주어진다고 할지라도 심지어 지복(至福)의 영생이 약속된다고 할지라도 철학자의 의문과 그의 인간적 방황이 끝나는 것은 아니다. 철학자는 그러므로 석가와 예수의 구원을 믿는 사람, 공자와 맑스의 이상을 실천하는 사람과는 다른 데가 있는 사람이다. 애초부터 해답의 능력과 권리가 허용되지 않을 것이 뻔한 영토에서 여전히 잠재울 수 없는 의문 때문에 고뇌하는 자만이 철학자가 된다.

5.2 현실에 뿌리를 내리지 않은 철학, 현실에 실천을 낳지 않는 철학을 그들은 규탄한다. 그들은 현실에 대한 철학과 행동을 요구한다. 그러나 그들은 현실의 애매성과 다의성에 무감각하다. 현실은 특별히 어떤 철학도 어떤 행동도 강요하지 않는다는 사실에 눈을 감는다. 그러나 실은 현실의 철학과 행위는 언제나 선택의 임의성 위에서 있는 것이다. 그리하여 최선의 선택의 현실적 뿌리를 찾아가면 언제나 애매성에 부딪친다는 충격적 사실을 발견한다.

5.3 철학은 아직도 생존을 위한 투쟁으로서의 자연과의 관계양식, 그런 관계양식으로서의 지식의 발달사에 내린 뿌리를 끊지 못하고

있다. 철학은 말하자면 인류가 그의 생존을 위한 투쟁에서 발명했던 원시적인 창과 도끼를 포함하는 도구로서의 지식수준에 머물러 있다. 그러나 철학은 과학이 추구하는 지식수준을 뛰어넘는 다른 영토에다 뿌리내릴 곳을 찾는다.

세계인식으로서의 과학은 생존을 위한 도구로 끊임없이 전락하지만, 철학은 자기 생존의 도구성을 뛰어넘는 보편의 존재론을 추구한다. 자기 생존을 절대화하는 것도 존재 자체를 절대화하는 것도 보편의 정신에 어울리는 것이 아니다. 과학은 지식의 도구성에 깊이 빠져 잠들 때 철학은 지식의 도구성을 깨뜨리는 양심의 운동으로 진리를 찾아 나선다.

철학적 문명론은 과학을 포함하는 도구 일반으로서의 지식의 틀 가운데로 깊이 빠져버린 역사상의 철학들이 인류의 생존을 위한 피비린내 나는 투쟁의 산물인 문명의 일부에 지나지 않았던 점을 반성한다. 그러나 철학적 문명론은 생존 도구로서의 지식과 그 지식의 틀에 매몰된 철학을 반성하는 데 그치는 것은 아니다. 생존 도구로서의 지식으로 매몰된 철학의 반성은 그런 지식과 철학의 세계관을 바탕으로 이루어져 온 문명에 대한 비판이다. 철학적 문명론은 새로운 철학의 양심을 새로운 문명의 양심으로 약속한다.

4. 세계 철학사와 주변화의 논리

1

1.1 누가 코페르니쿠스의 혁명을 철학의 영역에서 이루었는가? 칸트도 맑스도 듀이도 그러한 세계관의 혁명을 시도했다. 왜 부정의 보편성을 말하는가? 모든 것의 모순과 반전(反轉)을 말하는 이유는 어디에 있는가? 헤겔과 맑스처럼 모순과 반전을 지양하는 대긍정(大肯定)을 다시 잡으려는 것인가? 모순과 반전을 말할 수밖에 없는 이유는 세계에 존재하는 것으로서 인간이 디딜 수 있는 발판이나 전제라는 것이 회복할 수 없는 주변에 놓여 있기 때문이다. 우리는 착각 가운데서 인식의 중심자가 된다. 우리가 놓인 현상계에 중심의 자리란 어디에도 없고 중심에 자리한 것이 무엇인지 이름할 수조차 없다.

물질계와는 달리 마음이나 영혼이라는 것은 죽은 다음에도 해산되지 않는가? 내가 가진 해산되지 않을 무엇이 있는가? 내가 의식하지 않을 때 내가 무엇을 따라 움직이는가를 돌이켜본다. 잠잘 때 사람들은 자신의 의지나 의사에 따라 움직일 수 없다. 모두 제각기 자신도 알지 못하는 세계를 헤맨다. 그럼, 깨어 있을 때는 과연 자신의 의지와 의사에 따라 움직이는 것일까?

우리는 우주와 함께 유전(流轉)하는 정보가 소용돌이치며 통과해 가는 길을 따라 세상에 나타나고 사라져 간다. 감각과 의식과 감정이라는 것은 그렇게 흘러가는 정보들이 만나는 임시의 지점에서 일어나는 교차현상이다. 이 세계에 존재한다는 것은 만세(萬歲) 이전부터 우주를 흐르는 이러한 정보들의 한때의 응결점으로서 이루어지는 것이다. 그러니 세계에 존재한다는 것은 무수히 이합집산하는 정보들의 놀라운 성취로서, 매듭현상이다. 이렇게 이루어진 매듭으로서의 개체들, 존재하는 것들에게는 그 자체의 나타나고 사라지는 운명을 결정할 능력이 없다. 그 자체의 존재를 변함없이 지탱하려는 의지와 노력에는 언제나 저항하는 모순과 반전이 깃든다.

그 자체의 영원한 지속을 가능하게 할 수 있는 주체는 세상에 없다. 세계에 존재하는 무엇이든지 스스로 나타나고 사라지는 운명의 주체가 될 수 있는 것이 아니다. 모두 세계를 움직이는 능력자의 주변에서 맴도는 것이다. 나를 구성하는 어떤 정보도 형체도 다만 주변적인 현상일 뿐이다. 이것이 16세기의 코페르니쿠스가 철학자의 존재이해, 그 인식론과 논리학에 대하여 암시하는 바다. '존재하다'라는 사태와 진리로서 주장되는 어떤 대전제도 모두 주변적인 사건이며 명제에 지나지 않는다. 우리가 삶의 현실에서 부딪치는 감각과 의식의 순간들 또한 그 지각자 또는 참여자의 끝없는 주변화 현상 때문에 연역적으로 예측할 수 없는 파상(破狀)의 진행선상에서 만나는 것이다.

1.2 정보의 효율적 집약기능은 사람에게만 주어진 것이 아니다. 언어의 구성행위를 비롯한 정보의 집약과 전달을 위한 고도의 신호체계를 모든 생명 있는 것, 심지어는 한낱 물질까지도 낮은 정도로 갖추고 있다.

그러나 정보의 효율적 집약과 전달을 위하여 도구라는 우회적인 매개자를 끌어들이고 이용한 점에서 사람은 다른 종류의 생물을 능가하고 있는 것이다. 교환 또는 잉여가치의 생산을 가능하게 한 생산력 개발이 사람에게서 비로소 이루어졌다. 그러나 그것은 집약·전달되고 조작·이용할 수 있는 더 이상의 정보가 있지 않은 종말의 상태를 가속적으로 앞당기고 있는 우주계의 한 운동경향을 대리하는 것이다. 물질과 에너지의 운동현상이 작용과 반작용에서처럼 모순발생과 반전 가능성을 이미 지닌 것이며, 본능과 감각의 단계를 넘어선 의식의 발달 또한 모순실현의 국면을 통한 역사와 운명의 반전 가능성을 향하여 달리고 있다.

1.3 코페르니쿠스의 혁명. 나의 삶의 과정에 쉼 없이 끼어드는 대화의 상대자(그를 자연의 사태라고 할지 자연의 주재자라고 할지)는 마침내 정보를 내게 건네주기는커녕 그동안 임시적이나마 주체로서 역할하던 정보의 한 조직체로서의 '나'라는 단위조차 취소해 버린다. 내가 주변으로부터 부지런히 수집하고 조직한 모든 정보를 몽땅 박탈해 버리는 것이다. 나를 지탱해 주던 평소의 정보들이 말짱 아무 소용이 없게 될 때가 온다. 언제나 지금도 그리고 죽을 때는 물론 정보의 일정한 조직체로서 존재하는 '나', 정보의 조직으로서의 나의 존재행위, 여기에는 근본적 주체성이 없다. 정보 자체뿐만 아니라 그 정보유통의 질서 또는 법칙조차 임시의 주체인 나에게 달린 것이 아니며, 어떤 존재하는 것이나 존재하는 행위에도 달린 것이 아니다. 그것은 그 정체를 숨긴 암호상자(black box) 속의, 온갖 현실의 모순과 반전을 관리하는 타자성이라는 것에 달린 것이다.

나는, 그리고 모든 존재하는 것이, 수억 년을 거쳐 소용돌이치며 흘러가는 정보의 파동 가운데서 각기 하나의 매듭으로 참여하고 있다. 파도에 휘말려 내려가는 한 알갱이의 물방울이 그 임시의 조직을 지탱하는 것처럼 나도 그 파도에 휘말리며 자신을 유지하고 그 가운데서 인식과 논리의 임시적 주체성을 행사한다.

영원한 숙제로서 예시된 코페르니쿠스의 혁명은 다음과 같은 문제의 사태를 지시한다. 자기가 사는 것처럼 느껴지는 능동으로서의 존재행위 그러나 그것의 주변성, 사물인식에 있어 여전히 벗어나지 못한 주체성 그러나 그것의 주변성, 논리적으로 제거할 수 없는 끝없는 전제 그러나 그것의 주변성.

1.4 모든 존재하는 것들이 결국의 어떤 방향으로 달리고 있다. 시간이 흘러가는 방향으로 모든 사태의 운명이 양보하고 있다. 결국 다가오는 미래의 사태에 양보할 수밖에 없는 모든 주체의 논리적 숙명에 대하여 말하지 않는가? 철학자들조차 모든 사물이 이루어져 가는 성취의 논리적 꼴에 대하여 급급할 뿐이다. 그들조차 주관적이며 관념적이다. 그러나 모든 이루어져 가는 사태는 반드시 사라져 가는 것이다. 그것이 모든 사태의 피할 수 없는 숙명의 법칙이라면 그 숙명의 논리적 꼴은 어떻게 표현할 수 있는가?

세계에 출현한 개체들은 그 자신의 과거를 기억하지 못하며 미래를 내다볼 수 없지만, 그럼에도 그 자신의 존재를 놓지 않으려는 의지의 원칙을 지닌다. 인간은 그 자신의 존재를 양도하되 구제해 줄 만한 귀의처로서 지속적인 보편자를 찾는다. 그럼에도 그것은 쉬운 일이 아니다.

그는 보편자를 자기화할 뿐이지 결코 자기를 참 보편자에 넘겨주는 것이 아니다. 자기화하지 않는 그리고 마침내 주변화되지 않는 참 보편자는 그것을 위하여 일생을 바친 소크라테스에게도 플라톤에게도 잡히지 않았다. 왜 고립과 소외를 두려워하는가? 그 자신의 존재를 군거와 집단에 넘겨주어 거기에 파묻어 버리려는 것인가? 그럴 리가 없다. 오히려 그 자신의 존재를 좀 더 지탱하기 위한 방법일 뿐이다. 그는 결코 스스로 포기하지 않는다. 그는 결국 사정없이 다가서는 운명의 법칙, 그 자신의 지속에는 개의치 않는 참 보편의 어길 수 없는 명령에 비로소 복종한다. 그는 언제나 차선(次善)의 선택으로 밀려날 수밖에 없는 주변자다. 개체들이 펼치는 자기 지탱의 노력과 그럼에도 사정없이 내려치는 운명의 명령, 여기에 세계를 주름잡는 최고의 논리적 꼴이 숨겨져 있다.

2

2.1 이른바 포스트모더니즘의 한 갈래인 해체주의는 잘못된 결론으로 나아가고 있다. 아니면 잘못 이해되고 있다.

해체의 동기는 다시 보는 데에 있다. 해체는 거시적으로 보면 자연이 시간의 흐름 가운데서 취하는 하나의 전략이다. 해체는 다만 파괴나 소멸을 의미하지 않는다. 모든 것을 그 원시적 기본법칙으로 돌려서 다시 시작하는 것이다. 그것은 화학이 모든 물질의 성질과 기능을 그 기본적 원소의 구조와 운동으로 분해하여 보는 데서 물질에 관한 보편과학이 된 것처럼 해체의 논리학은 모든 철학이 추구하는 대상이 무엇이든 간에, 체계들이 결국에 복종하는 원시적 구조와 법칙을 발견하는 데 그 의도가 있다.

2.2 해체의 동기는 다시 그 기초를 찾는 데에 있다. 그것은 자연이 유도하는 발전의 한 전략이다. 생명유지의 기능이 극도로 분화된 고등동물에게서 오히려 그 분화된 기능들을 해체하여 통합하거나 단순화하는 진화과정이 일어날 수 있다. 인류발달의 후손이 반드시 그 기능면에서 더욱 미세하게 분화된 초(超)고등동물이어야 할 이유가 없다. 발전이란 복잡하게 누적되어 가는 체계들에 더욱 복잡한 기교를 더하는 데에만 있는 것은 아니다. 그렇게 해서는 혁명이라고 부를 만한 전략 또는 세계관의 변화를 기대할 수 없다. 그런 전략과 세계관의 변화를 위하여 그런 변화의 기초를 찾기 위하여 해체를 시험한다.

기존의 질서에 대한 해체의 방법은 분해에 있다. 화학자는 만(萬)가지로 성질이 다른 물질들을 한 가지로 이해하기 위하여 물질을 분해한다. 동서(東西)의 역사와 그것이 만들어낸 문화 복합체는 서로 이질적이다. 그러나 하나의 원시적 기초로서 서로 다른 문화 복합체를 해체한다. 그 하나의 원시적 기초를 나타내는, 그러나 자기화할 수 없는, 생존하는 한 자기화할 수 없는 그런 보편의 논리를 찾는다.

2.3 해체시대론. 데리다를 비롯한 현대 철학자들의 해체주의를 자본주의 말기 이데올로기니 허무주의니 하여 걱정하는 많은 비평가들은 우리가 이미 20세기에 들어서면서 중국을 비롯한 제3세계와 함께 대(大)해체시대를 거쳤다는 사실을 망각한다. 서양인들은 이제 막 해체시대를 통과하고 있다. 그들의 해체시대는 이미 키르케고르, 니체의 예고와 함께 시작되었으나 현실적으로 그들에게 다가온 해체시대는 베트남을 비롯한 세계의 수많은 곳에 이식하려던 서구식 민주주의가 완전히 실패로 돌아감으로써 구체화되었다. 동아시

아 세계는 서양인들이 개가를 올린 승전의 마당이기도 하지만 그들이 겪는 해체의 마당이기도 하다. 1980년대 말 소련을 비롯한 공산주의 이념체제의 붕괴는 자본주의 이념조차 자체 회의에 빠져들게 만듦으로써 세계적인 해체시대의 정점을 지향하고 있다. 그러나 해체시대는 새로운 시대의 출발을 멀리 예고하는 것이다. 플라톤은 옛날 그리스의 신화적 전통과 감각적 현실이 해체된 혼돈 가운데서 새로운 보편자를 탐구하였다. 베이컨과 데카르트도 라이프니츠도 중세의 전통이 해체되어 간 시대에 새로운 보편의 논리를 찾는다. 중국사에서도 20세기에 이르러 이미 다른 제3세계의 전통과 함께 옛 질서가 해체되고 맑스레닌주의의 체제가 들어서서 그것이 마치 해체와 함께 일어난 하나의 새로운 대안의 실험인 것처럼 여겨지고 있으나 여전히 해체의 과정을 통과하고 있는 것이다. 모택동의 「모순론」과 「실천론」이 어떻게 중국 철학사를 해체하며 다시 쓰게 하는가? 그것은 여전히 미래를 모색하는 해체시대의 연장선 위에 있다. 동아시아의 해체와 혁명의 시대는 아직 계속되고 있는 것이다. 무엇으로 해체되는가가 중요하다. 그것이 미래의 모습을 결정하는 것이다.

2.4 20세기에 들어서서 중국이 사회주의 체제를 수용했다는 역사적 사실에서 사람들은 큰 의미를 찾는다. 그것은 3,000년이 넘는 자기 고유의 문화사를 배경에 지닌 중국이 다른 민족에 의해서 발상된 세계관을 갑자기 자기화했다는 점이다. 1세기에서 5세기에 걸쳐 인도로부터 중국으로 전래된 불교의 가르침은 20세기의 사회주의가 중국의 현실과 사상에 준 충격에는 미치지 못할 것이다. 중국의 사회주의화 또는 사회주의의 중국화는 20세기에 와서 동서(東西)의

철학사의 전통이 하나의 장(場)으로 통합 · 해체되는 극적인 예가 될 것이다.

13억의 중국인구가 격정의 고통스런 자기 변혁과 적응의 과정으로서 세계의 인민을 대신하여 해체되는 삶의 방법과 논리에 관한 실험을 해준 것이다. 중국의 사회주의 실험은 러시아의 사회주의로의 이행과 그로부터의 탈출과도 다른 점이 있다. 중국의 사회주의 실험은 겉으로 보기에 전혀 이질적인 문화와 사상전통과의 만남 그리고 수용 가능성, 말하자면 자기 해체의 방법과 논리에 관한 것이기 때문이다. 인도로부터의 불교와 서구로부터의 사회주의에 대하여 작용한 중국화의 방법과 논리의 바탕은 각기 어떻게 다른가? 그러나 서구로부터 전래하여 20세기 내내 그 밖의 동아시아세계에 작용한 또 하나의 체제와 사조인 자유민주주의와 자본주의의 동양화(化)의 바탕은 어떤 것인가?

3

3.1 왜 우리의 철학사는 탈레스로부터 시작해야 하는가? 그리고 왜 우리의 철학연구라는 것이 그들이 남겨 놓은 언어조작들을 끌어다가 각주를 달아야 하는가? 철학의 관심사가 소크라테스나 데카르트가 일으켜 놓은 문제의 범위를 벗어나면 안 된다는 법이 없다. 나의 철학의 문제가 그들이 설치한 문제의 영토를 넘어서는 것일 수 있다. 그들이 일으킨 문제가 해답되더라도 나의 문제는 그대로 문제로 남아 있을 것이기 때문이다.

왜 내가 읽고 가르치는 철학사가 호메로스의 서사시나 주(周)의 역(易)이나 예악(禮樂)으로부터 뿌리를 찾아야 하는가? 왜 그리스 민족과 중화민족만이 인류 사색의 역사를 시작할 수 있으며 그 방향을 지시할 수 있는가? 그러니 적수공권(赤手空拳)으로 시작한 인류의 역사에 비추어 철학사를 새로이 이해해야 한다. 파르메니데스와 플라톤의 존재이해, 공자와 노자의 명변(名辯)이 나의 철학의 뿌리를 결정할 수는 없다. 언어와 학(學)을 체계화하기 전에 이미 자연의 원시적 일원으로서 시작한 인류의 세계파악의 양식에서 나의 존재이해와 인식론, 논리적 추론과 도덕적 판단의 문제가 일어났을 것이다. 내가 지금까지 익힌 파르메니데스와 플라톤의 존재론이나 아리스토텔레스와 헤겔의 논리학으로부터 나의 철학적 탐구가 시작돼야 할 이유가 없다. 인류의 보편철학의 과제는 그들에게만 고유한 어떤 것이 될 수 없을 것이다.

3.2 철학은 이미 있는 일, 된 일을 가지고 연구하는 것이 아니다. 그런 연구는 역사가의 일이다. 역사가는 주어진 자료에 의지해서 엄밀한 추론을 해야 한다. 그들에게는 가능한 한 상상은 금물일 수 있다. 그러나 철학자에게는 상상의 자유가 있다. 철학자의 사상은, 아직은 없지만 가능한 세계를 기획하는 데에 있다. 모든 있는 것에 대한 미래로의 지양이 과제다.

20세기 변증법적 유물론자들의 중국 철학사 해석은 새로운 철학사 발견의 중요한 계기가 된다. 그들은 중국 철학사를 형식논리와 변증논리의 관계문제로, 생산력과 생산관계, 존재와 사유, 이론과 실천의 관계문제로 분석하여 비로소, 그것이 비록 맑스레닌주의라는 특수한 체계를 계기로 하지만, 새로운 세계철학사에 통합 · 지양되는 가능성을 열고 있다. 이 모든 것의 시작이 희대(稀代)의 전략가이며 혁명가인, 자신의 전통에 대한 극단의 혐오와 함께 최고의 존경을 표현한 모택동의 「모순론」과 「실천론」을 중심으로 이루어졌다는 것은 역사의 기이하고도 놀라운 인연이다.

3.3 대체 철학사의 이야기는 어떻게 시작해야 하는가? 유물변증법에 의한 역사와 사상의 지나친 결정론에도 무리가 있고 칼 포퍼의 관념론적 모험과 사상전개의 자유에도 한계가 있다. 어떤 자연과 사회의 현실조건에도 영향받지 않는 관념과 사상의 발달은 있을 수 없을 것이다. 그러나 유물변증법에서처럼 자연과 사회현실의 지배 또는 매개형식으로서의 관념과 사상에 대한 정확한 역사적 결정이 가능한 것도 아니다. 역사와 사상의 결정권은 그 중간 어디엔가 있을 것이다. 어디에?

무문자(無文字)시대의 논리는 기존의 철학사를 넘어 고고학의 시대로 진입해서 모든 인류가 공유할 만한 철학사의 이야기를 꺼내는 것이다. 그런 시대에 이미 인류의 이른바 자연에 대한 상상과 실험, 그리고 철학적 사색이라는 것이 일어나고 있다. 그렇게 볼 수 있는 것은 수십, 수백만 년 또는 그 이상을 거슬러서 그 사이에 펼쳐진 자연사를 다시 구성하려는 현대과학이 취하는 하나의 탐구방향에 따르는 것이다. 그런 탐구방향은 유물사관에도 관념사관에도 모순되지 않는 어떤 것이다. 그것은 사회 문화적 생존 이전에 자연의 원시적 적응원리로서의 관념과 사상의 출현과 그 동기를, 그리고 그 연장선 위에 나타나는 사회 문화적 변혁과정을 본다.

자기 동일성을 지탱하려는 생명체의 환경에 대한 매개행위로서, 특히 인간의 경우 어떤 생물에게서보다도 더 개발된 매개형식이 자기 동일성을 지지·확장하는 기발한 발상으로서 과학과 철학이 나타난 것이다. 이 보편적인 자연사의 원리는 유물변증법적 인식론에 따르는 것이다. 다만 자연에 대한 원시적 보편주의 또는 평등원리를, 말하자면 인간의 고유한 특권에 대한 과감한 양보를 의미한다. 그러나 모든 생명의 보편적 도덕원리로서 투쟁과 승리를 포기해야 하는 데서 그들은 아주 곤란한 선택에 직면하게 되는 것이다.

3.4 왜 철학과 논리에서 단순성을 추구하는가? 발달된 기교들을 버리는가? 온갖 빛나는 물상(物象)들을 묵(墨)의 세계로 환원시켜 표현한 동양화가들의 업적을 음미하라. 그것은 평등의 원리에 깃든 진리를 찾는다. 평등주의는 획일주의를 강요하지 않는다. 생명이 연출하는 다채로운 성취에 현혹되어 모든 사물이 돌멩이까지 벗어날 수 없는 한 가지 숙명의 고리를 망각할 때는 보편의 진리에 도달할 수 없다.

3.5 "정공(靜功)에 속하는 공법은 헤아릴 수 없을 만큼 많지만 그 모든 공법에서 군더더기랄 수 있는 것을 털어내고 또 털어낸 끝에 오히려 엉성한 모양으로 남은 것이 이 공법이다." 북경의 서원의원(西苑醫院)의 주임의사로 있는 기공(氣功)의 권위자 자오광(趙光)이 제창한 것이다.

논리학에 대하여 무엇을 말할 수 있는가? 논리학에서 무엇을 배워야 하는가? 논리학의 가장 중요한 기초는, 아니 모든 근본적 진리라는 것은 새로이 배우는 것일 수는 없다. 이미 수천, 수만 년을 살아온 나에게 자연스럽게 떠오르는 것이어야 한다. 현대 철학자들의 논리는 너무 복잡한 기술과 기교에 빠져 있다. 줄기를 잃어버린 기술과 기교의 가지들을 쳐내 버려야 한다.

3.6 사람들은 어째서 그것을 그것으로 이해하지 않는가? 물을 물로서가 아니라 수소와 산소의 일정한 비율의 결합이라든가, 비가 오면 비가 오는 것으로서가 아니라 공기 가운데의 습도와 기압의 차이에서 오는 교차현상으로서 이해한다. 왜? 과학자도 일상인도 그리고 철학자조차도 이런 논리적 관행에서 벗어나지 않는다. 말하자면 그것을 그것으로서가 아니라 그것을 그것 아닌 것으로 보아야 하는 인식의 경향은 보편적으로 피할 수 없는 하나의 논리적 요청에 근거한다.

A≠A는 사물인식에서 피할 수 없는 하나의 논리적 요청이다. 그러면서 여전히 물은 물이다. 비가 올 때는 역시 비가 온다고 보아야 한다. 그러니 A=A다. 이것도 하나의 논리적 요청이다. 모든 가능한 논리적 규칙에 선행하는 이 원시의 논리를 증명해 줄 만한 사실은 없다. 오히려 모든 존재의 사실이 피할 수 없는 논리다.

현실적으로 말하자면 물은 물이면서 물이 아니다. 비가 올 때는 비가 오는 것이면서 비가 오는 것이 아니다. 그러니 A=A이면서 A≠A다, A=A, A≠A 혹은 A=B, A≠B다. 그러니까 모순에는 두 길이 있다. 플라톤이나 현대 수학자에게서처럼 처음에는 없다가 나중에 만나는 모순이 있고, 헤겔이나 노장(老莊)에게서처럼 처음의 사태에 스며 있다가 나중에 사라지는 모순이 있다. 모순은 언제나 어디엔가 있다. 모순이라는 것은 세계로부터 영원히 쫓아낼 수 없는 것이기 때문이다. 아니다. 모순이란 본디 세계가 벗어 던질 수 없는 자체의 모습이다.

3.7 일반 철학사란 무엇인가? 그런 것이 세상에 있는가? 그것은 중국 철학사도 인도 철학사도 아니다. 옛날 그리스나 유럽의 철학

사도 서양 철학사도 물론 아니다. 그런 지역 철학사를 합쳐 놓은 세계 철학사라고 하는 것도 아니다. 동양사람이든 서양사람이든 간에 기독교도이든 불교도이든 간에 이런 저런 우연한 경위를 거쳐 주조된 언어의 체계 또는 이런 저런 문화에 소속하기 전에 모두 매한가지로, 아니 어쩔 수 없이 자연의 삶이라는 원시적 사태에서 출발하는 논리적 사유의 모습을 그리지 못한 것이 오늘까지 철학사의 관행이다. 동서의 철학사가 2,500년 전으로부터 돌연히 발생한다는 것은 이상하고도 부당한 일이다. 이제 철학사는 그런 언어의 체계와 문화라는 조작된 장벽을 넘어 모두 같은 보편적 조건을 지닌 자연의 사람으로 돌아가야 하는, 말하자면 원시적 바탕을 이탈해 본 적이 없는 자의 지속적인 생존활동의 사변적인 부분으로서 다시 써야 한다. 그러니 해체의 논리는 철학사 가운데서, 언어의 견고한 구조와 거기에 세워져 있는 장벽으로서 온갖 사회학, 물리학 존재론의 전통과 체계를 꿰뚫고 세계의 가장 원시적인 그러나 가장 필연적인 삶의 질서에 도달하는 것이다.

3.8 철학사는 어떻게 다시 방향을 잡을 것인가? 어떻게 세계 철학사를 해체 · 통일할 것인가? 20세기 말에 해체되어 가는 모든 지역의 철학사를 멀리 바라보며 일반 철학사의 세계관을 요구해야 한다. 일반 철학사는 서양이 주도하는 세계 철학사의 판도에서 소외된 동양 철학사의 자리를 회복시키며 문명인과 석기시대의 원시인에게도 동등한 논리적 능력을 부여하는 길을 찾는다.

3.9 1992년 6월 12일 리우데자네이루에서 드디어 세계환경회의가 열렸다. 역사의 발전과 자연의 순환은 하나의 법칙 안에 묶여 있

음을 받아들여야 할 때가 왔다. 인간의 역사와 자연이 그 바탕에서 하나로 통일되어 있는 세계를 보게 하는 철학이 요청된다. 인간이 일으키는 정신의 활동과 역사가 자연의 물질과 생명이 참여하는 순환 진화과정으로부터 빼어난 다른 차원에서 이루어지는 것이 아니다. 인간만이 이해하는 차원의 논리, 인간만이 빼어나게 갖는 인식능력, 인간만이 참여하는 존재와 자연의 영역이란 없다. 모든 존재하는 것이, 모든 생명이, 그리고 무식한 자나 유식한 자가 모두 참여하며 공유하는 그런 세계관과 논리학이 있다.

인간의 역사와 자연의 순환이 하나의 법칙 안에 묶여 있음을 어떻게 보여 줄 수 있는가? 한 인간이 세상에 태어나기 전으로부터 그가 나타날 때 주변에 흩어져 있는 정보들이 그 생명의 시작을 향하여 모이는, 그렇게 모태에서 하나의 개체가 형성되는 과정과 그 잉태된 한 점의 세포가 주변의 물질과 정보를 긁어 모으며 증식되어 가는 과정, 그러나 증식을 거듭하다가 어느 때가 되면 긁어모으기는커녕 지탱하기도 어려워서 지니고 있는 물질과 정보를 주변으로 돌려보내야만 하는, 그래서 드디어 게걸스럽게 정보를 긁어모으던 한 개체의 중심이 어디론지 사라져 버리는 모두에게 평등한 과정을, 그렇게 주변자로서 각기 최선의 모험을 연출하는 모두의 모습을 컴퓨터 위에 그래프로 그릴 수 있을 것이다. 임시의 중심이었던 그 개체는 그러나 그 자신을 형성하는 정보의 수집과 관리에서조차 기실 주체는 아니었다. 그렇게 고장성쇠(枯長盛衰)하는 세계의 과정을 이해하는 논리학은 모든 것의 가장 원시적인 질서를 지배하는 모순과 반전의 규칙에 관한 것이다.

여기에 세계로 던져진 주변자가 자기화할 수 없는, 생존하는 한 자기화할 수 없는, 거기에다 해체시대의 모험과 비극으로 가득 찬 삶의 모습을 외면한, 이른바 체제의 철학자에겐 보이지도 않는 참 보편의 논리가 있다. 이 보편의 논리를 따라야 비로소 주변자로서 평등한 모든 사람들의 참다운 세계 철학사를 쓸 수 있다. 철학자는 세상사람들에게 허구의 전문(專問)을 가르치기 전에 그들이 숨긴 원시의 삶과 논리를 대변해야 한다.

4

4.1 그 논리, 주변화의 논리에 관한 추가 노트. 논리적으로 볼 때 옛날 그리스의 철인들은 이론가로서 주류를 이루고 중국의 철인들은 실제가로서 주류를 이룬다. 그러나 그런 구분에도 불구하고 자신이 소속한 전통의 관례를 극단으로 밀어서 오히려 전통으로부터 벗어난 예외의 경지를 보여 주는 이단자들이 있다.

실제가들은 현실의 사유와 체험에서 모순과 반전 또는 역설에 부딪친다는 점에 주목한다. 이들은 이 실제의 사태를 무시할 수 없으므로 반전과 역설을 하나의 당연한 논리적 과정으로 수용하는 이런 저런 관용의 체계를 찾는다. 이렇게 현실에 주어지는 사태의 모습을 외면하지 않는 철학자들이 서구세계에, 심지어는 옛날 그리스에 나타나지 않는 것은 아니다. 헤라클레이토스와 헤겔, 고르기아스와 오캄과 같은 사람들이 있다. 그들은 주어진 현실사태 가운데에 언제나 'P · ~P'라고 표현할 수밖에 없는 긴장과 혼란이 미래를 향하여 있다는 사태에 주목한다.

그럼에도 사람들은 아직 그들의 관찰을 논리적으로 일반화하는 데 주저한다. 그들은 이렇게 일반화할 수 있다. 'P · ~P'라는 것은 현실의 사태가 이미 선험적으로 미래를 향하여 갈림길에 선 존재양식을 설명하는 것이다. 현재의 시점에 있어 모든 가능한 사태는 P이면서 ~P이다. 세상에 오직 P로서 또는 오직 ~P로서 존재할 수 있는 것은 없다. 명제 P든지 ~P든지 그 자체로서 독립할 수 있는 가능성이 있는가?

콜링우드에 따르면, P는 이미 전제된 어떤 질문에 대한 응답으로서 나타나며 그때에만 비로소 그 명제의 진리값이 결정된다. P든지 ~P든지 그 자체로서 어떤 의미(진리값)를 지닐 수 있는 것이 아니다. 말하자면 P는 그것에 얽힌 그 밖의 어떤 것에 의존해 있다. 이처럼 하나의 명제 P가 서술하는 사태가 어떻게 존재하는가가 문제다. 어떤 사태 P가 그 밖의 어떤 사태 ~P에 관계하지 않고서는 P가 될 수 없다면 그것은 정말 P인가? P는 아마 ~P의 부분으로서, 그리고 명백하게 'P · ~P'의 부분으로서밖에는 있을 수 없다.

이상(李箱)이 그 자신의 아버지와의 관계 그리고 그 자신의 아버지의 아버지와의 관계 그리고 그 자신의 아버지의 아버지의 아버지와의 관계를 생각하면서 자기를 잃어 가는 과정(「李箱의 철학적 이해」에 대한 이경숙의 노트)은 모든 존재하는 사태가 이미 논리적으로 마련되어 있는 우주적 프로그램 'P · ~P'에 의존하고 있음을 드러내는 하나의 사례다. 우주의 탄생 또는 존재의 출현이라는 사태 자체가 이미 그 이전의 사태에 대하여 반전과 모순의 관계로서 이루어진 것이다. 그러니 그의 소산(所産)들이 그들이 인간이거나 자연의 사물이거나 간에 각각 모순과 반전의 관계로 등장하면서 임시의 동일성을 현실에서 찾아 서로 만나고 있는 것이다.

옛날 중국의 철인들이 취한 실제가의 길은 논리를 따지는 이론가의 길을 반드시 배제한 것이라고 볼 수는 없다. 그들은 'P · ~P'로서 표현할 수밖에 없는 현실의 맥락, 말하자면 정체성(整體性) 또는 전체성에 유의함으로써 음양의 대대(對待)관계 또는 언어와 행위의 자기 배반에 대한 노자(老子)의 역설 또는 "오늘 월나라에 갔는데 어제 도착했다"라는 혜시(惠施)의 합동이(合同異) 명제와 같은 다른 차원의 논리와 이론을 구성하고 있다. 옛날 그리스의 철인들이 택한 이론가의 길은 고르기아스와 오캄과 같은 예외자들이 보았던 'P · ~P'를 하나의 가능한 논리적 관계로 수용하기를 거부하는 모순배제의 논리로 일관한다. 아리스토텔레스의 삼단논법과 유클리드가 엮은 공리체계로서의 기하학은 그러한 모순배제의 논증형식의 구현으로서 그 이후 서구사람들의 논리적, 과학적, 일상적 사유의 전형(典型)이 되었다. 존 스튜어트 밀의 귀납논리와 헤겔의 변증법조차도 모순배제의 논리로 일관된 서구세계의 주류를 근본적으로 이탈하는 것은 아니다. 그들의 귀납법과 변증법은 고전 논리학의 연역주의를 비판하면서도 역시 연역주의의 전략인 동일성 회복의 방법으로 돌아가고 있다.

그럼에도 'P · ~P' 또는 '이면서 아닌'이라는 논리는, 현실 자체를 서술하거나 지시하는 법칙으로서가 아니라 그 발생을 말할 수 없는, 그러나 존재하는 사태에 관한 한 피할 수 없는 원리로 이미 주어져서 모든 존재하는 것이 때로는 자기 동일성을 실현하기 위하여 때로는 그것을 잃고서 회귀하는 길에 거쳐야 하는 형식 또는 틀로서 있다. 그것은 동서고금 어디서든지 그 역사적 환경과 사람의 됨을 기다려서 다른 모양으로 나타난다. 때로는 노자와 고르기아스의 역설로서, 때로는 아리스토텔레스와 러셀의 모순배제의 논리로서 나타난다. 그들이 이렇게 저렇게 추적하는 논리적 관계가 존재의 길을 따라 나타나는 것인지 인간 사유의 길을 따라 나타나는 것인지 아무도 말할 수 없다. 그것이 적어도 언어의 유희에 의존하는 관념적인 것이 아니라는 증거는 많다. 아마도 사유와 존재가 피할 수 없이 이미 예비된 보편의 구조 'P · ~P' 위에 펼쳐져 있는 것이 아닌지. 여기서 존재와 사유가 거쳐야 하는 길로서 또는 선험적 조건으로서 논리를 의미한다.

4.2 이 논리는 반드시 끼어들지 않아도 되는 모든 것을 버린다. 그래서 철학자는 최소한의 것밖에는 가진 것이 밀려난 사람들을 찾는다. 미처 문화라고 할 만한 것을 갖지 못한 사람들이 사는 세계를. 그럼에도 그들은 어쩔 수 없이 현실에 박혀 꼭 그래야 할 이유가 없는 것들에 집착해 있다. 유교든지 불교든지 기독교든지 문화혁명(文化革命)이든지 이런 저런 교리와 예언에 자기 생명에 매달리듯이 집요하다.

꼭 그래야 할 이유가 없는 것에다 꼭 그럴 수밖에 없는 이유를 붙이는 고집스러움이 사람들에게 있다. 반드시 그래야 할 이유가 없는 것들, 우연한 것들을 벗겨 버린다면 플라톤이나 후설의 본질직관? 그들이 말하는 본질을 찾을 수 있는가? 나는 쉬지 않고 바꾸어 새로운 것을 본다. 여기서 못 본 것을 저기서 찾으려는 것인가? 아니면, 여기서 본 것을 저기서 확인하려는 것인가? 그래서 소크라테스의 문답법이나 베이컨의 귀납법에서처럼 보편적인 것을 찾으려는가? 소크라테스, 플라톤도, 베이컨도 새로움을 거치는 가운데서 드러나는, 잡을 수 있는 보편자를 구한다. 그러나 새로움에 부딪칠 때마다 이미 있던 것이 사라져 가는 쉼 없는 해방의 과정은 베이컨, 존 스튜어트 밀의 귀납법도 소크라테스, 플라톤의 변증법도 아니다. 특수하고 우연한 것들을 제거하거나 확장하여 공유할 만한 보편자를 얻을 수 있는가? 이런 것과 저런 것들을 거쳐 가는 사이에 남을 만한, 확보할 만한 보편자가 있을 수 있는가? 없다.

버려야 할 것을 쉼 없는 새로움에서 발견한다. 아니, 새로움에 부딪치는 데서 공유할 수 없는 것들을 쉼 없이 버린다. 그렇게 쉼 없는 새로움에 부딪침에서 무엇이 견뎌 남겠는가? 그럼 아무것도 남지 않고 없는 것[無]인가? 그것조차 관념적으로 만들어낸 보편자가 아닐까? 참 보편자는 어떻게 주어지는가? 기대하며 쌓고 쌓은 것이 그 이전의 원점으로 되돌아가는 경험의 거치는 꼴을 수없이 볼 뿐이다.

이것이 오히려 많은 사람에게 위안과 희망을 준다. 이것이 그에게 위안과 희망을 주지 못한다면 그는 아직도 속임수 많은 현실의 미로(迷路)에 잡혀 헤매는 자다. 현실을 버티고 있던 모든 것이 쓰러져 가는 과정에서 잡히는 틀과 같은 것, 그 틀을 넘어서 모든 것이 사라져 어떻게 되는 것인지 아무도 장담할 수 없다. 이 피안(彼岸)에 대한 위대한 철학자의, 믿는 자의 장담이 허구에 가득 찬 것임을 충분히 시달린 20세기 사람들은 알고 있다.

5. 대화의 논리로 본 역사

1. 대화의 논리

1.1 대화 가운데서 묻는 자와 응답하는 자는 각기 그 자신의 고유한 개념정의와 공리(公理)들을 중심에 놓고 있다.

1.2 각자의 개념과 공리들은 일정한 범위의 함축성을 지닌다.

1.3 묻는 자는 응답하는 자의 개념과 공리들로부터 유도되는 논리적 귀결들의 미결정성과 모순이 노출되면 그것들을 제거하기 위하여 개념과 공리들을 고치거나 확장하는 일을 한다.

1.4 그러나 미결정과 모순은 한 대화의 영역 또는 중심에서 보이지 않는 구석으로 밀어내거나 감추어질 수 있을 뿐이다. 대화의 영역 또는 중심이 옮겨지면 이에 대응해서 미결정과 모순의 구석자리도 옮겨진다. 한 대화의 영역이 만들어내는 잉여지대인 미결정과 모순의 이행성(移行性)은 (힐베르트와 러셀, 화이트헤드가 추구하던 완전하고 일관된 공리체계의 불가능을 증명한) 괴델의 불완전성이론과 후기 비트겐슈타인의 모순의 주변성을 일반화할 때 얻을 수 있다.

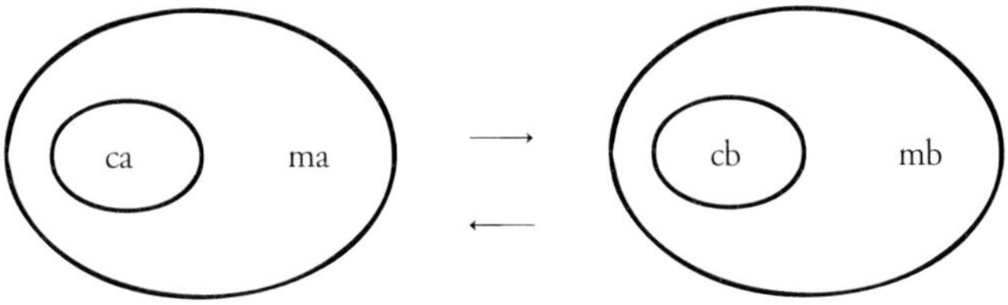

그림 1

1.5 미결정과 모순의 이행성을 드러내는 논리적 구조는 괴델과 비트겐슈타인 이전에 헤겔, 그리고 오래 전에 엘레아의 제논과 소크라테스, 또한 그 비슷한 시대의 혜시(惠施)와 공손룡(公孫龍)에 의하여 발견되었다. 헤겔에 의하면 개념의 논리적 귀결 가운데서 모순의 부분이 자라나고, 그러면 그 모순을 해소하는, 그러나 다시 모순을 잉태할 한 포괄적 개념이 태어난다.

그러나 그들은 소크라테스적 대화의 영역 가운데서 비로소 언제나 미완결로 끝날 수밖에 없는, 그래서 다시 미결정과 모순의 초점이 잡히지 않는 잉여지대로 옮겨 가는 논리전개의 역동적 구조가 드러난다는 데에 주의를 기울이지 않았다. 모순과 미결정의 잉여지대는 대화의 영역 안으로 함축되는 것이 아니라 그로부터 끝없이 이탈해 가는 것이다.

1.6 대화의 영역은 대화에 참여하는 각자의 중심을 차지하는, 그러나 제한된 함축성을 지닌 개념과 공리들 c(center, 중심)와 그에 따르는 미결성과 모순의 구석자리 m(margin, 주변)이 결합해서 이루어지는 여러 개의, 서로 다르거나 비슷한 핵(核)체계들을 포함한다.

핵체계 a의 중심을 차지하던 개념과 공리들의 집합 ca가 핵체계 b에서 미결정과 모순의 구석자리 mb로 물러날 수 있다. 그 역(逆)의 과정 mb→ca도 이루어진다. 마찬가지로 ma→cb, cb→ma의 이행 운동도 가능하다.

2. 잉여에의 끝없는 대화인 역사

2.1 사회와 문화의 체계는 그 중심을 차지하는 기본적 개념과 공리들, 그리고 보이지 않는 구석에 방치 · 소외되어 있는 모순과 미결정의 잉여로 이루진다.

2.2 한 대화의 영역이 정착되려면 여러 핵체계들 사이에서 새로운 중심과 잉여의 관계가 이루어지지 않으면 안 된다. 이를테면 핵체계 a와 b로 구성된 대화의 영역에서 ca와 cb 사이에 흡수와 소멸, 통일과 확장, 공존과 분할 같은 관계가 이루어져서 a와 b가 통합된 핵체계 x의 새로운 중심 cx와 새로운 잉여 mx의 관계가 창출된다.

2.3 역사는 c의 자리를 잡으며 m의 자리를 물리치려는 참여자들의 운동으로 펼쳐진다. 그래서 역사는 모순과 미결정(소외)의 구석자리를 벗어나려는 주변자의 몸부림에 의해서 흔들리는 운동이다. 또는 모순과 미결정의 자리에 놓인 주변자를 주변자의 자리에 묶어놓거나 대화의 영역으로부터 제거하려는 중심자의 힘의 행사에 의해서 틀어지는 운동이다.

2.4 그러나 역사에서 미결정과 모순의 자리를 완전히 제거할 수는 없다. 그리고 m의 자리에 놓인 주변자나 c의 자리를 차지한 중심자

나 실은 모두 미결정과 모순이라는 잉여지대로부터 영원히 벗어날 수 없는 결국의 주변자 M_a, M_b, …… M_{n-1}, M_n으로 될 뿐이다. 역사의 장(場)에서 역사의 논리로는 이해할 수 없는 잉여지대로 사라지지 않는 자는 없다. 역사의 장에 있는 모든 중심자들 $\sum_{v=a}^{n} C_v$과 모든 주변자들 $\sum_{v=a}^{n} m_v$을 거두어들이는 잉여의 영토란, 실은 진정한 우주의 중심자 $\sum_{v=a}^{n} C_v$가 들어앉은 침묵의 성역(聖域)이라고 할 만하다.

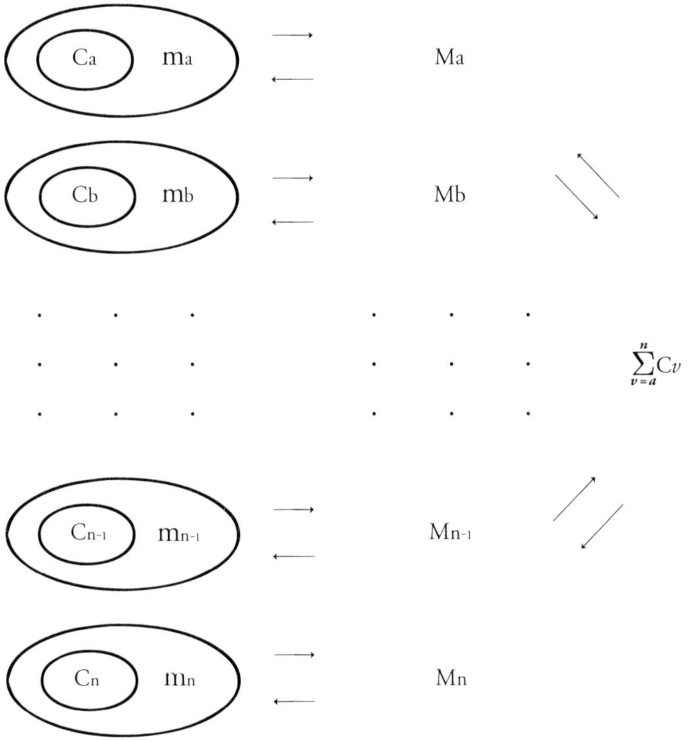

그림 2

3. 맺음

3.1 인간의 역사는 미결정과 모순의 잉여지대를 방황한다. 역사는 논리의 영역과 함께 보다 커다란 우주의 과정을 관장하는, 그러나 침묵하는 절대의 중심자 $\sum_{v=a}^{n} \mathrm{C}v$의 구도가 반영된 주변자의 영역, 인간적인 표현에 지나지 않는다. 발전하는 역사란 그것이 어떤 영역에서 이루어지든지 간에 인간이 〔　　　〕 침묵의 성역, 잉여의 절대 경지에 건네는 끝날 수 없는 대화이며, 그러니 언제나 미완성에 머무를 수밖에 없다.

4. 주변자에 관한 추가 노트

"[한] 체제가 새로운 체제에 의해 교체되는 과정은 체제의 중심에서가 아니라 주변에서 시작된다." 이것은 이집트 태생의 경제이론가 사미르 아민이 그의 『불평등발전론』(***Le Développement inégal***, Paris: 1973)에서 제출한 명제다. 그러나 제3세계 또는 주변세계의 이론가로서 아민이 고민하는 경제발전의 불평등 추세는 오늘의 정치경제학에 국한된 문제는 아니다.

장구한 문명의 역사를 이끌었던 중국과 인도에 다시금 걸출한 사상가가 나타나더라도 지금의 기술산업과 과학 논리적 사유에 이미 식민화된 주변자로서의 자신의 자리를 거부할 수는 없을 것이다. 그런 세계적 추세는 현대 정치경제의 논의대상이기 전에 동서양의 수천 년 전통을 배경으로 하는 철학적 세계관과 논리적 선택에 깊이 의존해 있는 것으로 보아야 한다. 거의 모든 비(非)서구 세계의 인민이나 지식인들이 20세기 내내 겪어 온 서구문명의 팽창과 전달의 모순구조를 이해하고 그 문제에 응답하려면 무엇을 근본적으로 생각해야 하는가?

다윈과 맑스, 프로이트, 비트겐슈타인과 '포스트모던' 데리다는 각기 자기가 소속한 서구문명의 전통을 지탱해 온 뿌리 깊은 기본원리와 신념을 거부한 혁명의 사상가다. 그럼에도 그들은 자기 시대를 뛰어넘어 새로운 세계를 바라보는 대안(代案)의 개척자가 되지는 못하였다. 그들은 아직도 근본적인 물음에 이르지 못했기 때문이다.

그들은 그들이 딛고 선 존재와 논리의 확고함에 의문을 품었으면서도 그 동요가 어디로부터 오는 것인지에 대하여 돌이켜볼 어떤 아르키메데스와 코페르니쿠스의 지점도, 그들이 살았던 세계의 중심 유럽에서는 찾을 수가 없었다. 이는 자기의 터전으로부터 쫓겨난 일이 없는, 그래서 자기 언어와 사상을 지닐 수 있었던 지배권의 사상가에게 거는 지나친 기대인지도 모른다. 따라서 근본적인 물음은 자신이 수천 년 누려온 안전한 터전으로부터 쫓겨나 20세기의 주변지대를 떠도는 비(非)서구계의 국외자(局外者)에게 떨어질 수밖에 없다.

플라톤과 그 후예는 존재하는 현실세계의 바탕을 잡아 그 지배자가 되기 위한 모든 논리적 전략을 구사했고 현실적으로 성공한 듯했다. 그리고 아리스토텔레스와 헤겔이 그랬던 것처럼 모든 큰 뜻을 품은 희대의 철학자들이 플라톤의 모범을 따랐다. 어찌 철학자까지도 자신의 짧은 생애에서 세계에 관한 모든 것을 찾고 잡은 듯한 터무니없는 자기 중심의 구도에 말려들고 있는가? 주변으로 밀려난 힘없는 사람들의 동지로서 자처한 맑스와 그 무리도 그들의 꾸밈없는 희망을 이끌기보다는 마치 세계사의 중심무대에 그들을 초대한 것 같은 착각으로 몰고 간 것은 어찌된 일인가? 세계의 중심에 앉아 주변의 사건과 사물에 대하여 자리매김을 할 수 있는 자가 누구인가?

세계의 중심을 잡고 거기에다 자기의 꿈같은 구도를 실현하려는 지배자의 귀와 철학자의 눈은 이미 그 자신의 끝없는 존재를 향한 욕망으로 어둡게 가려져 있다.

참고

R. Benedict, "Anthropology and the Abnormal", ***Journal of General Psychology***, vol. X, no. 1 (1934), 59~82.

David Cooper, "The law of non-contradiction", ***16th World Congress of Philosophy***, 1978: Section papers, Dusseldorf, 1978.

E. Nagel, J. R. Newman, ***Gödel's Proof***, N. Y.: New York University Press, 1958.

L. Wittgenstein, ***Remarks on the Foundations of Mathematics***, Oxford: Blackwell, 1956. 특히 Appendix; Ⅰ, 11~18; Ⅱ, 80~90.

6. 동양의 마음은 어디에 있는가?

1. 논리적 숙명으로서 다름

1.1 중국을 여행하면서 보내 온 한국학 교수의 서신에 우리를 당혹케 하는 한 마디가 있었다(홍일식, 「中國 中國人」, 東亞日報, 1991. 5. 4.). 중국에서는 겉과 속이 달라야 성숙한 인격자라는 것이다.

겉과 속이 다른 사람은 위선자도 기만자도 아니다. 그는 마음이 겪는 사태를 그대로 실연(實演)하고 있을 뿐이다. 모든 존재하는 것과 그 의식에는 겉으로 나타난 것과 속으로 잠긴 것 사이의 논리적 괴리가 있다. 같음으로서의 겉을 잡고 있는 자와 다름으로서의 속을 잡고 있는 자 사이에 존재론적 엇갈림이 있다.

1.2 새옹지마(塞翁之馬)

그것은 시간의 흐름 가운데서 일어나는 사건들에 관한 이야기인가? 모든 사건은 그러하면서 그러하지 않은 가능태로서 주어진다. 말[馬]을 잃은 불행한 사건에는 이미 반드시 불행하다고는 볼 수 없는 모양의 사건이 논리적 숙명으로서 잠복해 있다.

한 사건경험의 우연성, 말하자면 다름으로의 가능성이라는 것은 그러니 일어나는 사건의 논리적 무규정성이 아니다. 그것은 다름으로 열려 있음으로 해서 무엇으로인지 알 수 없는 같음으로의 예측 불가능성이다. 그것은 이미 논리적으로 그렇게 규정, 조건 지어진 세계에 들어 있는 것이다.

1.3 사람과 나무가 각기 그의 운명을 개척하고 자유를 실현하는 데 쓰는 방법과 부딪치는 한계에서 무엇이 다른가? 현상으로서는 다른 듯하면서도 근본적으로는 다른 것이 없다.

제각기 흩어져가는 가을의 나뭇잎보다 사람의 떠나가는 길이 나을 게 뭐랴. 그들의 붙박이 삶이나 그러다가도 결국 계절이 되면 덧없이 사라져가는 그들의 운명에 비해서 사람의 삶과 운명이 다른 게 뭐냐?

1.4 다만 우연한 것들이, 본디 아무것도 아니었던 있지도 않았던 '나'라고 하는 이 한 점에 밀려 왔다가 그리고 물러가면 그 하나의 점과 자리조차 사라져 버리는 것이다. 우연한 것들로 채워졌다가 빠져나가는 그 빈 껍질, 잠시 머물다가 떠나는 덧없는 그 자리는 어디에도 있는 것이 아니다. 잡히지 않는 그런 것들의 오고 감이 혹은 무엇 같음으로 드러나고 다시 다름으로 사라져 가는 길이 되풀이되는 것이다. 이것은 관념적 허무주의가 아니라 물리적 현실사태다.

1.5 시간의 흐름을 타고 화살같이 달려가는 모든 존재하는 것들을 보라. 모든 존재하는 것들의 허무를. 어떤 것도 제자리에 머물 수 있는 것은 없다. 그러나 존재하는 것은 이미 그 있는 자리를 지킬 수 없는 논리적 숙명을 지닌 것이다.

존재한다는 것은 그 자리에 있으면서도 있지 않은 것이다. 자기 같음으로 있으면서도 자기 같지 않음으로 사라져 가는 것이다. 자기 같지 않음으로의 사라져 감은 시간의 흐름에서 일어나는 것이 아니다. 오히려 자기 같지 않음으로의 사라져 감이, 이미 다름으로의 논리적 맥락으로서 시간의 흐름에 앞서서 모든 존재하는 것에 깃들어 있다.

1.6 모든 서로 다른 것들이 같은 운명, 하나의 질서에 복종한다는 사실이 모든 것들로 하여금 무엇이게 하는가? 아무것도 아니게 한다. 모든 것들은 그렇고 그렇지 않은 것으로 엇갈려서 혼돈의 수렁으로 빠져 갈 뿐이다. 그것들은 무엇이라고 한 가지로 잡을 만한 어떤 것도 아니다.

모든 것들을 집어삼키는 그 하나의 운명과 질서란 어느 누구의 의식에도, 그 밖에 이름할 수 있는 어떤 같음으로도 잡히는 것이 아니다.

1.7 없음(無)이라는 것을 지각할 수 있는 사람은 없다. 그것은 어떤 대상도 아니다. 그럼에도 우리는 없음에 대하여 말하고 의식한다. 어떻게 그런 말과 의식이 가능한가? 있지도 않은 것, 어떤 대상으로도 떠올릴 수 없는 것에 대하여 말하고 생각할 수 있게 해주는 것은 무엇인가? 그것은 논리다.

논리적 추적에 의해서 있지도 않은 것, 직접 주어지지도 않은 것에 대하여 말하고 상상하는 것이다. 논리에 의하지 않는다면 주어지지 않은 사태에 대하여 말하고 상상할 수 있는 길이 없다.

1.8 '이다'와 '아니다'의 분별행위에 앞서서 세계에 그런 사태가 주어져 있는 것인가? 그렇게 말하기 어렵다. 어떻게 "있음은 있음 아닌

것이 아니다"라고 말할 수 있는가? '있음'이 있고 '있음 아닌 것'이 따로 있어서 "있음은 있음 아닌 것이 아니다"라고 말하는가? '있음 아닌 것'이란 세계에 주어진 어떤 사태에 대한 묘사가 아니다. 그러니 '있음 아닌 것'에 대하여 묘사하려면 '아닌 것이 아니다'라든가 '아니다'라는 논리적 분별행위가 앞서지 않으면 안 된다.

그렇다면 세계의 사태가 없이 '이다'와 '아니다' 또는 '같음'과 '다름'의 분별행위가 이루어지는 것일까? 있음이든 있음 아닌 것이든 '이다'와 '아니다'의 분별행위로서 조작되는 것일까? 그렇게 말하기도 어렵다.

무엇인지 알 수 없는 사태를 향하여 분별의 논리가 다가서고 분별의 논리에 세계의 어떤 사태가 떠오르는 것이다. 무엇인지 알 수 없는 사태와 분별의 논리는 서로 다가서며 서로 잡히는 것이지 어느 것이 어느 것을 앞서거나 만들어내는 것이 아니다.

1.9 같음의 다름으로 바뀌어 쫓겨남.

다름으로, 잉여로, 우연과 모순으로 쫓겨난 알 수 없는 세계가 논리의 추론을, 논리의 척도를 벗어나는가? 직관이나 직접체험이라는 이름으로서, 파국이나 해탈이라는 이름으로서 논리적 추론을 벗어나는 영토를 잡는 것처럼 철학자들이 생각하는 이유는 그들이 사용하는 아직도 반쪽짜리 논리, 같음으로의 환원전략에 있다.

그러나 직관도 직접체험도 파국도 해탈도, 그리고 잉여와 우연과 무질서라는 것조차도 다름으로의 논리적 추론 또는 그러한 논리적 상상의 영토에서 일어나는 사태다. 논리적 그물의 세계적 구도를 벗어날 길이 없다.

1.10 사람들은 논리와 존재, 논리와 실제, 논리와 기적, 논리와 직관, 논리와 해탈을 갈라놓음으로써 논리를 쓸모없는 것으로 만들어버린다. 그러나 존재와 실제와 기적과 직관과 해탈은 모두 논리 밖에서 일어나는 사태가 아니다. 그것들은 모두 피할 수 없는 다름으로의 진행을 하는 논리적 사태다.

1.11 데리다에게. 기호들의 짜임으로부터 기호들이 지시하는 대상을 배제한다. 세계는 다만 그 기호들의 짜임이며 놀이일 뿐이니까. 경험의 현실은 기호들의 놀이로 환원된다. 온갖 현실의 사태를 엮어내는 기호들의 놀이 밖으로는 나갈 수가 없다.

그러나 기호들의 놀이는 다만 흔적에 지나지 않는다. 그 흔적 밖으로의 얽힘 아니면 그 흔적으로의 얽힘을 어떻게 뿌리칠 수 있는가? 기호들의 짜임과 놀이는 그 밖으로의 어떤 관계로부터도 자유로운 독립의 질서가 아니다. 그 뿌리칠 수 없는 밖으로의 관계란 무엇인가? 세상에 드러나는 모든 짜임과 놀이들은 그 자체 아닌 너머로에 얽힌 숙명의 의존자다.

기호 또는 기표(signifiant)라는 것이 흔적에 지나지 않는다면, 그 흔적에는 흔적의 자족성을 허용하지 않는 배후가 있을 수밖에 없다. 비록 그 배후를 무엇이라고 이름하거나 지시할 수는 없더라도.

데리다가 말하는 부정신학(théologie négative), 그것은 논리적 추적의 귀결이다. 논리적 부정의 귀결이다. 그것은 신의 죽음을 뜻하는 것이 아니다. 오히려 신을 향한 인간의 죽음을 뜻할 수 있다. 신을 향한 절대의 다름을 향한 온갖 놀이하는 기호들의 전적인 의존이며 전적인 자기 부정이다. 기호들의 독자의 질서 또는 근본적 기투(企投) 가능성에 대한 완전한 포기다. 그러니 그것은 기호들이 펼치는 놀이 밖의 세계, 초월자, 절대적 다름에 대한 절대적 의존 또는 자기 부정이라는 논리적 관계를 추적한다. 초월적, 절대적 다름으로의 논리적 얽힘을 피할 수 없다.

1.12 사람은 세계이해와 정복의 전략으로서 공격적이며 방어적인 같음으로의 논리를 포기할 수가 없다. 그러니 같음으로의 논리에 대한 거부나 포기로서 다름으로의 길을 말하는 것이 아니다.

다름으로의 길이란, 사람들이 같음으로의 길에 몰두하기 때문에 그 시각화(視覺化)가 불가능한 반대의 세계추세 또는 자연의 전략을 상기시켜 주는 것이다. 그것은 같음으로의 길이 그런 것처럼 논리적인 숙명이며 현실적으로 피할 수 없는 자연의 길이다.

1.13 '다름으로의 길'이라는 것이 많은 사람들에게 어떤 현실이나 마음의 그림으로도 떠오르지 않는 다만 논리적 허구나 당위성에 지나지 않을지도 모른다. 그러나 논리라는 것은 습관에 의존하는 그림이나 상상을 넘어서서 나아가야 할 피할 수 없는 자연 또는 숙명의 길을 가리키는 것이다.

1.14 오늘까지 논리학이라는 영역은 거의 서양사람들의 독점물이었다. 그들의 논리학의 전통에 나타난 형식들은 모두 '같음으로 돌아감'이라는 존재와 의식의 집요한 동기와 전략으로서 이루어졌다. 그러나 그들의 논리학에는 아직도 고려되지 않은 논리적 동기와 전략이 있다. 그것은 '다름으로의 열림 또는 돌아감'이다. 이것을 포함하는 논리학의 천하통일이 이루어져야 한다.

2. 상대와의 다름, 절대에의 다름

2.1 논리적으로 환원 불가능한 타자 또는 잉여의 세계란 없다. 타자 또는 잉여의 세계라는 것은 다름으로의 자연의 전략과 운동이 같음으로의 전략과 논리에 맞서서 일으키는 논리적 대칭현상이다.

2.2 라이프니츠의 특이한 기여는 모든 존재하는 개체에 대하여 조건부 또는 제약된 동일성을 준 데에 있다. 개체는 근본적 동일자가 아니다. 왜? 피조물로서의 개체는 그의 상대적 타자와의 공존 가능성에서 그의 존재의 기회를 얻고 있다. 그러니 개체는 그의 같음을 공존관계에, 말하자면 공존의 타자성(또는 반영(反映))에 맞추어 이루어지는 것이므로 그의 같음은 이미 그의 다름으로서 매개·조정된 것이다.

그래서 모든 개체는 이미 다름으로서 같음이다. 혹은 같음이면서 다름이다.

2.3 모든 존재하는 것이 각기 다른 조건부 동일성 위에 있다. 누구든지 그 자신의 동일성의 제약조건으로서 지닌 숙명적 타자성을 다른 누구와도 완전히 공유할 수 없다. 내일의 나를 제약할 타자성조차 오늘의 나를 제약하는 타자성으로부터 달라지는 것이다. 사람은 그 자신의 그림자처럼 언제나 달라붙은 타자성에 결박된 채 그 밖으로 펼쳐지는 세계를 향해서는 동일자로서, 실은 가면적 동일자로서 행세하는 것이다.

2.4 완벽한 논리의 영토에는 내면의 세계도 외부의 세계도 없다.

내면이라거나 외부라고 하는 다름은 안으로(전제 내재성)의 물음과 밖으로(전제 초월성)의 물음이라는 논리적 그물이 치는 허구의 칸막이로써 갈라지는 것이다. 그 논리적 물음의 벗어날 수 없는 양면의 그물을 친 다음에야 비로소 그 밖으로의 물음을 다시금 던질 수 있다.

같음의 다름으로의 열림, 그리고 다름의 같음으로의 돌아감이라는 벗어날 수 없는 폐쇄된 논리의 그물에 부딪쳐서야 다시금 벗어남으로서의 다름을 물을 수 있다. 그 밖에 다름으로의 길이 없다.

2.5 이것이 마지막의 논리혁명을 대변한다. '같음과 다름의 서로 떨어질 수 없음(logodécentrisme)'. 말하자면 같음을 맥락으로 하지 않는 다름도, 다름을 맥락으로 하지 않는 같음도 없다.

그러므로 같음의 잉여 또는 다름으로의 열림이나 다름의 잉여 또는 같음으로의 돌아감 자체가 논리적으로 이미 예정되어 있는 사태다. 다름으로의 열림도 같음으로의 돌아감도 논리적으로 피할 수 없는 진행 가운데에 있다. 같음으로든 다름으로든 어느 한 쪽의 패권주의 또는 지배주의를 자의적 통치로 배격할 수는 있어도 그 완벽한 논리적 그물의 보편성을 벗어날 수는 없다. 그러니 데리다처럼 논리중심주의(logocentrisme)를 비판하고 다름(différance)으로의 열림이라는 일차적, 논리적 맥락을 설치함으로써는 주관적 관념론을 벗어날 길이 없다. 오히려 다름으로의 열림과 같음으로의 돌아감을 탈출할 길이 없이 폐쇄된 논리적 맥락으로 잡는 데서 그 완벽한 논리적 그물을 깨치는 이차적 시도, 그것이 해탈이라고 할 만한 것이 될지도 모를 그런 것을 시도할 수 있다. 그러니 상대적 다름($\overline{A}$)으로의 열림도 절대적 다름($\overline{A \wedge \overline{A}}$)으로의 열림도 아직 탈관념(脫觀念)이 아니라 탈관념에의 예비단계일 뿐이다.

2.6 세상에 그 몸을 드러낸 자 치고 상대와의 공존관계와 절대에의 복종관계를 물리칠 수 있는 자는 없다. 이것이 세상에 주어지는 모든 조건부 동일자의 피할 수 없는 논리적 숙명이며 조건이다. 상대와의 공존관계 곧 일차의 다름을 경험하는 계제(階梯)는 실(實)이며, 절대에의 복종관계 곧 이차의 다름을 체험하는 계제는 허(虛)다. 이러한 다름으로의 일차, 이차의 계제와 논리적 맥락으로부터 자유로운 자기 동일자는 세상에 없다.

이 모든 것의 피할 수 없는 숙명의 논리적 뿌리는 '같음과 다름의 서로 떨어질 수 없음'에 있다. 따라서 같음으로의 돌아감이라는 맥락으로부터 자유로운 다름도 없다. 그러니 상대와의 공존관계나 절대에의 복종관계라는 다름으로의 열림도 같음으로의 돌아감에 묶여 있고, 결국 '같음과 다름의 서로 떨어질 수 없음'이라는 논리적 맥락에 뿌리를 두고 있다. 이것이 있는 것이면서 있는 것이 아닌, 이면서 아닌 그런 온갖 모순과 역설의 사태가 흘러나오는 샘이다.

2.7 조건부 동일자가 그의 제약조건인 상대와의 다름과 절대에의 다름에 대하여 펼치는 지연과 대결관계는 예측할 수 있는 시간표를 따르는 것이 아니다. 이 지연과 대결의 전략은 언제나 불확정적 관계, 말하자면 다름으로의 운동과 같음으로의 운동이 서로 맞부딪치는 상황 가운데서 이루어진다. 상대와의 다름과 절대에의 다름을 향하여 자신의 같음을 한껏 지연 · 확장하려는 전략으로서 생존의 무자비한 투쟁과 인류의 온갖 전략적 허구로서의 삶과 논리의 형식들이 펼쳐진다.

2.8 왜 경험이라는 것은 그 고유한 논리의 옷을 입어야 하는가?

그렇지 않으면 그것은 결국 모든 것을 같음으로 길들이는 논리인 귀납법, 연역법, 변증법으로 동화되고 매개되기를 기다리는 굴복자로서 남을 뿐이다. 그러나 경험은 그 자신의 뿌리를 알 수 없는 깊이에 숨겨 둔 독자의 행위자인 것이다.

그것이 펼치는 누를 수 없는 다름으로의 곡예, 그것은 상대와의 다름, 절대에의 다름을 연출하는 무한의 곡예사다. 그것은 같음으로의 일반화에 복종하는, 그래서 다만 관찰되기를 기다리는 사례들처럼 그의 뒤로 감춘 비밀이라고는 아무것도 없는 맹목의 행위자가 아니다.

2.9 경험의 순수한 직접성과 그것을 바탕으로 귀납적 일반화를 추구하는 것으로 이해하는 경험주의자와 그런 경험주의의 비판자에게. 경험주의가 그 밖의 다른 철학적 견해에 대하여 지니는 차이는 어디에 있는가?

경험은 세상에 그의 몸을 드러낸 자의 끝없는 자기 같음으로의 집착에도 불구하고 예외 없이 그 자신의 다름으로 말려들어 흩어져가는 모습을 보여 준다. 경험은 무한으로의 열림, 상대적, 절대적 다름으로의 제약·지양되어 감이라는 무한에의 출구를 가리키는 암호로서 이해된다. 경험은 어떤 예약된 그래서 이름할 수 있는 같음으로의 길도 지시하는 바가 없다. 경험은 다만 상대적, 절대적 다름이라는 무한으로의 같음을 가리키는 암호일 뿐이다.

2.10 참으로 원인이라 할 만한 것은 어디에 있는가? 이것을 이것으로 결정하는 것은 무엇인가? 빽빽이 들어선 숲속의 나무들이 바람으로 서로 비벼 댐에 산불의 원인이 있는가?

현상계에 나타난 모든 것이 각기 조건부 동일자로서 그의 상대적, 절대적 다름으로의 연루됨을 피할 수 없다면, 그래서 모든 것이 모든 다른 것에 연루되어 있다면, 그 모든 다른 것을 원인이라 할 것인가? 원인이라고 하는 것은, 결과라고 하는 것을 겹겹으로 둘러싼 상대적 다름으로의 공존관계에 놓인 모든 것, 그리고 결국 그 밖의 절대적 다름으로의 복종관계로 수렴해 가는 이름할 수 없는 어떤 것이다. 그것은 이름할 수 있는 어떤 것이 아니다.

3. 실(實)과 허(虛) : 다름의 논리전략

3.1 동양의 마음은 어디에 있는가? 언행이 일치하지 않음을 이해하는 데에 있다. 명(名)과 실(實)을, 혹은 이론과 실제를 일치시키려는 노력에도 일치될 수 없는 숙명의 논리적 관계를 받아들이는 데에 있다. 표리부동(表裏不同)의 현실을, 표면(表面)의 명분과 이면(裏面)의 배려 사이에 끝없이 일어나는 논리적 괴리를 진지하게 익힘에 있다.

3.2 옛날로부터 중국인들은 왜 실(實)과 허(虛)를 잡고 오늘의 이른바 논리라는 것을 버렸는가? 그들에게 논리는 다만 이름[名] 또는 개념의 분석과 조작에 지나지 않는다. 개념의 분석과 조작은 같음의 논리를 만들어낼 뿐이다. 그 같음의 논리는 그들이 이미 같음으로서 잡고 있는 것밖에 아무것도 가져다 줄 수 없다. 그들은 개념의 유희와 사변에 지나지 않는 같음으로의 길을 벗어나 다름으로의 길을 잡으려고 실과 실의 바탕으로서 허를 본다.

3.3 서양인의 마음이 실에 없는 것은 아니다. 서양인의 마음이 실에 있는 것은 그것이 실제의 경험과 실험으로서 귀납법이나 그 밖의 상향추론에서처럼 같음으로의 환원논리에 기여하기 때문이다.

실과 허가 다름의 논리의 계제로서 등장하는 것은 동양인의 마음에서다. 그럼에도 다름의 논리가 그 형식으로서 마련되지 않은 동양의 실과 허는 결국 자기 같음을 지지·확장하려는 인류의 근본성으로 해서 같음의 논리에 떨어져 버린다. 얼마나 많은 노자와 불타(佛陀)의 후세(後世) 이론들이 같음으로의 논리적 허구 속에 자리 잡고 있는가?

3.4 이름[名]과 로고스(λόγος)로서 비친 세계상과 실과 허로서 비친 세계상이 가리키는 논리적 차이는 어떤 것인가? 어떤 논리적 동기로서 두 개의 다른 세계이해의 상(相)이 이루어지는가?

이름과 로고스는 같음으로의 논리적 동기에 따라서 세계를 매개하는 자다. 그것은 엄밀하게, 그러나 공허하게 사변적으로 연장되는 추론과 계산을 펼 수 있게 한다. 그러나 같음으로의 논리적 지평에 가라앉힐 수 없는 실과 허와 같은 세계도 있다. 실과 허란 다름으로의 논리전개의 계기로서 주어지는 사태다. 실과 허를 계제로 해서 일어나는 다름으로의 논리전개는 논리조작의 형식으로서보다는 체험의 형태나 마음의 사태로서 잡히는 경향이 있다.

3.5 같음으로의 논리적 동기는 이름과 로고스를 매개로 해서 하향추론의 증명형식으로서 삼단논법이나 명제논리를 만들고 상향추론의 탐구형식으로서 변증법이나 귀납법을 만든다. 이 논리형식들은 주어지는 사태 또는 명제들을 어떤 같음의 사태 또는 명제로 환원하

려는 동기로서 이루어진다.

다름으로의 논리전개에는 어떤 계제와 형식이 주어지는가? 다름으로의 한 논리적 계제인 실의 체험 가운데서 상대와의 다름(공존관계)의 형식이 이루어지고, 다름으로의 또 하나의 계제인 허의 사태 가운데서 절대에의 다름(사라짐 또는 초월)의 형식이 굳어진다.

3.6 파국이나 거부할 수 없는 현실로서 나타나는 실의 사태와 자기 분열과 해체로 비치는 허의 사태에 접하는 것만으로는 그것이 자기 관념으로부터의 탈출이라는 보장을 얻을 수가 없다. 그 실과 허가 상대적, 절대적 다름으로의 논리적 계기로서 인식되어야 비로소 관념탈출이 예비되는 것이다.

실의 체험에서 어떻게 다름의 논리적 계기가 나타나는가? 이미 익숙해진 사태의 흐름에 그것과 공존할 수 없는 흐름이 거부할 수 없는 파국과 이변의 형식으로서 주어진다. 허의 체험에서 어떻게 다름의 논리적 계기가 드러나는가? 존재함의 사태가 자기 분열적으로 존재하지 않음의 사태를 잉태함으로써다. 모든 것에는 그것으로 있으면서 그것으로 있지 않은 자기 분열 또는 자기 해체의 논리적 계기가 깃들고 있다. 이것이 환상으로서의 온갖 자기 같음의 관념이 깨어지는 기회다.

거부할 수 없는 현실로서 파국을 가져오는 계제로서의 실과, 자기 분열과 해체의 계제로서의 허는 어떤 같음의 논리전략으로서도 잡을 수 없는 다름의 논리전략에 따르는 것이다.

3.7 다름으로의 길, 그것이 왜 논리학의 문제인가? 다름으로의 길에는 일어나는 현상과 파국의 체험으로서 실이 작용하고 분열과 해

체의 관찰로서 허가 드러난다. 이렇게 실과 허가 주어지는 다름으로의 계제를 하나의 논리적 추론의 대상으로 하지 않는다면 같음으로의 논리적 추론의 계제로서 나타나는 현상의 성격도 이해할 수 없게 된다.

같음으로의 논리적 추론이 전제에 대한 확인을 지향하는 것이라면 전제에 대한 초월을, 다름으로의 이탈을 지향함으로써 나타나는 길이 또한 상대적으로 일어난다.

3.8 논리학의 전통에서 이루어진 상향추론으로서의 귀납법과 플라톤의 변증법 그리고 하향추론으로서의 연역법과 헤겔의 변증법과 같은 논리형식과 전략은 궁극적으로 생물존재가 펼치는 의식의 같음으로의 운동에 파생적인 것이다.

실과 허라는 사태를 계제로 해서 다름으로의 논리전개가 이루어지며 이로써 생물존재가 펼치는 의식의 같음으로의 운동 또는 관념조작의 행위가 제약된다. 다름으로의 논리전개의 계제인 실과 허의 사태는 모든 것을 자기 같음의 지평으로 눕히려는 의식과 생존행위에 순응하는 것이 아니다. 그것은 자기 같음으로의 길에 집착하는 의식과 의지의 행위에도 불구하고 닥쳐오는 자연의 전략이며 힘이다.

3.9 입 안으로 들어간 생선구이는 즐거움인가 고통인가? 즐거움으로의 먹음인 같음으로의 길과 고통으로의 먹힘인 다름으로의 길이 하나로 얽힌 이 모순과 혼돈의 총체적 사태는 옛날 그리스 로마 사회의 전통에서 말하는 정의(正義)나 동아시아 문화권에 정착되어 온 도덕(道德)이나 기독교의 교리로서 전도하는 사랑이라는 척도로써는 이해할 수 없는 세계의 사태다.

세계의 총체적 사태가 언제나 모순과 혼돈으로 빠져 버린다는 사실은 어떤 같음의 논리도—그것이 존재이해의 논리든지 도덕판단의 논리든지—허구적이라는 것을 알리는 것이다.

3.10 온갖 사물의 무상(無常)함이란 무엇인가? 있는가 하면 없는 것이다. 개체로서 있으면서 개체로서 있지 않은 것이다. 이 무상함을 세계의 질서로 받아들이는 데에 자유의 첫걸음이 있다. 그러니 자유는 X로 있으면서 X로 있지 않음을 저항 없이 수행하는 데에 있다.

존재하는 행위로서의 삶은 이미 같음이면서 다름이다. 같음과 다름은 자연에 작용하는 평등한 원리다. 그럼에도 모든 존재하는 것과 그의 삶은 같음에 서서 다름을 다스리려는 노력으로써 이루어진다.

누구의 자유를 실현하려는가? 무소부재(無所不在)하며 자유자재한 신의 자유를? 세상에 몸을 드러낸 자로서 지닌 제약조건에 따르는 자유란 같음이면서 다름이라는, 내가 나이면서 내가 아니라는 피할 수 없는 모순과 혼돈의 질서를 스스로 수행하는 데에 있다. 수행하면서 그것으로부터 풀려나는 데에 있다.

4. 허사(虛辭) 결정론 : 주변자의 논리

4.1 이 땅의 조상들은 어떻게 아시아 대륙을 떠나 이 구석진 반도에 이르게 되었을까? 대세에 밀려 왔는가? 아니면, 보다 나은 기회를 찾아 스스로 나선 길에서 정착한 것인가? 밀려서 왔든 스스로 나섰든 여기에 자리 잡은 사람들의 마음은 어떤 것인가?

그 답이 오늘까지 여기 사는 사람들의 삶의 스타일과 기질을 가장 오래 그리고 깊게 결정하고 있는 점일 것이다. 그들은 이미 영토를 잡고 있는 세력에 대하여 다름으로써 새로운 문제해답을 찾은 것이다. 그들은 주변자(Marginalist)다. 주변을 향함으로써 문제해결을 꾀하는 자다. 지금도 그의 위상에는 변함이 없다.

그러나 그의 시대가 오고 있음에도 그는 그것을 그렇게 잡지 않음에 문제가 있다. 중심을 향함으로 문제해결을 해야 할 때가 아니라 주변을 향함으로 문제해결을 해야 할 때가 온 것이다.

주변을 잡고 중심을 흔듦으로써 문제해결을 꾀한다. 주변자의 동의에 의해서 비로소 중심자의 보편성이 세워지기 때문이다. 주변을 잡는 자에게 참 보편에의 길이 있다.

4.2 왜 오늘의 세대에게 사고보다는 감각의 문화가 발달하고 있는가? 사고의 문화는 지루하고 번거롭기 때문인가? 아니다. 사고는 그래도 자기 중심을 지키며 거기에 안주할 수 있는 자의 매체다. 사고는 자발적이다. 그러나 감각은 수용적이다. 그것은 상황함수적 존재를 지탱하는 주변자의 논리에 어울린다.

사고는 그의 같음으로써 주관화의 논리를, 감각은 자기 초월 또는 다름으로써 객관화의 논리를 지향한다. 감각은 자아의 중심에 안주할 수 없는 상황에서 다름으로의 생존을 향한 자기 지양(止揚)과 망각 그리고 그것을 위한 대안의 논리다.

4.3 '이다', '아니다'의 쓰임이 보여주듯 붙음말 매김이 마지막으로 미루어져야 하는 우리말의 방법에서는 몸말 자리에 놓이는 사태의 그러함이나 그러하지 않음을 미리 잡을 수가 없다. 판단대상으로서의 사태의 모습을 결정하는 자는 마지막을 기다리며 남아 있다. 그

는 구석에 남아서 기다리며 문제를 해결해야 하는 자, 주변자다. 이는 중국인들이 주어가 없는 문장을 구사하면서 문맥으로써 주어 자리에 놓일 무엇을 정하듯이 체(體)되는 것을 용(用)과 뗄 수 없는 관계로서 지시하는 방법과 유사하다.

4.4 사람들은 허상을 외면하고 실체를 찾는다. 그러나 이름으로 고정시켜 놓을 수 있는 어떤 실체도 없다. 그것이 무엇이든지간에 그것은 그것에 대하여 씌워지는 붙음말의 형식과 스타일에 달려 있다.

우리말에서 가장 발달했다는 허사(虛辭)(김윤경, 『한결國語學論集』(서울, 1964), 59~79쪽), 그 가운데서도 '이다'와 '아니다'가 모든 이름할 수 있는 실사(實辭)들에 밀려서 뒤에 따라오는 것은 무엇을 말해주는가? 그 이름할 수 있는 것이 무엇이든지간에 그것은 결국 그것에 대하여 마지막으로 값을 매겨 말하는 허사 '이다', '아니다'에 따라서 규정된다. 실사로 지시된 사태의 그러함과 그렇지 아니함이 언제나 그 뒤에 따르는 허사의 매김에 달려 있다.

허사 결정론이 함축하는 논리는, 서양의 아리스토텔레스로부터 형식화된 변함없는 같음으로의 논리전략에 합류될 수 없는, 주변자의 특이한 세계이해를 반영한다. 그는 사물의 참모습을 '같음'에서가 아니라 '다름'에서 잡으려고 주변에 산다.

4.5 우리말의 허사 결정론은 다름으로의 논리전략으로 이해되지만, 유사하게 주어와 술어 자리에 놓인 실사 또는 내용의 고려를 배제한 형식 결정론은 아리스토텔레스에 의해서 같음으로의 논리전략에 빠진다.

4.6 이 무슨 놀이인가?

"빨가면 사과, 사과는 맛있어, 맛있으면 바나나, 바나나는 길어, 길으면 기차, 기차는 빨라, 빠르면 비행기, 비행기는 높아, 높으면 백두산."

세계를 떠도는 바람잡이나 펼칠 법한 이 파노라마의 방향을 제약하는 어떤 고정된 질서도 없음이 어린아이들의 파라다이스에 나타나고 있는 것이다. 모든 것은 모든 다른 것으로 둔갑한다. 그 둔갑의 고리를 어떤 같음으로 묶는 것이 불가능하다. 그 둔갑의 방향은 무한히 다름으로 나아가는 것이다. 모든 것이 모든 다른 것과 둔갑의 관계에 있기 때문이다

세계의 현상으로 주어진 사태는 그리고 존재하는 모든 것은 어떤 둔갑의 순서에도 복종해야 하는 조건부의 같음을 가질 뿐이다. 그러니 현상계에 존재한다는 사실만으로서 이미 그 자신과 같지 않음, 자기 배반성을 몸에 지니게 된다. 파국과 분열, 모순과 혼돈은 현상으로서 비친 세계의 총체적인 모습이다.

5. 논리에 관한 추가 노트 : 자체 분열하는 문명의 이중성

5.1 자유사회가 허용하는 개체의 다름이 개체 자아에 집착하게 함으로써 개체의 같음을(옛날 그리스 민주주의에서처럼 자아 출현과 자기 정당화의 논리를 발전시킨 소피스트들과 소크라테스를) 일으키고 통제사회에서 부과하는 개체의 같음이 개체 자아를 해체해서 개체의 다름을(전통사회에서의 유가, 불가, 도가의 통합질서, 특히 가족중심체제에서처럼 개인의 자기 같음이 해체되는 다름을) 가져 온다. 개방사회도 폐

쇄사회도 역설의 결과로써 이루어진다.

5.2 개인주의는 개인에게 자유를 가져 오는가? 개인주의를 원리로 하는 이른바 개방사회에서 개인은 그 자신에 대한 마지막 책임자다. 누가 그를 대신하여 선택하고 결정하는 권리를 행사할 수 없다.

그는 그 자신에게 일어나는 사태에 맞서서, 다가오는 경쟁자를 그 자신의 같음이 지지되는 영토로 끌어넣기 위한 모든 노력을 한다. 그는 그 자신의 같음을 지탱하기 위한 선택을 하고 그것을 정당화해야 한다. 그 자신의 같음을 지키기 위한 대결과 경쟁, 선택과 정당화에서 그는 그의 같음을 영구히 지지할 만한 영토를 잡으려는 외로운 싸움을 펼친다. 그에게 주어진 같음으로의 집착은 그의 일관성, 통일성을 버리지 않는다. 버리면 자아의 붕괴이며 세계에 대한 자기의 파산선고다.

끊임없이 위협하는 타자와 대결하고 경쟁하는 그의 마음과 영혼 그리고 자아는 외롭고 고집스러우며 타자를 향하여 닫혀 있다. 그의 마음과 영혼은 타자와의 외로운 대결에서 그 자신을 흔들리지 않게 버텨줄 절대타자에게 열려 있을 수 있다. 그의 외로운 마음과 영혼에게 열려 있는 자는, 모든 상대의 타자들이 제거되고 남은 마지막의 유일한 타자, 신(神)일 뿐이다. 그러나 그의 절대의 타자는 그의 마음과 영혼에게 참 자유와 평화를 주는가?

개인주의가 허용되지 않는 통제사회에서 개인에게 자유가 없는가? 이른바 폐쇄사회에서 개인은 전체의 조화라는 질서 가운데로 해체되어 버린다. 전체를 지배하는 질서를 떠나서 그 자신의 고유한 정체, 그의 같음은 찾을 수 없다.

그의 운명과 정체를 결정하는 배려와 선택이 타자에게 양도된다.

그가 개인적으로 고유하게 확보할 수 있는 자기의 같음, 그의 정체는 애매하다. 그가 고집할 수 있는 그에게 고유한 아무것도 없기 때문에 그의 마음도 영혼도 자아도 근본적으로 그의 것이 아닐 수 있다. 마음과 영혼과 자아는 세계의 타자성, 그 다름을 향하여 열려져 있다. 그에게는 전통적 유교와 불교사회에서처럼 또는 공산주의 사회에서처럼 그의 마음과 영혼과 자아의 개별적 같음을 지키기 위하여 집요하게 매달려야 할 아무런 이유도 터전도 없다.

개방사회에서 개인은 그에게 부딪치는 타자, 그 다름으로부터 같음으로 돌아가려는 집요한 전략을 편다. 타자 자기화의 주체로서 오직 그에게만 소속된 고유한, 그러나 외로운 자아와 영혼, 그리고 정당화의 전략으로서 다름의 같음으로의 논리가 만들어진다. 폐쇄사회에서 개인의 마음과 영혼, 그리고 자아라고 하는 것은 여기의 집요한 같음으로부터 저기의 다름으로의 길이 열려져 있다. 같음의 다름으로의 길은 그의 숙명이며 거기에 그의 마지막으로 돌아가야 할 안식처가 있다.

5.3 서양의 과학과 철학사의 전통이 발전시켜 온 모순으로서 보편주의와 개인주의의 관계가 있다. 그들의 과학체계에서 현상계에 존재하는 모든 개체들은 보편의 질서 가운데로 해체된다. 그 완성된 이론의 세계에서 개체란 그 자체로서 존재하는 것이 아니다. 그것은 보편의 질서를 따라서 변화되어 가는 것 그리고 그 질서 가운데로 해체되어 가는 것이다. 그렇게 어떤 존재하는 개체도 타자에의 의존성을 거부할 수 없다. 개체들이 지닌 자기 동일성이란 결국 타자성으로 그래서 보편성으로 사라져 버리는 것이다. 이 제행무상(諸行無常)에 다를 바 없는 과학의 논리는 B.C. 1000년 무렵 중앙아시아를

떠돌던 아리안이 남긴 한 우파니샤드로부터 피타고라스, 파르메니데스, 플라톤을 거쳐 서양인들에게 들어온 것이 아닐까?

그럼에도 서양인들은 개인주의와 민주주의로서 각자의 자유를 위하여 경쟁하는 사회전통을 지지한다. 그들은 의식과 영혼, 인격과 양심이 개별자의 고유한 것으로서 마치 영원한 동일성을 유지하는 으로 여긴다. 누구에게도 양도할 수 없는 개체성은 오히려 모든 자와의 대결과 경쟁을 벌여서 타자를 배제하거나 그 자신의 지평으로 동화하는 세계의 주인이 된다. 보편주의를 추구하는 과학의 전통 가운데서 이런 개인주의의 사조가 어떻게 지지될 수 있었는가?

소피스트들과 소크라테스에게서처럼 옛날 그리스의 전통으로부터 시작된 자기 같음을 지지 · 실현하려는 생존전략의 극단으로서 나타난 개인주의이며, 마찬가지로 세계를 자기 의식의 같음으로 매개 · 확장하려는 도구와 절차로서 개발된 추상적 개념이며, 그 개념 조작에 바탕을 두는 보편주의다. 과학의 보편주의도 자유의 개인주의도 똑같이 자기 같음의 지평으로 세계의 타자성을 눕히려는 치열한 운동의 산물이다.

5.4 한 문명의 고유한 특징을 그가 거쳐 온 시대의 철학적 발전 양상을 따라서 분석한다. 이런 분석의 가능한 근거는 한 문명이 지닌 특징이 그가 펼치는 시대의 정신 또는 논리적 표현 가운데에 집약되어 있다는 관찰에 둔다. 그러한 관찰은 문명발전의 양상이거나 사상전개의 양상이거나 간에 궁극적으로 모두 분화되기 전의 한 원시적 삶의 방법이 지엽화된 표현들이라는 점에 있다. 우리는 한 문명의 다양한 문화적 표현들 밑바닥에서 그렇게 분화되기 전의 한 순수한 원시적 방법의 흐름을 포착하고 그것의 모든 가능한 존재론적 논리

적 변형태를 이해할 수 있다. 한 인간이 일생을 통하여 나타내는 변신과 거기에 따르는 다양한 사상행위들 가운데서 집요하게 되풀이된 한 순수한 의식적, 무의식적 동기를 찾을 수 있는 것처럼, 한 문명의 신장과 좌절, 문제와 해답, 그에 따르는 혼란과 불안의 복잡한 과정 가운데서도 한 순수한 원시적 방법의 운명적 표현들을 볼 수 있다.

오늘 여러 가지 모습으로 드러나는 문제의 사회적, 정신적 상황을 그 자체 안에서 이해한다는 것은 불가능하다. 한 개인이 가진 고민의 원인을 단순히 그 개인 안에서 찾을 수 없는 것처럼, 한 사회 에서 일어나는 문제의 근원을 그 사회 안에서 발견할 수는 없다. 오늘의 어떤 문명권도 다른 문명권으로부터 독립해 있을 수 없다. 특히 서구문명의 확산작용을 속속들이 반영하고 있는 20세기 비(非)서구세계에서 새로운 자아와 전통양식이 이러한 탈(脫)고립의 관계로서 형성되어 가고 있다. 이 고립을 불허하는 의존의 체계가, 그것이 한 개의 자아든지 한 문명권이든지 간에, 연루되어 있는 타자(他者)란 어디까지 펼쳐 있는 것인가? 나에게, 우리에게, 그의 결정적 영향력을 행사하고 있는 타자성의 근원은 모든 존재하는 것의 가장 보편적인 조건임에도 아마도 인간이 추적할 수 있는 거리에 있는 것이 아닐지도 모른다. 그것은 우리에게 묵묵부답, 아니면 모순과 혼돈의 반향만을 던져 오는 것이다.

7. 한국 사상사의 과제—맑스주의

1

우리나라 지식인의 사상적 편력이나 갈등은 보다 성숙한 단계로 지양되어 발전하는 것이 아니라 늘 변함없는 혼돈과 대결 가운데서 비생산적 반전을 거듭하고 있다. 우리 사상사의 흐름은 오늘은 이런 사조에 쓸리다가 내일은 저런 사조에 빠져드는 우왕좌왕식으로 이루어지거나, 이쪽은 이런 신조를, 저쪽은 저런 신조를 내세워서 상대를 만나지 않는 평행선을 그린다. 이렇게 우리의 사상사에는 이른바 변증법적 지양과 발전이라는 것이 없다. 변증법이라면 그 정체 모를 마력에 저항할 바를 모르는 맑스주의자도 헤겔주의자도 플라톤주의자도 함께 이 시대변화에 참여하지만, 우리는 여전히 단절이 되풀이되는 우왕좌왕 아니면 만남과 토론이 없는 평행선을 달린다. 그 이유를 어디서 찾을까?

첫째로 우리의 사상적 편력과 갈등이 우리 자신의 체험 가운데서 여과되는 사이에 일어난 것이 아니라는 데 있다. 말하자면 그것은 다른 나라, 다른 문화권의 상황변화와 그 영향력에 따라서 침투된 다양한 주의(主義), 사상이 그들의 역사를 공유하지 않는 우리들 사이에서 일으키는 대리행위, 대리사고(代理思考)이기 때문이다. 우리는 모두 그들이 세워 놓은 각본대로 연출하는 대행자이며 지정된 역할 밖으로는 떠날 수 없는 꽉 막힌 추종자일 뿐이다.

둘째로 문명의 끝없는 듯 보이는 발전에도 불구하고 더욱 명백해지는 인간의 불완전성과 결국에 피할 수 없는 운명의 한계에 대한 깊고 정직한 인식이 우리 세계관의 중심으로부터 멀어져 가고 있기 때문이다. 전통적인 삶으로부터 근대화하는 과정에서 새로운 운명의 개척과 발전 가능성에 착안할수록 그 실현을 가로막는 근본적 타자성(他者性)을 무시하는 의식에 젖고, 그것이 오늘의 세대로 하여금 소박한 낙관과 시대착오적 확신에 안주하도록 이끄는 것이다. 확신과 낙관은 대화하는 마음에 착각과 단절을 가져 오고 자기 부정과 지양(止揚)이라는 변증법적 운동을 정지시키고 만다. 이것이 우리 사상계에 흘러 들어오는 모든 조류들이 각기 떨어져 우왕좌왕하거나 만남이 없이 다만 평행하는 이유다.

2

우리나라 사상사의 흐름은 최근의 조선시대까지도 거의 중국으로부터의 영향 가운데서 좌우되어 왔다. 태학(太學)이니 국자감(國子監)이니 성균관(成均館)이니 하는 최고학부에서 연구하고 가르친 문학, 역사, 사상의 각 과목들이 대륙으로부터 불어오는 외풍을 따라 이루어진 것이었다. 그리고 조선 후기에 자생 자주적으로 세워졌다는 실학의 학풍조차 16, 7세기에 들어온 서양 선교사들의 가르침에서 얼마나 독립된 논리와 체계를 가졌던 것인지 의문의 여지가 있다. 한둘의 특출한 예외의 인물을 빼고는 우리 역사의 거의 모든 학자와 사상가는 대륙의 학문과 사상을 어김없이 조술(祖述)하고 있다.

1945년의 해방과 함께 우리 학자와 사상가들의 조술대상은 중국 대륙에서 유럽과 아메리카로 옮겨 갔다. 그때에 나타난 좌우(左右) 사상의 대립도 외세의 바람으로 일어난 현실정치운동의 계기로서 표출되었을 뿐, 그 후의 토론과 비판을 거쳐 서로 지양시키는 창조성을 발휘하지는 못하고 말았다. 그 좌우사상의 대결은 각각 서로 만나지 않는 평행선을 그리다가 그 후에 나타난 어떤 학문적, 사상적 변화에 기여하지도, 이어지지도 않고 다만 사라져 간 것이다.

그 후 우리 사상계에 새로이 들어온 이런 저런 철학사상도 우리 현실에 뿌리를 내리지도, 우리 현실로 걸러지지도 않은 채 교대로 나타났다가 흘러갔다. 아니, 우리의 문제되는 현실이 유럽이나 아메리카가 지배하는 현실이니까 유럽, 아메리카에서 대두되는 철학사상 밖의 어떤 다른 것일 필요도 없었다. 유럽 여러 나라 사람들에 지지 않게 우리도 세계 2차대전과 6·25전쟁을 겪었으니 무(無)와의 대면(對面)과 실존의 결단을 말하는 하이데거와 사르트르의 철학이 공감되는 것이었고, 폐허화된 환경에서 새로운 국가건설과 산업개발의 과제를 안고 있었으니 개척자 정신과 효용의 진리를 주장하는 실용주의와 전통적 유불선(儒佛仙)사상의 공리공론을 척결하는 과학적 세계관으로서 실증주의가 절실한 호소력을 행사하는 것이었다.

1970년대로 접어들면서 한국사회는 두 가지 새로운 사건 또는 사태에 부딪치게 되고, 그리하여 학문과 사상은 더 이상 대학 강의실에만 갇혀 있을 수 없는 것이 되어간다. 그 하나의 사건은 한국의 산업사회로의 진입이며, 다른 하나는 유신정권의 선언과 함께 일어난 한국적 민주주의론이다.

한국의 산업사회로의 진입은 다시 우리로 하여금 그것이 안고 있는 문제파악과 해결에 있어서도 이미 앞서서 산업사회와 그 문제를 생각한 구미(歐美)학계의 현대산업사회 비판론에 호소할 수밖에 없도록 만든다. 그리하여 '70년대에 걸쳐서 우리나라 사상계에서 각광받은 철학사조는 실존주의도 실용주의도 실증주의도 아닌, 이런 모든 철학의 사회의식 결여를 공격하는 호르크하이머, 아도르노, 마르쿠제 등의 이른바 비판이론이라는 것이었다. 그들은 교조적 맑스주의, 공산주의에 대해서도 그것이 인간을 수단으로 전락시켜 기계화하고 소외시키는 자본주의에서와 같은 결과를 가져왔다고 비판한다. 그들은 공산주의에서도 자본주의에서도 인간이 전체주의 체제에 매몰되어 가는 세계적 현상을 놓고 인간성의 해방과 비판적 이상의 회복을 외치는 것이다. 이러한 비판이론은 그동안 경제개발 제일주의를 추진해 온 '70년대 한국의 몰인권적 정치현실과 몰인간적인 문화 도덕적 상황에 대하여 심각하고도 충격적인 경고로 다가올 수 있었다.

그럼에도 불구하고 그러한 이론들은 모두 우리의 현실과 그 문제가 서양으로부터 오는 영향하에 있음으로 해서 공감할 수밖에 없는, 결국 서양적 세계관에 바탕을 둔 해답이라는 사실을 무시할 수 없다. 말하자면 서양의 문명은 그 제도와 사상을 통하여 병 주고 약 주는 식으로 우리를 지배하고 있는 것이라고 볼 수 있다. 물론 서양 문물의 영향에 대하여 비판적 거리를 두고 평가하려는 태도는 동양에서 오랜 논의를 거쳐 왔다. 그러나 '70년대 초 남북대결의 상황을 놓고 경제성장을 가속화하던 한국에서 유신정권이 선언되고 한국적 민주주의론이 일기 시작한 것은 사상사적으로 특기할 만한 계기로 작용한 것이라고 볼 수 있다.

그것은 물론 그때의 인기 없는 독재정권을 정당화하려는 발상에서 이루어진 것이지만, 그러나 그것은 다른 한편으로는 무(無)반성적으로 받아들인 외래문물과 사상에 추종하기만 하던 우리로 하여금 전환적인 생각을 하도록 자극하는 기회가 된 것이다. 말하자면 한국적 민주주의론에 대한 찬반논쟁의 과정에서 파생된 이론 이념적 문제들이 기실 이제까지는 아무 현실적 맥락도 없이 다만 대학의 강단에서 논의되어 오다가 갑자기 우리 역사의 방향이 걸린 중요한 의미를 띠게 되었다. 그렇게 파생된 철학적인 논쟁은 크게 보아 두 가지 방향으로 이루어졌다.

첫째로 파생된 철학적 논쟁은 서구로부터 받아들인 자유민주주의를 대치할 만한 한국적 민주주의의 개념이 어떻게 성립할 수 있느냐 하는 문제로부터 출발했다. 「국민윤리」와 「국민교육헌장」을 만들 충(忠)과 효(孝)라는 동양 전통의 위계질서와 사회 가치관을 강조함으로써 개인주의와 자유의 극대치를 추구하는 개방사회의 비능률적이고 위태로운 혼란을 봉쇄할 수 있으리라고 믿는 철학자들이 있었다. 그들에 따르면, 한국은 서양이 지배하는 현대 문명권에서 강조되는 이른바 보편적 세계질서 및 가치관을 그대로 받아들일 수 없는 민족적, 문화적, 현실적 특수성을 지닌다는 것이다.

이 민족적, 문화적, 현실적 특수성에 대한 주장은 철학적, 이론적으로도 상당한 근거를 찾을 수 있는 것이었다. 무엇이 탈(脫)정상(abnormal)이고 주변적이냐, 말하자면 특수적이냐 하는 것은 궁극적으로 어떤 세계관 또는 가치관을 중심에 놓느냐에 달려 있다는 주장은 20세기의 수많은 첨단과학이론가와 철학자에 의해서 확인된 것이기도 하다. 따라서 현재의 세계지배적인 체계를 절대기준으로 해서 어떤 것을 영원한 특수자, 탈정상의 주변자로 못 박는 것은 제국주의적 발상이다.

둘째로 파생된 철학적 논쟁은 철학이 국가가 추구하는 정책을 고차원의 이념에 비추어 평가·비판하는 역할을 하는 것이 아니라 오히려 정당화하는 데 쓰여야 하느냐 하는 문제로 시작된다. 철학이 현실정치의 앞잡이로 전락하는 불명예가 따랐지만, 그러나 그때까지 사회현실의 흐름에 뒤떨어졌던 대학강단의 공리공론이기를 그치고 현실과제의 해결과 이념모색에 참여하는 데서 철학이 다만 고정불변의 영원한 진리를 추구하는 것이 아니라 역사의 현실과 함께 변하는 실천적 당위에 따라 언제나 새로이 창조될 수밖에 없다는 원칙을 일깨워 주는 기회가 되기도 한 것이다.

그러나 새로운 현실창조를 위하여 철학은 현실에, 이론은 실천에 언제나 밀착관계에 있어야 하는가? 현실과 그 현실이 강요하는 실천은 오히려 이론적으로 다시 반성되고 다시 구성되어야 하는 것이다. 인간이 현실창조를 위하여 향유해야 하는 자유, 실천의 자유는 현실에 근시적으로 밀착하는 데서 주어지는 것이 아니다. 시시각각으로 다가와 결단과 행동을 요구하는 현실에 대하여 상상적 실험의 자유를 허용하는 거리를 유지함으로써만 현실이 지닌 제약조건을 극복·지양하는 창조적 실천이 가능해지는 것이다.

철학이 현실에 대하여 또는 순수이론이 실천적 관심에 대하여 유지해야 할 자유의 거리를 가치중립성이라는 개념으로 논리실증주의자는 제시한다. 그러나 이러한 견해는, 실천적 관심을 떠난 순수이론의 허구성과 가치중립성을 배격하는 프랑크푸르트 비판이론가의 견해에 정면대결하는 것이어서 이 두 갈래의 사조는 한국적 민주주의론의 바탕이 된 특수성 테제와 함께 '70년대 한국의 철학과 사회과학계의 관심을 지배한 또 하나의 논쟁점을 던져 주는 것이었다. 그럼에도 불구하고 동양학의 전통을 배경으로 하는 특수성 테제와 현대과학의 이론연구를 모델로 하는 실증주의, 그리고 변증법적 부정의 논리를 정신으로 하는 비판이론은 서로 대립하고 배척하는 삼각관계를 이루었을 뿐 토론과 상호지양에 의한 보다 큰 한국사상의 잉태과정이 되지를 못하였다.

그러한 '70년대 한국 사상계에서의 3파전은 다만 동양의 전통주의와 서양의 현대사조 사이의 평행관계로 끝났을 뿐, 그러한 논쟁이 그 후의 국내, 국제 환경변화에 의하여 다시 새로운 유행사조로서 '80년대 한국에 상륙한 제3세계 종속이론, 제국주의 자본론, 계급 및 분단 모순론에 어떤 형식으로도 기여하지도 이어지지도 못하고, 다만 한때의 관심을 풍미했던 고립된 사조 또는 일과적(一過的) 사건으로 사라져 버린 것이다. 이처럼 우리 사상사에는 자신의 역사 가운데서 이루어진 지속적 문제의식의 성숙과 그 자신의 사상으로의 잉태과정이 있어 왔다고 할 수 없다.

3

'80년대에 들어서 한국 사상계를 새로이 제압하기 시작한 제3세계 종속 제국주의론이나 계급 및 분단모순론은 거의 모두 맑스주의 이론의 원용이나 정통노선 위에 재구성된 외래사조에서 유래하는 것이다. 그럼에도 불구하고 우리 학계 혹은 사회운동권에서 논의되는 맑스주의에는 한국인이 겪은 파란만장한 삶의 바탕이 되던 체질이나 그의 공적 역사체험의 특수성을 반영하여 자주성을 찾으려는 노력이 보이지 않는다.

그러나 공산주의 체제를 유지하기 위한 국가철학으로서 모든 인민에게 똑같이 강요되는 경우가 아니라면, 맑스주의 연구와 운동은 언제나 민족의 체험과 학자의 경향에 따라 각기 다른 해석을 얻게 되고 새로운 이념과 행동가설로서 변형된 체계를 갖추어 나타나는 것이다. 사실 지금 세계에 "이것이 20세기의 맑스주의다"라고 내세울 만한 유일한 정통 맑스주의는 있을 수 없다. 맑스주의는 다른 모든 철학의 경우처럼, 예를 들면 플라톤주의나 아리스토텔레스주의 혹은 유가사상이나 도가사상처럼 끊임없이 시대와 학자의 경향에 따라서 새로이 해석되고 새로이 구성되어야 하는 것이다. 그렇게 함으로써 비로소 19세기의 인물인 맑스는 그 이후 수많은 충격과 파동으로 점철된 역사와 몰라보게 확장된 과학 및 철학적 세계관을 뒤에 지닌 20세기의 마지막 이 시점에서 아직도 살아 있는 선구적 이론가로 부활할 수 있다.

철학사에 있어서 영원한 패자(敗者)는 없다. 2,500년 된 플라톤의 이데아와 음양의 대대론(對待論)과 불교의 공(空)사상이 현대 이론물리학 가운데서 다시 살아나는 것처럼, 19세기 이래의 서양에서 자라온 맑스주의는 오늘의 한국인이 뒤에 지닌 체질과 체험을 거치는 시험을 받고서야 다시 사는 기회를 얻게 된다. 어떤 민족이 그 뿌리에서 인정할 만한 세계관이 한 시대를 뒤흔든 외래사조의 영향력이나 운동으로 조작될 수는 없는 것이다. 그렇게 기대하는 것은 유물론적 상부구조론을 가진 맑스주의 이론에도 오히려 위배되는 것이다.

4

맑스주의 이론은 우리 민족의 오랜 사상사적 편력과 갈등을 통해서 여과된 체질과 세계관이 요구하는 시험을 거치는 사이에 수정되거나 확장될 수밖에 없다. 그렇게 맑스주의가 수정 또는 확장될 수밖에 없는 첫째의 문제점은 그것이 내세우는 유물론적 관념비판의 방법으로서의 실천과 혁명에 한계가 있다는 데 있다.

과연 관념의 진리는 언제나 실천에 의하여 규정되는 것인가? 의식은 존재에 의하여 일의적으로 규정되는 것인가? 하나의 존재 또는 현실사태는 하나의 의식구조, 하나의 관념체계를 규정하는가? 이것이 문제다. 일찍이 중국 대륙에는 천하를 통일한 한(漢)나라가 있었다. 당대의 유능한 이데올로그(idéologue)였던 동중서(董仲舒)는 한 무제(武帝)를 대신하여 유가, 명가, 묵가, 도가, 종횡가, 음양가, 법가 등 세상의 대세를 놓고 서로 겨루던 백가(百家)를 눌러 버리고 오직 유교를 국가정책과 사회질서의 이념으로 내세웠다.

그 후에도 그런 사례가 자주 일어났던 것처럼, 그들이 정치와 사회현실을 규정하는 단 하나의 사상과 이념체계를 모든 백성 또는 인민에게 강요하는 근거는 어디에 있는가? 존재 또는 현실사태가 규정하는 오직 하나의 의식구조 또는 관념체계가 있을 뿐이라는 맑스주의의 결정론적 가정(假定)에 있다. 그러나 그 가정에는 문제가 있다. 하나의 현실사태는 하나의 관념, 하나의 실천을 강요하는가? 만약 하나의 현실사태가 반드시 하나의 의식구조 또는 관념체계를 낳는 것이 아니라면, 그 사실에 따라서 하나의 실천을 강요할 수도 없는 것이다. 말하자면 하나의 현실사태는 여러 가능한 관념체계를 낳을 수 있고, 따라서 여러 가능한 결단과 행위의 기로 앞에 놓일 수 있는 것이다.

실천은 목적실현의 행위다. 그러나 그 목적하는 바가 아무리 최선의 것일지라도 목적을 실현하려는 실천행위만이 우리 의식과 관념활동의 전부를 규정하고 지배하는 것은 아니다. 우리는 현실에서의 실천행위를 그 행위 밖의 무한정한 가설적 시각으로부터 바라보는 의식활동의 자유를 가진다. 그리하여 의식활동은 실천행위의 현실을 분석하고 평가하고 초월(극복)하는 자유를 행사한다. 그리고 우리는 흔히 실천에 옮길 수도 없는, 그러나 언젠가는 옮길 수 있을지도 모를 의식과 관념에 종사한다.

그러므로 우리는 반드시 실천행위가 이루어지는 현실과 현재에 사는 것이 아니다. 하루 종일 실험실에 갇혀서 일하는 과학자를 보라. 그의 의식활동은 그가 현재 조작하는 온도계나 압력계 혹은 플라스크 속의 반응장치로부터 멀리 떠나 그가 증명하게 될지도 모를 이런 저런 가설의 세계에 있다. 이러한 사실은 철학자에게, 사업가에게, 모든 사람에게 동일하다. 따라서 우리의 실천행위는 현실과 현재로부터 해방된 의식과 관념의 자유로운, 말하자면 존재의 현실 또는 현재에 구속되지 않는 가설행위에 의존한다. 만약 현실의 사태와 실천행위가 관념비판의 유일한 기준이 된다면 모든 과학자와 철학자는 그의 연구활동을, 그리고 모든 사람들은 그의 삶을 정지해야 한다.

모든 창조하는 일은 현실과 현재에 집착하는 데서 이루어지는 것은 아니다. 철학자도 과학자도 그의 강단 앞에 설 때, 현재 또는 현실을 향하여 말하는 것이 아니다. 그는 현실이나 현재가 아닌 가설의 세계에 대하여 말한다. 그리고 그 가설의 세계는 반드시 오늘의 실천으로 이어지거나 내일의 혁명을 증명할 수 있는 것도 아니다. 이론과 실천, 의식과 존재, 철학과 현실의 결정론적 밀착관계를 요구하는 맑스주의자는, 그리고 거의 같은 것을 요구하는 중국 한대(漢代)로부터의 유가도 이러한 가설의 세계를 허용할 수가 없다. 여기서 해방과 자유의 철학으로서의 맑스주의는 해방과 자유의 근거를 박탈하는 모순에 빠진다. 이는 또한 그들 자신이 일으킨 역사적인 혁명의 행위, 말하자면 존재의 현실사태를 거부하는 극적(劇的)인 의식의 가설행위조차도 설명하지 못하는 자기 모순이 아닐 수 없다.

5

관념비판의 근거가 존재의 유일한 규정성이나 실천행위에 있지 않다면 어디서 찾아야 하는가? 의식의 활동이 지닌 무한정한 가설행위 자체에서 찾아야 한다. 무한정한 가설행위로써 이루어지는 관념체계는 자의적(恣意的)이며 허구적일 수 있다. 그리고 하나의 관념체계를 규정하고 정당화하는 하나의 존재사태가 반드시 있는 것은 아니다. 그러므로 모든 관념은 존재하는 현실사태를 향하여 경쟁한다. 실천은 관념을, 아직도 가설적인 의식의 사태로서의 자신을 현실에 실현시키기 위한 운동이다.

그렇다면 존재의 현실로 자기를 실현한 관념이 진리인가? 자아실현의 경쟁에서 이긴 자에게 진리가 있는가? 자신의 존재결핍을 충족시키기 위한 경쟁에서 이긴 자에게 진리의 권위를 주는 자는 실용주의자다. 맑스주의자는 약육강식의 경쟁을 배격하는 형평의 도덕질서에 바탕을 둔다. 그러나 그는 형평의 원리를 경쟁하는 사회에서의 계급모순을 비판하는 근거로서 제시할 뿐 존재결핍을 충족시키기 위한 자아실현으로서의 실천행위 일반에 대한 반성근거로서 생각하는 것은 아니다.

따라서 맑스주의가 수정 또는 확장될 수밖에 없는 둘째의 문제점은 계급모순의 비판근거로서 형평원리는 존재일반의 질서를 지배하는 원리에 속한다는 데 있다. 맑스의 자본주의 사회분석에 의하면 자본가는 상품생산에 필요한 모든 물적, 인적 자원을 동원하고 그것을 자신의 재화획득이라는 목적을 위한 수단으로 삼는다. 노동자는 자본가의 재화획득 과정에 쓰이는 도구일 뿐이다. 그는 그 자신의 목적을 지닐 수 없는 착취당하기만 하는 소외된 계급적 신분으로 전락한다. 그는 자연을 가공하는 노동의 주체로 참여하지만, 그것은 자신의 목적실현행위가 아니고 자본가의 것일 뿐이다. 그래서 맑스는 피(被)착취 소외계급에게 그 자신의 인간적 가치와 목적을 실현하는 주체성을 돌려주는 길로서 계급혁명을 주장한다. 그의 혁명은 계급간 형평원리의 실현, 말하자면 계급 없는 사회를 목표로 한다.

그러나 맑스주의 혁명의 바탕이 되는 형평원리는 다만 사회적인 계급관계에 적용되는 것이다. 그것은 자본주의 사회에 있어서 소외된 계급의 착취에 대하여 비판적이지만 소비자의 수요를 창출·조작함으로써 일어나는 생산량의 증가와 생산력의 발전이 가져올 자연의 착취적 이용에 대하여는 비판적이 아니다.

물론 맑스는 생산력 발전과 생산량의 증가가 가져오는 자연에 대한 압박 또는 착취를 문제 삼을 만한 시대에 살고 있지 않았다. 그러나 이렇게 인간이 자연에 대하여 행사하는 압박과 지배는 결국 그가 자연에 대하여 지켜야 하는 형평관계를 어김으로써 초래되는 것이다. 말하자면 임금노동하는 계급에 대해서뿐만 아니라 생산에서 가공되는 자연에 대해서도 배반할 때 모순과 파국으로서 보복하는 형평의 질서가 있는 것이다. 이 형평의 질서는 역사적인 법칙일 뿐만 아니라 우주적인 법칙이다.

맑스는 다만 자본주의 체제 안에서의 계급간의 갈등과 모순이 어떻게 역사적인 파국을 가져 오는지에 관심을 기울였다. 그러나 오늘날 자본주의 체제에 있어서나 사회주의 체제에 있어서 계급간의 모순과 긴장을 해소한다고 해서 사라지지 않을 보다 근본적인 역사적 현실과 세계관의 문제가 있다.

자본주의 체제와 사회주의 체제는 많은 문제에서 견해차를 나타내면서도 보다 근본적인 세계관을, 말하자면 자연 또는 존재이해의 기본원리를 공유하고 있다. 그렇기 때문에 맑스와 맑스주의자는 자본주의 체제에서 오늘까지 이루어진 인간의 자연에 대한 이용적, 지배적 관계에 토대한 생산력의 발전에 근본적으로 제기할 이의를 갖고 있지 않다. 왜냐하면 그들이 공유하는 생산력의 토대는 그들이 공유하는 베이컨, 갈릴레이, 뉴턴의 근대과학적 세계관에 놓여 있고, 그들이 공유하는 근대과학적 세계관의 토대는 그들이 공유하는 인간의 자연에 대한 이용적, 지배적 관계에 놓여 있기 때문이다.

그런데 인간의 자연에 대한 지배적 관계는 이미 서양의 중세시대에 형성된 기독교적 자연관에서 싹트고 있다. 오래된 기독교의 전통에서는 자연을 하느님이 인간으로 하여금 이용하도록 만들어 준 선물이라고 생각했기 때문이다. 따라서 자연을 이용하고 지배하는 것은 하느님이 인간에게 준 특권이었던 것이다. 그러나 이것보다 더 오래되고 더 보편적인 세계관, 말하자면 인간의 존재에 대한 지배적인 관계가 이미 2,500년 전의 그리스 철학자들에 의해서 시작되었다. 파르메니데스와 프로타고라스, 고르기아스 같은 소피스트들, 그리고 소크라테스와 플라톤 같은 철학자들이 인간의 논리적, 이성적 능력에 의한 존재질서의 완전파악을 이룩했던 것이다. 그 이전의 호메로스 같은 시인들의 이야기에서는 이런 저런 신(神)들이 인간의 운명을 지배하고 있었던 것을 보면, 이 그리스의 철학자들이야말로 인간의 존재에 대한 지배적 관계를 확립한 선구자들이다.

그러므로 맑스는 헤겔과 칸트, 플라톤과 파르메니데스 같은 자기 이전의 철학자들을 관념론자로 몰아쳐 버리기 전에 자기 자신이 아직도 인간의 자연에 대한 지배적, 착취적 관계로서의 생산력의 발전관을 버리지 못한 자기 이전의 전통에 머물러 있는 관념론자이며, 일관성을 잃은 인류 본위의 주관적인 형평론자임을 스스로 반성했어야 한다. 따라서 맑스주의에서 주장하는 이른바 유물론적 관념비판에 토대한 실천이론은 여전히 주관적인 관념론에 머물러 있는 것이다. 그렇다면 이제 진정한 탈(脫)관념의 길은 어디에 있는가?

6

한 기독교적 생태론자는 인간이 지금의 산업발달의 경향에서처럼 자연을 지배하는 것이 기독교적으로 정당화될 수 있는 것인지에 대해 강한 의문을 던진다(프랜시스 쉐퍼, 『汚染과 人間의 죽음』, 임홍빈 역, 서울: 성광문화사, 1978). 인간과 자연은 서로 어느 정도의 차이는 지니지만 근본적으로는 동등한 피조물이기 때문이다. 사실 인간이 자연을 지배하며 그것으로부터 무엇을 생산하고 창조하는 데는 한계가 있다. 인간은 근본적으로 생산하거나 근본적으로 창조할 수는 없기 때문이다. 그에게는 근본적인 없음에서 있음으로의 길이 열려지 않다.

그럼에도 불구하고 그의 생산과 창작활동은 끊임없는 결여(缺如)

의 충족행위, 없음의 있음으로의 길을 전제로 한다. 그러나 이 없음의 있음으로의 길은 그가 늘 망각하기 쉬운 존재론적 착각이다. 그의 어떤 근본적 창작활동, 없음의 있음으로의 길도 참으로 일어날 수 없는 것이기 때문이다. 그의 없음의 있음으로의 길은 언제나 이미 주어진 있음의 없음으로의 길을 딛고서야 가능하다. 말하자면 모든 인간적인 생산과 창작은 타자(他者)의 있음으로 하여금 없음으로 가게 함으로써 이루어지는 것이다. 물론 그 타자는 우리 의식의 영토 저편에 있어서 늘 망각되게 마련이지만. 그러나 타자의 있음의 없음으로 하여금 나의 없음의 있음으로 되게 하는 길에서 뜻밖에도 오히려 나의 있음을 없음으로 만들려는 저항과 보복을 만난다.

무릇 타자의 저항과 보복이란 나의 없음의 있음으로의 행위가 타자의 있음으로의 길에 위배되기 때문에 오는 반동이며 반향이다. 모든 유한자의 삶에서 일어나는 생산과 창조는 타자의 있음의 없음으로의 또는 없음의 있음으로의 길을 요구하는 것이므로 그 타자로부터의 반동을 피할 수 없다. 자연도, 존재의 뿌리가 되는 저편의 어떤 것도 사람처럼 그에게 행위하는 자에게 반응하고 반향(말하자면 feedback)을 던져 오는 것이다. 자연은 오히려 사람보다 더 스스로 있으려는 질서이기 때문에, 이렇게 생산하고 창조하는 주체가 강요하는 자연의 있음의 없음으로의 또는 그 반대의 길과 그로부터의 반동과 반향을 감안하지 않은 맑스의 실천론은 아직 자기 본위의 주관적 관념론을 벗어난 것이라고 볼 수 없다.

주인과 노예에 대한 헤겔의 변증법과 계급모순에 대한 맑스의 형평론은 그러한 행위에 있어서 주객(主客)의 반향관계를 고려한 정의로운 체계임에도 불구하고 인간의 자연에 대한 지배적 관계가 일으키는 자연 또는 (암호상자(black box)에 숨겨진) 존재의 근원으로부터의 반향을 감안하는 데는 미치지 못한 것이다. 그러므로 생산과 창조의 주체적 행동이 더 이상 최고 목표이거나 최고 선(善)일 수 없다. 그것이 자연이든지 타인이든지 간에 타자로부터의 반향을 보편적으로 감안한, 그리하여 우주적으로 정의로운 형평을 유지한 생산과 창조만이 우리의 목표이며 선일 수 있다. 우리의 목표와 선은 맑스주의자가 외치는 해방과 자유를 어느 특정자에게 실현하는 데 있는 것이 아니라 존재하는 모든 것에 실현하는 데 있어야 한다.

오늘 우리가 맑스에게서 감화되고 배우는 것은 그의 실천론이 아니다. 그 혁명적인 실천론은 변화하는 사태를 대인류적(對人類的)인 혹은 대자적(對自的)인 반동과 반향의 흐름에서는 감안하지 못한, 그리하여 존재의 근원으로서의 타자 또는 자연에의 형평관계를 간과한 주관적 관념론에 빠지고 있다. 그리고 타자인 인간에게는, 모든 자발적 가설행위능력을 지닌 의식주체로서 행사하는 자유를 허용하지 않는 결정론적, 때로는 독단적 실천론이 되고 말았다. 오히려 그에게서는 아직도 주관적인 형평론이 확장되어 우주적 정의론(正義論)으로 그리고 새로운 평화의 철학으로 바뀌는 세계관의 혁명이 시작되어야 한다.

지금 우리에게는 행동과 실천의 철학이 없는 것이 아니다. 이미 세계는 타자로부터의 반동과 반향에 대한 수용성을 결여한 주관적, 독단적 실천으로 무질서의 포화상태에 이르고 있다. 정당화된 주관적 실천으로서의 폭력(violence)과 감안되지 않은 반향으로서의 공해(pollution)는 20세기적인 현상이라고 할 만하다. 이 20세기적 과제에 대하여 오늘의 맑스주의 운동이 전적으로 외면하고 있는 것을 보면, 그것이 우리의 미래에 대한 보다 넓고 긴 전망을 지니고 있지는 못하다는 생각을 하게 한다. 그러나 이제 우리에게는 근원적 타자로부터의 반동과 반향을 경청하는 보편적 형평질서 위에 서는 평화의 철학이 있어야 한다. 인간과 인간의 타협에 의한 평화가 아니라 우주적 정의 위에 서는 평화가 필요한 것이다. 지금 우리에게 다가오는 과제는 주체적 실천에 의한 혁명이 아니라 보편적 형평질서 위에서 이루어지는 평화로의 혁명이다.

7

우리는 위에서 맑스와 맑스주의 사상이 지닌 문제의 한계를 실천론과 형평론이라는 두 개의 큰 영역으로 나누어 드러내고 넓히려고 하였다. 첫째로는 개인이 지닌 자유와 꿈의 영역으로서의 의식활동이 제거됨으로써 생기는 모순이 맑스주의의 결정론적 실천론에 있음을 드러내고 그 대안으로서 **가설행위론**을 내놓았다. 둘째로는 이 자유주의적 가설행위론도, 그리고 결정론을 포함하는 어떤 실천론도 결국 우주적 존재론적 정의의 실현을 의도하는 **보편적 형평론**에 대하여 다만 하위(下位) 개념으로서 연계되고 귀결되어야 함을 제시하고 있다. 이렇게 넓혀진 형평론으로써야 비로소 자본주의 체제가 좇아가는 착취적 생산관계와 지배적 자연관을 밀어내고 맑스주의 실천론이 강요하는 반(反)자유주의의 독단과 독재주의를 거부할 수 있는 근거를 얻게 된다.

맑스는 왜 이렇게 고쳐지고 이렇게 받아들여지지 않으면 안 되는가? 그것은 한국 사상사에서 이루어져야 할 세계관 형성에 이제는 피할 수 없는 부분이 되었기 때문이다. 물론 우리의 세계관 형성은 맑스나 레닌에게 맡겨서, 혹은 공자나 주자에게 맡겨서 될 일이 아니다. 조선 초기의 개국공신 정도전이 배불숭유(排佛崇儒)로써 그 후 500년의 국가이념을 결정했던 것처럼 이것을 선택하고 저것을 배제하는 식으로는 될 일이 아니다. 지금 주어진 어떤 세계관도 그대로 택할 수 있는 것이 아니거니와 그러나 그보다 더 큰 이유는 이제 우리가 더 이상 중국대륙이나 유럽이나 아메리카 혹은 러시아가 지배하는 주류에 매달리는 주변자, 그리하여 세계사의 흐름에서는 오히려 소외되는 주책없는 자가 되어서는 안 되기 때문이다. 오늘 여기 있는 맑스주의자들은 과거의 이력—식민주의 지식론의 전통 혹은 대학입시준비—때문에 주체적 사고를 잃은 것인가? 이 배자숭공(排資崇共)의 개국혁명을 다시 한 번 되풀이하려는 것인가?

우리가 선택하는 세계관은 우리의 역사 가운데서 어떤 조건을 갖추어야 하는가? 맑스주의 실천론과 계급론을 넘어 보편형평론으로 나아가야 하는 민족사적 당위성은 어디에 있는가?

첫째로 그것은 우리 민족이 세계사적으로 오랫동안 겪어온 주변자적 역할을 분석하고 지양시키는 데 바탕이 되는 보편주의 논리 또는 존재론을 제시한다. 그것은 처음부터 강요된 대리행위, 대리사고의 기만적 보편성을 고발하고, 주변자나 소외자로서의 처지로부터 해방시켜 줄 보다 높은 보편성을 질문하고 요구한다. 주변으로 밀려난 자일수록 보편의 이름으로 현실을 지배하는 기만적 허구에 수렴당하지 않으려고 저항한다. 그리하여 그에게는 주변을 주변되지 않게 하고 소외자를 소외자로 만들지 않는 보다 보편적 형평질서 또는 진리에의 길이 열려 있다.

둘째로 맑스주의에서 출발하는 형평적 사고는 우리 민족에 깊이 뿌리박혀 있는 체질에 공명(共鳴)을 일으키는 자연스러운 것이다. 이 형평적 사고는 우리 민족에게서 타자에의 관계성을 떠난 자기 본위의 개인주의 또는 관념적 주지주의를 허용하지 않는 도덕적 정서로 나타난다. 이 도덕적 정서는 또한 자기 자신을 자연의 끝없는 순환 계열의 부분으로 자각하는 자아 상대화 또는 지양의 논리를 바탕에 깔고 있다.

따라서 맑스주의는 개인주의, 자유주의, 주지주의, 논리적 관념론, 그리고 관념적 환원에 의한 지배주의의 전통을 주류로 하는 서양의 역사에서라면 몰라도 우리 민족에 대하여 그 형평의 논리를 가지고 근본적으로 던져줄 새로운 메시지를 갖고 있지 않다. 그런 뜻에서 우리 민족 거의 모두는, 맑스가 비판하는 서양 전통의 개인주의자, 자유주의자, 주지주의자, 논리적 관념론자, 관념적 환원에 의한 주관적 지배주의자가 아닌 만큼 이미 체질적 맑스주의자일 수밖에 없다. 이것이 사실이 아니라면, 대학 캠퍼스마다 그렇게 많은 심정적 맑스주의 동조자들로 가득 찰 수 없을 것이다.

그러나 맑스주의는, 맑스 자신이 끊임없이 비판하면서도 보편적 형평의 논리에는 이르지 못했기 때문에 버리지 못한 서양 전통의 주관적 지배주의를 그대로 물려받는다. 이 주관적 지배주의는 논리적, 이성적, 관념적으로 존재환원을 시도한 옛날 그리스 철학자에게서 시작되었고, 그것은 각자의 주관적 패권을 놓고 겨루는 체제인 개인주의와 자유주의 그리고 개방사회를 서구 문명권에 가져 왔다.

그럼에도 불구하고 러시아를 비롯한 동양권에 이루어진 맑스주의 실험에서는 그 주관적 지배주의가 독재주의, 독단주의 사회를 낳았다. 왜? 맑스주의가 지닌 형평의 논리 때문이다. 참으로 객관적, 보편적이 아니고 아직도 주관적, 관념적인 그 형평의 논리가 동양권의 전체주의와 결탁했기 때문이다. '80년대 한국의 젊은 맑스주의자가 부딪치고 있는 문제의 한계는 이 복잡한 역사적 사례들의 인식을 거부하는 것에 있다. 그리고 그러한 인식의 거부는 한국 사상사가 주책없이 이런 저런 시류를 따라 언제나 새로이 시작한다는 것을 의미한다.*

* '60년대 후반에 서구의 문화혁명을 보며 읽었던 맑스를 '80년대 여기서 다시금 생각하도록 깨침의 한마디를 던져준 임철규 교수에게 감사한다 : "이 시대를 살면서 맑스주의를 외면하고 지나갈 수는 없다."

제2부

동아시아 문화론

1. 사례의 합리성과 반(反)추상화의 논리

1

오늘 철학이나 학문을 한다는 많은 사람들에게 일상적 담화나 대화의 스타일은 철학적 논의를 담을 수 있는 그릇이 아니다. 그들이 철학적 논의에서 기대하는 것은 확실한 전제와 결론 사이의 일관된 연역적 관계를 명백하게 드러내는 논증이나 논박이기 때문이다. 이것은 오늘의 철학자와 일상적 삶의 현실 사이에 가로놓인 장벽이 한층 더 높아졌다는 것을 의미하기도 한다.

그러나 일상적 담화나 대화라는 것은 옛날 중국의 고전사상이 펼쳐지고 구성되어 온 형식이기도 하다. 그러니 오늘 서양의 과학과 철학으로 훈련된 견지에서 보면, 동양의 사상은 학문으로서의 논리와 체계를 갖추지 못했다는 비평이 있을 수도 있겠다.

물론, 이렇게 표현의 스타일에 나타나는 차이는 20세기에 들어 동서의 문화와 사상이 서로 만나고 비교되는 데서 분명하게 드러난 것이지만, 그 차이의 뿌리를 따져 보면 실로 수천 년의 사상전개와 발전과정에 관한 두 개의 다른 논리적 방법을 시사하는 것으로 볼 수도 있다. 그러므로 동양사상의 스타일과 방법에 대하여 어떤 전문가의 편견으로 외면하기 전에 그런 사상과 스타일의 숨은 뜻[底意]에 대한 어떤 새로운 발견이 앞서야 할 것 같다.

2

옛날 그리스철학과 중국사상이 이루어질 때 그들은 다 같이 존재의 질서와 인생의 근본을 탐구하며 지혜의 처방을 모색했음에도, 그 근본과 처방이 무엇인가에 대해서는 서로 다른 해답을 제시했다. 그들이 찾은 근본과 처방은 두 개의 다른 논리와 합리성의 개념을 바탕으로 하는 것이었다고 볼 수 있다. 그리고 그들의 다른 논리와 합리성의 개념은 그 사고와 표현에서 다른 형식과 스타일을 끌어들이게 하는 것이다.

지혜로운 판단의 논리는 어디에 바탕을 두는가? 컴퓨터가 논리적인 연역과 계산에는 초인적 능력을 발휘할 수 있음에도 실제사태에 노련한 인간의 종합적 판단을 대신할 수 없는 사례는 더욱 많다. 수많은 사건들이 복합적으로 얽히는 현실에서 오래 견디고 익힌 감각과 직관, 언제나 새롭게 펼쳐지며 쌓이는 체험과 의식에서 시시각각으로 조절되고 심화되는 판단을 어떻게 컴퓨터가 대행할 수 있겠는가?

인간이 부딪치는 현실체험 가운데서 이루어져야 하는 합리적 판단은 논증적 추리나 기술적으로 처리되는 계산에 의해서 주어지는 것이 아니다. 이러한 논리와 기술의 한계 때문에 합리성과 합리적 판단에 대한 논리적 정의를 다시 구성해야 하는 문제가 등장한다. 모든 연결된 요인들 사이의 상관관계에 대한 유기적 판단이 동원돼야 하는 인체 질병의 진단에 있어 각 분야별 전문가의 기계적 검사에 의존하는 현대의학은 옛날처럼 노련한 명의(名醫)의 종합적 통찰과 직관이 아쉬운 상황을 불러일으킨다. 각 분야별로 특수화된 전문의들의 기술적 검사들을 모두 동원해도 이른바 명의의 오래 숙련된 직관과 판단을 따르지 못하는 사례에서 기술의 발달과 전문화의 허구를 본다.

전체 안에서의 맥락을 무시한 목적실현, 기술적으로는 초인적인 컴퓨터의 논리와 계산능력 그리고 전문가의 시야와 추론에 의존함으로써 일어나는 실제문제파악의 포기, 이런 것들이 현대문명이 추구하는 합리성과 과학의 논리에 뭔가 결여되어 있음을 암시한다. 동·서양을 막론하고 현대인이 외면할 수 없는 서구문명의 합리성과 과학의 논리에는 인간이 오랜 시간의 숙고와 경험으로써 계발할 수 있는 단계의 능력과 가치에 대한 신뢰가 빠져 있다.

예로부터 동아시아문화에서 고유한 삶의 지혜는 일면적이며 추상적인 것을 경계한다. 아버지의 뜻을 섬기고 순종하는 것은 효(孝)이나 매가 지나쳐서 까무러칠 때까지 맞는 것은 효가 아니라고 가르치는 공자는 추상적인 원칙을 경계하며 실제사례에 따르는 판단을 권고하고 있는 것이다. 그렇지 않을 경우 효는 아버지로 하여금 살인의 죄에 이르도록 할 수도 있기 때문이다. 지나침은 모자람과 같다(조우현,「컴퓨터와 명의와 효에 얽힌 사례에 대하여」,『理性과 感性 사이에서』(서울, 1980) 참고).

중용(中庸)이라고 하는 중국적 합리성의 개념으로 볼 때 일면(一面) 추상적인 사고와 행동은 언제나 극단으로 기울어 모순에 빠지게 되는 것이다. 전체의 사태를 무시한 목적수행이나 전문화된 기술개발에서 간과되는 실제의 파악에서처럼 그 고려와 판단이 추상적, 일면적이기 때문에 불합리를 불러오는 것이다. 이렇게 불합리한 고려와 판단의 경향을 극복·지양하는 보다 높은 단계의 지혜는 구체적으로 주어지는 실제의 사례들에 바탕을 두고 이루어져야 한다는 것이다.

3

추상적, 일면적인 고려와 판단을 극복 · 지양하기 위하여 추구하는 대안의 합리성, 대안의 지혜는 어디서 찾는가? 사례에 따르는 추리(reasoning case by case)라고 하는 데서 그런 대안을 찾는다. 사례에 의존하는 추리란 귀납적인 절차에서처럼 사례들에 대한 추상화나 일반화를 하는 것이 아니라 구체적인 실제의 상황에 주어지는 사례를 통과해 가는 사이에 그것이 암시하는 모범(模範) 또는 범례(範例)를 유도하고 판단하는 방법이다.

이러한 방법은 일상의 대화로써 가르친 공자나 소크라테스로부터 오늘의 일상언어분석의 철학자나 판례에 따르는 재판관에 이르기까지 널리 사용되어 온 것이다. 특히 중국의 전통에서는 서구의 철학사에서와는 달리, 전적으로 사례에 의존하는 추리가 그 사상의 전개와 형식을 결정하는 모습을 볼 수 있다. 고대 중국에 나타난 사상가들은, 개별적 사례들에 대한 추상적 일반화를 통해 보편본질을 추출하거나 절대(형상)화하는 형식논리에 호소하지 않는다. 그들은 구체적으로 주어지는 개별적 사례들에서 모범이나 범례를 찾기 위한 일상적 담화와 대화를 구성하며 그들의 사상을 발전시킨다. 그들에겐 개별적 사례를 떠나서 전개되는 추상적 일반화 과정이란 실제의 주어진 사태와는 거리가 먼 한낱 관념 또는 개념의 놀이로 전락해 버리는 것으로 보인다. 그러한 추상적 일반화에서 얻는 귀결은 실제의 사태에 어떤 효용성도 발휘할 수 없이, 다만 왜곡 · 편향된 견해로 떨어지는 것이다.

그러므로 사례에 의존하는 추론과 판단은 추상적 일반화에 따르는 형식논리의 귀결을 낳을 수밖에 없는 극단에의 편향과 모순을 피하려는 데에 그 숨은 뜻이 있는 것으로 볼 수 있다. 극단의 추상과 모순을 피하기 위하여, 플라톤과 헤겔이 하듯이 변증법적 지양의 논리를 펼치는 것이 아니라 구체적이고 개별적으로 주어지는 사례들의 세계, 말하자면 실제에 집착하는 것이다.

사례에 의존하는 모범 또는 범례의 추리에서처럼 중국인의 실제주의 합리성의 개념과 논리가 명백하게 나타나는 데는 없다. 그들의 실제적인 세계이해가 사례에 의존하는 추론방법으로 밑받침되어 있고, 이 사례에 의존하는 추론방법은 그들의 일상적인 담화와 대화의 형식으로 틀지어진다. 과도한 추상화 또는 절대화를 경계하여 하나하나 개별적으로 주어지는 상황 가운데서 찾아져야 할 중용의 판단 원리를 강조한 옛날 그리스의 철학자 아리스토텔레스가 있다. 그뿐 아니라 옛날 그리스인들이 예술의 영역에서 추구했던 조화 · 균형 · 비례의 질서는 극단의 추상화를 삼가하며, 전체의 감각을 잃지 않으려는 정신의 경향을 나타내는 것이기도 하다. 그러면서도 그들의 조화와 균형과 비례에 대한 배려는 결국 산술적으로 추상화되는 형식적 질서를 지향하며, 그 형식의 질서를 절대화 · 형상화하고 있는 피타고라스와 플라톤의 전통은 지금까지도 서구의 지성을 지배하는 것이다.

서구인들은 중국인들과는 달리 구체적으로 주어지는 실제의 사례와 일상적 담화의 차원을 초월하여 일반화 또는 형상화를 시도하는 귀납과 연역의 논리를 형식화하고 있다. 옛날 그리스 철인들의 일반화 또는 추상화의 논리는 실제의 개별적 사례들을 초월하여 형상화하는 데서 그치지 않고 그것을 다시 보편의 본질로 절대화함으로써 순수이론의 지식에 대한 그들의 강한 편향성을 보여 준다. 이러한 순수이론에의 편향성으로써 사례에 의존하는 추리와 일상적 담화의 세계를 지양시켜 서구의 형식논리적 추론의 규범과 여기에 대응하여 형식논리의 규범에 의한 합리성의 개념이 형성될 수 있었다. 그들은 개별적 사례들의 고유성과 일상적인 담화로써 펼쳐지는 실제현실과 그 구체성에 매이지 않는 순수이론의 모험적인 탐구를 감행한다.

피타고라스 학파의 수 원자론(number atomism)과 수 원자론의 붕괴과정 그리고 공간형식에 대한 완벽한 연역체계로서의 유클리드 기하학의 완성과 비(非)유클리드 기하학으로의 상대화 과정은, 그들의 순수이론에서의 추론이 개별적 사례들의 실제세계에 구속되기보다는 오히려 추상적이지만 보편적인 본질개념을 따라서 가차없는 논리적 추론을 진행하여 그 극한점에서 모순과 잉여의 사태에 부딪치는 모습을 보여준다. 그러나 그들의 추상적 일반화 또는 보편적 본질추구의 논리는 결국 그 극한점으로의 귀결과정에서, 간과되었던 모순과 잉여의 사태를 다시 만나는 모험과 발견의 한 형식이며 장치라고 볼 수도 있다.

이와는 반대로 중국적 합리성의 표현으로서 사례에 의존하는 모범 또는 범례추리는 추상적 일반화 또는 보편본질의 실체화를 거부함으로써 그러한 추론의 실험과정의 극한점에서 만날 수 있는 모순과 잉여의 사태를 이른바 중도(中道) 또는 시중(時中)이라는 안전한 중심지대 가운데에 은닉하려는 것이다. 모순과 잉여의 사태를 이해하고 통제하기 위하여 중국과 그리스의 문화가 각각 발전시킨 논리적 추론과 합리화의 형식 차이에서 두 개의 다른 지혜의 개념이 서구와 동아시아 문화권에 정착된 것이라고 볼 수 있다.

2. 동아시아 과제로서의 서구의 정신

20세기, 거의 모든 비서구(非西歐) 계열의 나라들이 겪고 있는 혼란과 혁명이라고 하는 열병은 어디서 오는가? 만약 근대사회의 출현으로 팽창하는 서구 세력의 침입을 받지 않았다면, 동양세계가 오늘과 같은 사회적 불안정을 되풀이했을까? 그러나 서구세계를 향한 동경과 열등감이 20세기 동양의 마음을 지배해 온 것이 사실이라면, 그 사회적 불안정의 가장 가까운 뿌리는 동양세계 자체에 있는 것이 아닌가?

수천 년 동안 비록 괄목할 만한 비약과 전회는 없었을지라도 유유자적(悠悠自適)하며 한결같이 살아 온 동양인의 마음에 별안간 열등감과 혼란을 갖다 준 서구문명의 정체는 무엇인가? 우리는 오늘까지 전개되어 온 서구문명의 정체를 고대 그리스사람들의 문화와 사상의 뿌리에서 찾을 수도 있겠으나, 그러한 뿌리를 보다 세련시켜 표현하고 있는 현대 서양사조의 모습들을 통해서 정의할 수도 있을 것이다. 20세기 서양문화와 그 사상의 가장 누드러진, 특히 동양의 그것과 대조를 이루는 특징을 어디서 찾을 수 있는가? 우리는 그러한 서양적 특징의 한 현대적 표현으로서 열린 사회체제와 자유의 이념을 주장하는 칼 포퍼의 사상을 들 수 있다.

우리는 포퍼가 주장하는 과학 방법론과 사회이념을 단순히 20세기에 신기하게 나타난 한 독창적 사상으로서가 아니라 2,500년 전의 그리스문명 가운데서 정착된 뿌리의 현대적 표현으로 이해해야 한다. 특히 그의 열린 사회와 자유의 이념이 서구문명의 고유한 산물인 과학 방법론에 근거를 두고 있다는 점에서 더욱 그렇게 이해할 수 있다.

그는 자연의 탐구에 성공적으로 적용된 과학적 방법이 사회 · 역사의 세계에도 통용되어야 한다는 방법론적 일원론을 주장하였다. 그러나 이렇게 유용한 과학적 방법은 자연과 사회 또는 역사를 지배하는 어떤 일반법칙을 발견하려는 데 그 목적이 있는 것이 아니다. 그는 자연과 사회 또는 역사를 지배하는 선험적 또는 절대적 이성의 법칙이란 있을 수 없다고 주장함으로써 플라톤 또는 헤겔로부터 내려오는 고전적 합리주의를 배격하였다. 어떤 이성의 법칙이든 그 자신을 정당화할 수 없다. 그러면서도 그는 프랜시스 베이컨으로부터 이어져 오는 전통적 경험주의, 이른바 귀납적 방법 또한 진정한 과학탐구의 논리라고 생각하지도 않는다.

귀납의 논리는 증명할 수 없는 자연의 제일성(齊一性)을 전제로 해야 할 뿐 아니라 그 논리에 의해서 수집된 관찰자료들의 범위를 훨씬 초월해야 하는 가설과 이론의 성립근거가 될 수 없기 때문이다. 그는 과학탐구의 방법으로서 귀납의 논리를 배격하고 그 대신 추측(conjecture)과 반박(refutation)의 논리를 내세운다. 귀납적으로 아무리 많은 관찰자료들을 모으더라도 어떤 현상에 관한 과학적 이론 또는 가설이 성립할 수 없다고 하는 근거에서이다. 한 가지 현상에 대한 가능한 관찰과 실험에서 그 현상에 대한 이론에 도달하기까지에는 언제나 비약이 존재한다. 그러므로 이러한 비약 위에 서는 모든 이론은 추측이며 가설에 불과하다. 하나의 이론은 추측이며 가설이기 때문에 그 이론의 타당성은 그 이론으로부터 연역해 낼 수 있는 가능한 귀결들이 실험적, 관찰적 사실에 의해서 반박되지 않는 한에서 인정될 수 있다. 그의 과학의 논리는 실험과 관찰에 의해서 어떤 이론이나 가설을 증명하려는 것이 아니라 추측 위에 세워질 수 밖에 없는 이론이나 가설이 내포하는 논리적 귀결들을 반박하는 어떤 실험관찰의 예가 존재하는지를 철저하게 찾기 위한 것이라고 한다.

우리는 우리가 저지른 실수로부터 많은 것을 배울 수 있다. 포퍼에게 아니 우리 모두에게 경험이, 관찰과 실험이 중요한 이유는 그것이 실수의 기회이기 때문이다. 경험은 우리의 기대와 예측을 뒤집는 반전(反轉)의 기수노릇으로써 속임수 많은 세상에 관한 보다 가까운 진실을 알려 준다. 우리는 자연과 사회에 대하여 모험과 실험을 행하고 그로부터 오는 실패의 반향(反響)에 귀를 기울임으로써 자연과 사회에 관한 보다 객관적인 지식에 도달한다. 추측과 반박, 모험과 실패는 과학탐구의 논리일 뿐만 아니라 사회 및 역사발전의 모형이라고도 할 수 있다.

그러나 사회 전체에 대한 모험 또는 실험은 그가 제의하는 과학적 방법에 일치하는 것이 아니라고 포퍼는 말한다. 왜냐하면 사회 전체를 한꺼번에 파악하고 개혁하려는, 이른바 유토피아를 향한 사회적 실험은 체제 전체에 관련된 모든 변수들을 동시에 관찰해야 하기 때문에 실행할 수 없다는 것이다. 말하자면 유토피아의 실험에서 나타날 부작용이 사회 전체에 파급될 때 다시 돌이킬 수 없는 근본적이고 광범한 혼란, 따라서 오히려 개혁 이전보다 악화된 상태를 초래할 수 있다는 것이다. 포퍼가 유토피아를 향한 사회적 실험을 배격하는 또 하나의 근거도 그의 과학의 논리에서 나온다.

유토피아 또는 어떤 이념의 정당성을 증명하는 논리적 방법은 없다고 그는 주장한다. 예를 들면 플라톤의 이상국가 또는 맑스의 공산주의와 같은 이데올로기나 유토피아 사상은 폭력에 의해서 실현될 가능성밖에는 없다. 왜냐하면 한 사회체제의 밑바닥에 깔려 있는 이념적 가치를 다른 이념적 가치로 대치시키려고 할 때 어떤 것이 보다 우월한 것인지를 논리적으로 증명할 수 있는 방법이 없기 때문에 강제 또는 폭력의 방법이 등장하게 되는 것이다.

포퍼에 의하면, 적당히 한정된 범위의 문제상황에 대한 제안들만이 서로 비교 · 검토될 수 있다. 따라서 이러한 사회적 실험에서는 폭력이 아니라 합리적 대화 또는 토론에 의해서 문제해결이 가능하다고 생각하는 것이다. 사회 전체에 대한 제안(유토피아)에 대해서는 그 전체의 모든 변수의 귀추를 고려할 수 없으므로 합리적 대화나 개방적 토론이 불가능하게 된다. 그 대안으로 동원될 수밖에 없는 폭력과 강제력은 폐쇄적, 전제적(專制的) 체제를 낳는다. 말하자면 개방적 사회체제란 한정된 범위의 변수들에 대한 실험과 그에 따르는 부작용의 조정이 가능하고 추측과 반박의 과학논리가 받아들여지며 대화와 토론이 이루어지는 사회를 가리킨다.

포퍼에게서처럼 개방사회와 자유의 이념이 그렇게 간결한 논리적 근거를 얻은 일은 없다. 20세기 영미 계통의 지성을 대변하는 논리사상가 버트런드 러셀이나 존 듀이의 자유주의와 사회사상도 그러한 강점을 갖추지는 못했다. 포퍼는 옛날 그리스로부터 시작하여 전개되어 온 서구의 사회체제와 과학사상이 동일한 자유의 정신과 비판의 논리 위에 서 있음을 일관성 있게 암시한다. 따라서 과학과 과학문명이 물질주의적 세계관 또는 일차원적 사회를 초래하며 나아가 자유 또는 비판정신을 말살한다고 하는 20세기 인본주의자, 실존주의자, 맑스주의자들의 주장은 정확한 것이 아니다. 과학과 과학문명에서 포퍼가 찾으려고 한 방법과 정신은 바로 그를 비판하는 사상가들이 서구문명 가운데서 추구하는 것과 다를 바가 없는 방법이며 정신이다.

서구문명의 현대적 표현으로서의 자유의 정신과 비판의 방법을 포퍼는 추측과 반박, 실험과 수정의 논리라고 제시했다. 오늘날 서구문명의 정신이 이러한 논리로서 표현될 수 있는 것은 옛날 그리스인들의 연역논리를 비롯한 논증형식들에 대한 공헌에 근거한 것이라고 볼 수 있다. 고대 그리스의 철인과 수학자들은 연역적 일관성에 대한 탐구에서 탁월한 능력을 발휘하였다. 그들의 이러한 탐구는 실제적 효용성에 상관없는 순수이론적인 것에 그쳤었다. 그러나 그들이 추구하는 연역체계는 불완전성을 드러내는 어떤 한계에 부딪친 때가 있었다.

그들이 연역체계에서 추구한 논리적 일관성에 이러한 한계가 드러났던 최초의 사례를 우리는 피타고라스 학파로부터 이루어진 수론(數論)의 발전과정에서 본다. 그들은 모든 수들이 공약수를 가진다고 하는(말하자면 모든 수는 정수라고 하는) 수의 원자론을 믿고 있었다. 그들은 삼각형의 세 변이 3 : 4 : 5 또는 5 : 12 : 13 같은 정수(整數)들 사이의 비율로써 이루어지는 것을 알고 있었다. 그러나 피타고라스의 비율이 정수들로써 표현될 수 없는 사례들, 예를 들면 직각을 이루는 삼각형의 두 변이 각각 1일 때 그 빗변은 $\sqrt{2}$일 수밖에 없는데 그들은 1 : 1 : $\sqrt{2}$라는 비율에 대하여 당황하지 않을 수 없었을 것이다. 그들의 수에 대한 원자론은 이러한 논리적 일관성의 한계점에서 불완전한 것으로 드러나 버린 것이다.

이러한 발견은 연역적 체계를 세우는 데 있어서 실제적 효용치에 만족하지 않고 논리적 일관성을 철저하게 추구했던 옛날 그리스인들의 이론정신을 상징하는 것이다. 논리적 일관성의 추구가 어떤 연역적 극한점에 도달할 때 그 논리적 일관성을 넘어서는 잉여사례에 부딪치게 되고, 여기서 이미 주어진 연역체계에 대한 재구성 또는 개혁이 요청되는 것이다.

서구문명 가운데서 일어난 근대과학혁명은 바로 이렇게 주변의 잉여사례가 새로운 체계의 구성을 유도하는 논리적 방법에 대한 그리스인들의 공헌에 연결된 것으로 생각된다. 어떤 연역적 체계도 완전한 것은 아니므로 언젠가는 어떤 관찰 또는 실험의 사례에 의해서 그 연역의 한계(주변의 잉여사례)를 검증할 수밖에 없는 것이다. 근대과학의 발생은 수학적 연역과 실험의 방법이 위와 같은 관계로 결합하는 데서 가능했던 것이다. 과학에 있어서 실험과 관찰이라는 것은 언제나 이미 주어진 연역의 체계(추측)의 한계점에서 발생하는 예외와 잉여와 모순의 사례들을 제공(반박)함으로써, 때로는 그 연역체계를 확장하거나 때로는 포기하도록 만드는 역할을 한다.

그러나 포퍼는 자신이 제의하는 과학의 논리가 이미 옛날 그리스인들의 논리적 방법에서 시작되었으며, 그 논리적 방법이 실험과 관찰의 계기를 근세시대에 얻음으로써 과학혁명을 일으킬 수 있었다는 사실을 잊고 있다. 말하자면 포퍼가 사회이념과 과학방법의 정신으로서 제시한 추측과 반박의 논리는 이미 옛날 그리스의 수학적 방법으로부터 시작돼 근대과학혁명을 거쳐 온 서구문명의 정신과 논리에 대한 한 현대적 표현이라고 이해할 수 있다.

우리는 앞에서 현대 철학자 포퍼가 제의하는 과학의 방법과 사회이념이 옛날 그리스로부터 싹튼 서구문명의 근본정신과 그 논리를 표현하고 있다고 말하였다. 그리고 20세기 한국사회는 서구문명으로부터 불어온 이러한 정신과 논리 때문에 커다란 혼란과 시련을 겪어 왔다.

이 혼란과 시련의 과정에서 몇 백 년, 몇 천 년을 이어져 오던 역사는 단절되고 이제 전통이나 관례로는 뚫을 수 없는 새로운 시대의 흐름 앞에서 우리는 이 단절을 넘기 위한 씨름을 하고 있다. 우리가 처해 있는 상황은 동서와 남북으로 밀려오는 여러 가지 흐름들이 서로 부딪쳐서 일어나는 혼란의 소용돌이다. 바로 여기에 서로 다른 동서세력과 사상이 교차되고 남북의 이질적 사회체제가 대결하고 있다. 이 단절과 갈등의 역사적 상황이 자아내는 특수성은 우리의 전통적 사관으로 보거나 세계사적 주류에서 보거나 간에 이해하기 어려운 잉여의 현상들을 만들어낸다. 만약 오늘 우리의 역사적 상황을 우리의 전통사나 세계사적 주류의 단순한 연장이라고 생각할 때, 이 단절의 특수성과 잉여성의 상황은 다만 역사의 예외라고 하는 체험으로 떨어지고 말 것이다. 어째서 우리는 이 단절과 예외의 체험을 보다 높은 차원으로의 비약과 새로운 운명개척의 계기로 삼을 수 없는가? 오늘 우리 민족이 체험하는 단절과 예외, 특수성과 잉여성은 과연 새로운 역사적 운명의 개척과 세계사적 주류에 참여하기 위한 발전의 계기로서 인식되고 있는가?

3. 문화의 전통으로서의 실증주의

1

우리나라 지식인들은 1970년대 후반에 들어서면서 과거 어느 때보다도 예민하게 한국적 생존양식 또는 사유양식의 특수성에 대한 새로운 자각을 하게 된 것으로 보인다. 이러한 시대적 자각에 따라서 관심 있는 학자, 지식인들이 때로는 태곳적 전통문화의 유산들을 발굴하며 옛 시절에의 그리움을 달래는가 하면, 민족의식이 투철한 어떤 대학생들은 파악할 수 없는 서양의 문물과 사상에 대한 이질감에 반발을 나타내기도 했다.

1960년대의 우리나라 몇몇 학계는 서양의 사상과 학문의 토착화를 열심히 논했던 것으로 기억된다. 오늘 생각해 보면, 그러한 시도는 대체로 수포로 돌아간 것 같다. 그 이유는 그들이 서양의 과학이론과 철학의 토착화를 실현할 수 있는 방법을 체득하지 못했었기 때문이라고 여겨진다. 오늘도 서양의 과학이론과 그 사조는 우리나라 초등학교에서 대학에 이르기까지의 교육과정 대부분을 지배하고 있지만, 그 과학이론과 철학을 소화하고 토착화할 방법 또는 능력이 없으므로 우리들은 그 (소화불량의) 이유를 다른 데에 돌리고 있다. 즉, 우리들의 생활 및 역사와는 이질적인 서양사람들의 생활과 역사에서 우러나온 과학이론과 철학이기 때문에 그것은 우리들의 현실

감각, 세계이해와 융화될 수 없는 것이라고 흔히 단정한다.

이는 자신이 처한 상황과 시대에 따라서 기존의 이론체계와 사상을 개혁해 가는 창의적 사유의 습관이 없는 우리들이 만들어낸 핑계에 불과하다. 왜냐하면 서양사람들도 과학이론과 철학체계가 자기들 시대와 현실감각 또는 세계이해를 제대로 표현해 주지 못한다고 하는 불만을 흔히 지니고 있으며, 따라서 언제나 이론과 사상체계를 자기 시대와 현실감각 또는 자기 최선의 세계이해에 의해서 주체적으로 개혁해 나가야 한다고 생각하기 때문이다.

2

그럼에도 오늘 우리나라 인문사회학계에 수용된 인본주의와 실증주의 논쟁은 그러한 주의형성의 역사적 경위에 대한 반성이 전혀 없이 이루어졌기 때문에, 다만 서양의 인문사회학도들 사이의 논쟁을 아주 피상적으로, 때로는 왜곡해서 되풀이한 것에 불과한 것이다. 말하자면 인본주의 사상과 실증주의 과학이 우리나라 인문사회학계에서 피상적으로 이해될 수밖에 없었던 것은 첫째로 그러한 논쟁이 서양철학사 또는 사회이론의 전개과정 가운데서 차지하는 의미에 대한 이해 없이 그 논쟁의 현대적 단면만을 소개하였기 때문이며, 둘째로 그러한 철학사 또한 사회이론 전개과정에서 수백 년 동안 이어져 온 논쟁의 원류에 대한 이해가 사상과 역사의 맥락을 달리해 온 문화권의 동양인에게 얼마나 기대하기 어려운 것인가를 미처 깨닫지 못했기 때문이다.

현대 사회학 이론의 주요 학파가 형성된 기원을 우리는 맑스(1818

~67), 뒤르켐(1858~1917), 베버(1864~1920)의 사상으로서 밝힐 수 있다. 물론 이들의 사상 원류는 홉스, 로크, 루소, 칸트, 헤겔, 존 스튜어트 밀, 오귀스트 콩트 그리고 역사주의 학파에 이르기까지 수많은 철학사상가들의 공헌 없이 이루어질 수 없었던 것이지만, 적어도 우리들이 논하려는 사회이론 또는 사회과학에서의 인본주의 · 실증주의 논쟁의 계보를 밝히기 위한 충분한 배경이 된다.

뒤르켐은 사회적 현상을 개개인들의 심리적 작용에서 발생하는 것이 아닌, 말하자면 독자적으로 존재하는 실재로 간주해야 한다고 주장한 사람이다. 그에 의하면 개인의 행위를 결정하는 것은 사회적 실재 자체가 지닌 어떤 법칙이다. 자살행위와 같은 아주 사적인 결단도 그 개인이 처한 사회적 관계 또는 구조에 의해서 일어나는 것이라고 한다.

사회적 구조가 인간 행위를 결정한다고 하는 뒤르켐의 방법론적 견해는 맑스의 경제적 결정론과 함께 『과도하게 사회화된 인간 개념』의 필자 데니스 롱(Dennis Wrong)이 가리키는 비판적 이론가들이 등장할 때까지 사회과학 방법론의 지배적 전통을 이루어 왔다. 사회구조에 의한 관념체계의 결정을 논한 지식사회학의 개척자 칼 만하임이나 사회체계 안에서의 인간 행위의 역할을 논한 구조기능주의 사회이론가 파슨스는 맑스와 뒤르켐에 의한 전통을 이어 온 인물들이라고 볼 수 있다.

뒤르켐의 자살론 또는 맑스의 경제 결정론에서 전제된 방법론적 견해와 대결하는 견해를 베버는 『프로테스탄트 윤리와 자본주의 정신』에서 보여주고 있다. 여기서 베버는 사회구조 또는 더 구체적으로 자본주의 경제체제가 어떻게 프로테스탄트 윤리의 정신에 의해서 형성되었는가를 밝힌다. 말하자면 사회구조 또는 체계가 인간 행위와 관념을 결정하는 것이 아니라 오히려 행위와 관념이 구조 또는 체계를 형성한다고 하는 생각이다. 이는 인간 활동(노동) 또는 창조적 행위가 역사를 만들어 간다고 갈파한 젊은 맑스의 인본주의 사상과 함께 오늘 정통파 사회과학의 방법론을 비판하는 현상학적 지식사회학의 개척자 알프레드 슈츠(A. Schutz)와 피터 버거(P. Berger) 그리고 인본적 맑스주의자 마르쿠제와 호르크하이머의 새로운 방법적 이념의 선구적 자리를 차지한다고 볼 수 있다.

이렇게 비교되는 사회과학 방법론의 두 주류 사이의 논쟁은 피동적 인간을 지배하는 구조(structure)와 능동적으로 구조를 형성하는 인간 정신(spirit) 사이의 대결인 것처럼 보인다. 논쟁점에 대한 이러한 대칭적 이해방식은 사회실재론과 사회명목론이라는 오해되기 쉬운 말들로써 표현되기도 한다. 특히 서구 철학계에서 흔히 발견할 수 있듯이 실증주의 방법론에 대한 현상학적 또는 맑스주의적 비판은 이 두 방법론 주류(실증주의와 현상학 또는 실증주의와 맑스주의)의 논쟁이 인간을 지배하는 일정한 법칙체계와 자발적으로 실천하는 인간 사이에서 일어나는 것으로 착각하게 만든다.

예를 들면 논쟁점에 대한 철학적, 역사적 근원을 익숙하게 파악하고 있는 서구 이론가들도 흔히 실증주의 방법론을 비판할 때 그것이 피동적이고 억압된 인간의 사회체제의 고정된 질서를 탐구한다고 맑스주의자처럼 말하든가, 아니면 자율적이고 독자적인 인간의 정신세계를 물리적, 기계적 법칙의 체계로 환원시키려는 오류를 범하고 있다고 현상학자처럼 지적함으로써 실증주의 방법론이 가져오는 아주 피상적인 결과밖에는 분석하지 않는 경향이 있다. 이러한 피상적 비판의 경향은 역으로, 실증주의자가 인본적 맑스주의의 사회이론이나 실존적, 현상학적 사회학을 비판할 때도 나타난다.

그러므로 서양사람들의 사회과학 방법론에 관한 논쟁을 보다 깊은 철학사적 조명에 의하지 않고 그 논쟁에서 드러난 피상적 측면들만을 우리나라에서 되풀이하는 것은 아주 무의미한 것이라고 생각된다. 우리나라 학자들이 남(서양사람)의 쉼 없는 지적 활동의 결과(이론체계)들을 배우고 소개하는 것으로 만족하는 태도는 해방 이후 오늘까지 계속되어 왔다. 근래 우리나라 사회학계의 논쟁에서도 마르쿠제, 하버마스, 앨빈 굴드너(A. Gouldner), 피터 버거, 어빙 고프먼, 파슨스, 스키너, 레슬리 화이트(L. Whyte) 같은 사람들이 써놓은 수많은 말들을 그대로 반복한 것밖에 거기에 어떤 새로운 자기 사상을 첨가한 일이 있었던가 반성해 볼 때 그러한 예를 찾아보기 어렵다. 학자로서 이런 저런 선구자들의 단순한 반복자가 되는 것은 부끄러운 일이다.

3

우리는 어떤 문화권에서든지 적어도 어떤 정의할 수 있는 고유의 유형을 발견할 수 있으리라는 기대를 할 수 있다. 일정한 사유 및 생존양식으로 표현되는 유형은 한 문화권의 역사와 운명에 결정적으로 영향력을 행사하는 것이다. 이 유형은 각 문화권의 역사를 만들고 펼쳐 가는 역사정신이라고 말할 수도 있다. 예를 들면 동아시아 세계에 전개된 유교문화와 구미세계의 과학문명을 비교할 때 서로 뚜렷하게 다른 두 문화의 역사정신 또는 유형을 발견하게 된다.

두 문화권은 각각 고유한 역사를 만들어내는 그리고 철학적으로 각기 특이하게 두드러진 사유와 생존의 형식을 지니고 있을 뿐만 아니라, 그러한 역사전개의 고유한 형식이 지니는 제약을 깨뜨리고 넘어서는, 고도로 반성적이고 개방적인 정신을 보완적으로 갖추고 있기도 하다. 한 문화권이 지닌 활력과 성숙도는 그 역사의 전개가 그의 고유한 원형(형식)과 개방(반성)정신이 교차하는 상보작용으로 이루어지는 데서 표현되는 것 같다.

문화체계들은 저마다 그 공리적(公理的) 기초로서 주요한 원형들을 지니고 있다고 생각된다. 예를 들면 지난 수백 년 또는 수천 년 동안 서양 과학문명의 역사를 형성해 온 원형들 가운데 가장 두드러진 것은 수학적으로 또는 연역논리적으로 세련된 합리정신이라고 생각된다. 서양 과학문명에 대한 최초의 공헌자인 옛날 그리스사람들은 실용적 고려를 떠난 순수한 논리와 합리성의 극치로서 공리적 수학체계를 건설했을 뿐만 아니라 같은 정신으로써 자연이해와 인간대화(또는 사회)의 영역에서도 철저하게 그런 유의 논리와 합리성을 추구했다. 특히 그들이 수학과 철학적 사유에서 보여 준 논리와 합리정신은 그 후의 과학, 철학, 예술, 종교, 교육, 경제, 정치 등 서양문화의 전반에 걸쳐 결정적이고도 깊은 영향을 주었다.[1)]

동아시아의 유교 문화권에서도 과거 수천 년 간 고유한 합리정신이 그 사유와 존재의 주요한 원형으로서 작용하지 않은 것은 아니다. 정명주의(正名主義) 또는 그 사회적 관계구성의 동기가 된 복원주의(復元主義)가 유교 문화권의 역사를 지배해 온 그 나름의 고유한 논리와 합리정신의 원형이라고 생각된다. 정명주의는 서구 전통의 순수논리 또는 추상적이고 엄밀한 연역의 형식과는 전혀 다른,

---

1) Max Weber, "The Chinese Literati", ***From Max Weber***, ed. G. Mills (New York: Oxford Univ. Press, 1946).

그러나 그에게 고유한 논리와 합리정신을 요구하는 것이라고 보아야 한다. 그리고 그와 보완관계에 있는 노자의 무명주의(無名主義)라는 것은 개방과 객관화의 정신으로서 유가의 세계관이 지배하는 사회전통을 반성·쇄신하는 계기가 되는 것이다.[2)]

모험적이고 개척적인 서양사람들의 자세가 바로 그들의 역사 가운데서 쉼 없이 나타나는 인본주의 또는 개인주의로서 표현되는 것이라고 볼 수 있다. 자연의 질서에 귀의하려는 동아시아사람들과는 대조적으로 그들은 자연에 대결하며 자연과는 구별되는 인간의 자리를 주장하고 실현하려는 데서 역사를 살아왔다. 자연에 대결하고 자연을 초월하는 존재로서의 인간의 본질을 규명하고 증명하려는 철학적, 실천적 의도는 옛날 그리스인들 사이에서부터 그리고 기독교의 초월자에 대한 믿음 가운데서 줄기차게 펼쳐져 왔다. 자연의 결정론에 대결하며 인간의 자유 실현을 추구하는 인본주의는 언제나 그 개척정신을 지탱해 주는 개성과 창의력에 바탕을 두는 것이다. 오늘 실증주의 경향의 사회과학 방법론에 대결하는 인본주의 사회학도 이러한 철학사상사의 맥락 가운데서 이해되지 않으면 안 된다. 인본주의 사회학은 화이트의 문화 결정론, 파슨스의 구조기능적 사회이론, 스키너의 행동과학 체계가 지닌 논점을 가지고 타도할 수 있는 것이 아니다.

그것은 수천 년 간 서양사를 이끌어 온 인간의 자유와 부정(否定)

---

2) 개방과 객관화의 정신이 서양의 이론과 현실영역에 나타난 보기를 들면, 이른바 'adversary system' 또는 'opposition system'이 과학과 철학의 탐구과정에서뿐만 아니라 법률, 정치, 교육, 가족제도 같은 일반 생활세계에서도 일찍이 발전해 왔다는 점이다(박동환, 「사회조직의 원리로서의 갈등」, 『社會哲學의 基礎』 (서울: 동명사, 1975)).

의 행위라는 한 주요한 역사정신이 현대의 현상학과 실존주의 철학 그리고 새로운 맑스주의 철학으로 나타나고 다시 사회과학계로 나타난 변신이라고 생각해야 한다. 우리나라 사회과학도들에게 인본주의 사상 또는 그 사회학의 특징을 설명할 때는 그것이 단순히 자율적이고 주체적인 인간성 회복을 시도하는 운동으로서가 아니라 동아시아의 유교 문화권에서는 들어본 일이 없는 역사철학의 메시지, 기존의 고체화된 전통을 지양하는 쉼 없는 부정의 정신을 표현하는 한 단면으로서 말해야 한다.

현대 철학자 또는 사회이론가들에 의하면 사회과학에서의 인본주의와 실증주의 사이의 논쟁은 단순히 자율적 인간 개념과 결정론적 인간 개념 사이의 갈등인 것처럼 보이는 수가 있다.[3] 그러므로 우리나라 사회과학계에서는 인본주의 또는 실증주의 사회이론이 역사적으로 지니는 의도와 연원에 대해서 제대로 이해하기가 더욱 어려워지는 것이다. 대체로 인본주의 사회이론은 자율적으로 사회체계를 만들어내는 인간 정신을 주장하는 데 반해서, 실증주의 사회과학은 인간을 지배하는 사회체계의 법칙을 발견하려는 것이라고 생각하는 경향이 있다.

그러나 실증주의 방법론도 문화 또는 역사를 만들어 가는 하나의 인간 정신이며, 결코 인간을 지배하는 일정한 사회체계 또는 법칙을 추구하는 것을 목표로 삼는 것은 아니다. 실증주의 방법론은 서구 합리주의의 오랜 전통과 상호견제 또는 보완관계에 있는 객관정신 또는 개방정신으로서 등장한 것이다.

3) Martin Hollis, ***Models of Man*** (London: Cambridge Univ. Press, 1977); G. H. von Wright, ***Explanation and Understanding*** (Ithaca, N. Y.: Cornell Univ. Press, 1971).

연역논리와 사변적인 수학의 공리체계 속에 집약된 것과 같은 서구의 합리정신의 극치는 그런 사유 원형에 대한 비판적 견제관계를 가진 객관정신을 더욱 심화시켜 실증주의를 낳았다고 볼 수 있다. 논리적으로 치밀하고 정교하나 폐쇄적이고 독단적인 사변체계로서 표현되는 합리주의의 원형은 언제나 개방적으로 타자성을 또 하나의 계기로 받아들여 반성하고 비판하는 객관정신에 의해서 도전을 받아 왔다. 특히 자신의 합리적이고 선험적인 체계를 체계 밖의 타자 존재의 가능성(물자체 또는 본체세계)을 가지고 상대화시켜 버린 칸트는 그 이후 서구적 객관 및 개방정신의 한 훌륭한 암시가 되었다고 말할 수 있다.

우리나라 철학 및 사회과학계에서 실증주의 방법론은 인간 이성 또는 합리정신에 대한 반성과 비판의 계기를 이끄는 개방 및 객관정신으로서 이해되지 않고 있다. 객관정신, 개방정신으로서의 실증주의 방법론이 반드시 개성적이고 독창적이며 자율적이고 이해적인 인간 활동을 배제하는 것도 아니며, 일차원의 결정론적 환원적 세계관을 끌어들일 근거가 되는 것도 아님을 강조할 필요가 있다.

현대 인문사회학계에서의 방법논쟁은 인본주의와 실증주의에 대한 철학정신사적 이해를 배제하고 현대적 단면에 그 초점을 국한시킴으로써 서로 공존할 수도 없고 이해할 수도 없는 배척관계에 들어간 것이라고 볼 수 있다. 우리는 인본주의 및 실증주의 방법론을 각각 서양의 역사정신이 한편으로는 인간의 자기 긍정과 지양의 창조정신으로서 그리고 다른 한편으로는 인간 이성의 끊임없는 자기 반성과 해방을 시도하는 객관정신으로서 나타난 두 개의 얼굴이라고 이해해야 한다.

4. 문화의 논리—동아시아와 서구의 사례

원시로부터 사람들은 자연과 운명의 변화에 대한 합리적인 이해를 위하여 여러 논리모형을 시험해 왔다. 그 오래되고 보편적인 논리모형의 하나로서 "모든 사건에는 원인이 있다", "증명할 수 없는 어떤 것도 받아들이지 않는다"고 하는 명제로 표현되는 것이 있다.

서구문명의 세례를 받은 세계의 사람들은 자연과 인생의 현실에서 일어나는 사건들을 모두 원인과 결과의 고리로 엮고 그 엮임을 과학에서는 세련된 수학적 추리 또는 무모순의 원칙 위에서는 연역논리로서 바탕 지으려 한다. 그런데 그것은 일어나는 사건들을 연속적이고 일관된 질서 속에서 엮을 수 있게 해 주기는 하지만, 사태 전체에 대한 추상적이고 부분적인 파악에 그치고 마는 **맹목적 엄밀성**을 지닌다.

합리성의 기준으로서의 논리 법칙

동일률이나 무모순율 같은 논리의 법칙들은 오늘날 합리적 판단을 위한 보편적인 기준으로 여겨지고 있다. 만약 그러한 논리의 법칙들이 보편적 기준으로 통용될 수 없다면, 다른 문화권에 속하는 사람의 추론이나 논증들을 우리가 어떻게 이해할 수 있겠는가? 서구의 여러 나라에서 교육받고 연구한 많은 동아시아 또는 중국사람들이 유능한 수학자나 핵물리학자가 되었다. 이것은 중국사람들이 그들 자신의 문화 속에 이 '보편적' 규칙 곧 서양의 논리규칙들을 공유하고 있다는 것을 뜻하는 것이 아닌가?

그러나 어떤 사람이 다른 문화 전통에 속한 사람들이 지닌 논리의 규칙들을 받아들이고 따를 수 있는 것은 그 논리의 규칙들을 공유하기 때문이라기보다는 인류 자신의 유연한 적응 가능성 때문일 수도 있다. 말하자면 새로운 문화의 맥락 속에서 어떤 재조정을 통하여 자신의 규칙을 다른 문화의 규칙으로 전환하는 것이 가능해 보인다는 것이다. 그러한 재조정의 가능성이 없다면 사람들은 자신의 문화 속에서 역사적으로 진화되어 온 논리의 규칙만을 받아들이고 따를 수 있을 것이다.

몇몇 서양의 논리학자들은 무모순율과 같은 기본적인 논리의 법칙들이 담당하는 것으로 여겨져 온 보편적 기준으로서의 구실에 이의를 제기한다. 그들에 따르면 모순이나 비일관성(inconsistency)은 그것을 안고 있는 체계 전체를 반드시 무효로 만들지는 않는다. 쿠퍼(D. E. Cooper)는 모순에 대한 비트겐슈타인의 입장을 요약하면서 다음과 같이 말한다.

> 한 체계 속에서 모순이 나타난다고 해서 결코 그 자체가 그 체계의 결함은 아니다. 그것을 허용할 수 있는지 여부는 첫째로 모순이 그 체계로 하여금 의도된 목적에 쓸모없는 것으로 만드는지 여부에 달려 있다. 그리고 둘째로 그 모순이 '밀봉'될 수 있는지 여부에 달려 있다. (Cooper, 165쪽)

이러한 비트겐슈타인의 견해에 따라 레셔와 브랜덤이 말하듯이, 우리는 "비일관성이 문으로 들어오면 합리성은 창밖으로 달아나 버린다"(Rescher · Brandom, 60쪽)고 생각할 필요가 없다. 그래서 어떤 논리학자들은 무모순율(또는 연역의 일관성 규칙)은 한 담론의 합리성을 판정하는 절대적인, 그리고 문맥을 떠난 독립적인 척도가 아닐 수도 있다는 가설로 나아간다.

그러면 왜 서양의 과학자나 철학자들은 비일관성을 항상 충격적이고 참을 수 없는 것으로 받아들이는가? 그것은 무모순율에 대한 전통적인 해석이 "일관성을 다른 모든 기준들로부터 완전히 분리시켜 왔기" 때문이라고 레셔와 브랜덤은 말한다.(Rescher · Brandom, 136쪽) 전통적으로 무모순율은 전체성이나 실제성, 포괄성이나 단순성 등의 다른 가능한 논리적 기준들을 제압하면서, 담론의 합리성에 대한 평가에 있어 지상의 역할을 수행해 왔기 때문이다.

흄, 헤겔, 그리고 서구적 합리성의 이념

앞의 논의는 서구적 합리성의 기준을 수정하려고 한 서양의 철학자들에 의해 제시된 것이다. 흄과 헤겔은 그러한 시도의 역사 속에서 가장 특이한 (그러나 그렇게 평가받지 못한 채로 있는) 인물들이다. 흄은 관념형성에 있어 연상법칙의 옹호자이며 헤겔은 부정의 변증법을 제시한 사람이다. 이 두 사람의 이론은 모두 형식논리적 연역의 규칙이 합리성의 기준이어야 한다는 것을 거부하는 것으로 보인다.

헤겔의 변증법은 엄밀연역의 규칙과 전혀 상반되는 것으로 보일 것이다. 그러므로 그는 일반적으로 형식논리의 기본규칙들, 특히 무모순율을 거부한 것으로 이해되고 있다. 헤겔의 대안은 다음과 같은 진술 속에 분명히 표현되어 있다.

> 자기 모순적인 것은 무(無)로 해소되는 것이 아니라 본질적으로 그 것의 특정한 내용의 부정에로 귀착될 뿐이다. 그래서 결과는 본질적으로 그 결과를 도출한 것을 포함한다—이것은 사실상 동어반복이다—결과를 도출하도록 하는 것, 곧 부정은 특정한 것의 부정이기 때문에 그것은 내용을 지닌다. 그것은 선행하는 개념보다 더 높고 보다 풍부한 새로운 개념이다. (헤겔, 『논리학』, 「서론」)

부정에 의한 이러한 확장의 과정은 "외부로부터 들어오는 아무것도 허용하지 않으면서 모든 외적인 요소들로부터 독립적으로, 저항할 수 없는 완성을 향해 나아간다."(헤겔, 같은 곳) 그러나 주목해야 할 것은 무모순적인 연역의 가능성이 여기에 시사되어 있다는 것이다. 곧 부정의 변증법적 과정은 어쨌든 모순을 해소하는 연속적 단계들의 일관성 있는 운동으로 이해될 수 있다는 것이다.

서양의 전통에 속한 대부분의 철학자들은 연역적 일관성의 규칙과 변증법적인 모순의 법칙이 두 개의 상이한 합리성의 영역을 구성하는 것이라고 이해하는 것 같다. 예를 들어 세이어스는 논증에 있어 형식적 일관성은 정당한 척도임(비록 유일한 척도는 아닐지라도)을 강조한다. 그러나 세계에 대한 진술에 있어 헤겔의 변증법은 모순이 모든 구체적 사물들의 본성임을 우리에게 일깨운다. 여기서 모순은 제거되어야 할 결함이 아니다. 여기서는 P와 ~P를 동시에 주장하는 것이 합리적일 수밖에 없는 구체적인 상황이 일어난다.(Norman · Sayers, 123쪽)

그래서 세이어스는 변증법적 모순의 법칙이 세계의 질서를 합리적으로 표현할 수 있도록 이끌어 준다고 말한다. 그러나 어떤 모순을, 그것이 궁극적으로 해소될 수 있다고 주장하지 않고 허용하는 것이 합리적일 수 있는가? 그러므로 노먼은 모순의 변증법적 사용이 형식적인 무모순율과 양립할 수 있다는 것을 보여줌으로써 세이어스를 넘어서려 한다.(Norman · Sayers, 49~51쪽) 사실상 모순이 형식논리적 체계 속에서 나타나든지 변증법적 전개 속에서 나타나든지 별로 차이가 없다. 어떤 경우든 모순은 긴장과 혼란으로부터 질서 있는 발전에로의, 말하자면 재구성의 계기로 간주된다. 모순은 이렇게 합리성의 넓은 영역에 속한다. 단지 그 영역 가운데 모순은 궁극적으로 일관성의 규칙에 의해 치유되어야만 하는 임시의 마디이거나 주변의 사태일 뿐이다.

그러한 변증법의 과정을 연역논리의 규칙으로 형식화하려는 시도는 실제로 있어 왔다. 저명한 헤겔 해석가인 핀들리는 이렇게 설명한다. "변증법에서 하는 일은 먼저 한 임의의 사고의 수준에서 그 수준의 기본가정들을 받아들이고, 그 수준의 한계에까지 나아간 다음, 다시 그 수준의 밖에 서는 식으로 진행하는 것이다."(Findlay, 4쪽) 핀들리처럼 코석은 「헤겔의 변증논리의 형식화」라는 논문 속에서 헤겔의 변증법이 가정하는 논리적 패러다임이 괴델의 불완전성 정리와 일치한다는 것을 보여주려고 하였다. 코석에 따르면 괴델의 정리는 헤겔의 비동일성 원리와 그 형식에 있어 유사한 것으로 볼 수 있다.

> 이것은 Dem(G)→Dem(-G)로 기호화될 수 있다. 이것은 정식 G가 참이기는 하지만, 주어진 형식적 체계 내에서는 일관성 있게 표현될 수 없다는 결론에 이른다. 그리고 그 형식적 체계를 확장함으로써 G

에 이른다면, 그것은 정식 G와 유사한 운명을 갖는 정식 G′라는 보다 상위(上位)의 불완전성을 산출할 뿐일 것이다. (Kosok, 264쪽)

괴델의 불완전성 정리와 헤겔의 부정의 변증법 모두의 바탕에 놓여 있는 것은 '일관성'의 새로운 이해이다. 그것들에 있어 일관성은 주어진 어떤 것이 아니다. 그것은 아직 도달해야 하고 다시 확인해야 할 것으로서 비일관성과 자기 부정이라는 불안을 포함하고 있는 과정이다.(Kosok, 268~69쪽) 그러므로 헤겔의 논리적 이상은 엄격하고 일관성 있는 연역논리가 지닌 구조상의 한계를 분석하기 위한 하나의 설계로 볼 수 있을 것이다.

그렇다면, 우리는 헤겔이 엄밀연역의 서구적 패러다임—그가 이것으로부터 벗어나기를 얼마나 열렬히 원했든 간에—을 완전히 배제할 수는 없었다는 결론에 도달할 수 있을 것이다.

흄은 서양 전통의 논리적 패러다임 없이 논의를 진행함에 있어 헤겔에 비해 보다 은폐적이다. 그는 실제적인 사고나 행위의 양식을 서술함에 있어 어떤 연역적이거나 형식논리적인 관계도 요구하지 않은 것처럼 보인다. 습관으로 귀착되는 연상의 규칙들만이 우리가 경험하는 대로의 세계의 짜임새를 구성한다.

그렇다면 그는 왜 귀납에 대한 해결할 길 없는 질문을 제기했는가? 그것은 그가 아무리 많은 양의 경험적 일반화도 결코 무엇을 증명할 수 없다는 철저한 연역주의의 기준을 지니고 있었기 때문이다. 실험과 관찰로부터 이루어진 귀납적 일반화는 연역적 증명이 가져다주는 확실성에 이를 수 없다는 점이 그에게 분명한 것이었다. 한 논증—예컨대 귀납적 일반화—의 타당성을 분석함에 있어 그는 무모순의 연역이라는 논리적 패러다임을 비타협적으로 고수했던 것이다.

서구적 합리성의 구현으로서의 과학혁명

17세기의 과학혁명은 서구적 합리성의 이상이 어떤 것인지를 잘 드러내 주는 사례이다. 근대과학은 합리성의 핵심이 엄밀연역의 논리적 절차로 형식화된 전통에 힘입어 출현하였다. 옛날 그리스인들의 근대과학의 발전에 대한 공헌은, 기하학에서 이루어진 연역의 체계와 같은 엄밀한 사변에만 있었던 것으로 흔히 이야기되어 왔다 그렇지만 알렉산더 코이레는 갈릴레이에 대한 책 속에서 그리스인의 공헌에 대한 지나치게 좁은 견해를 비판하고 있다. 사변은 최소한 관찰만큼 중요하다.

> 고전 물리학의 탄생에 있어 관찰—단순 관찰—이 수행한 역할은 방해하는 역할뿐이었다. 파리의 유명론자들의 물리학은—심지어는 아리스토텔레스의 물리학도—갈릴레이의 물리학에 비하면 훨씬 그러한 관찰과 유사했다. 실험에 관하여 말하자면—자연에 대한 방법적 질문으로서—그것은 그 실험적인 질문들을 표현하는 (수학적) 언어와, 자연의 응답을 해석할 수 있도록 해 주는 술어 이 두 가지를 동시에 전제하고 있다. (Koyré, 2쪽)

그는 갈릴레이의 사변적이고 플라톤적인 수학주의를 옹호한다. "우리로 하여금 자연을 이해하고 설명할 수 있게 하며 자연에 물음을 던지고 그 응답을 해석할 수 있게 해 주는 것은 연역이며 또한 '상상적인' 개념들이다."(Koyré, 37쪽) 자연에 대한 방법적 질문이라고 할 수 있는 실험은 근대과학의 한 본질적 요소이기는 하지만, 그것이 도입된 것은 연역적으로 증명된 체계들의 논리 외적인 경계선을 제한하고 설정하기 위한 이차적인 수단으로서였다. 그렇다면 근대 과학의 체계에서 받아들일 만한 근거의 탐구는 두 가지의 절차 속에 공식화되었다고 할 수 있으니, 연역과 연역적으로 설정된 실험이 그것이다. 연역적 증명과 실험적 제한은 과학적 근거추구의 불가결한 요소들로서 서구적 합리성의 패러다임을 구현한 것이라고 말할 수 있다.

중국적 합리성과 논리적 이상

중국 전통의 사상에는 거의 대칭적인 두 흐름이 있다. 그것은 예(禮)와 정명주의(正名主義)를 좇는 유가사상, 그리고 무위자연 또는 무명주의(無名主義)를 주장하는 도가사상이다. 이렇게 자연과 인간에 대한 유가와 도가사상은 비록 일찍이 이루어진 것이고 또한 장구한 영향력을 행사해 온 것이기는 하지만 중국사상의 기원을 나타내는 것은 아니다. 두 사조의 시조인 공자와 노자는 모두 시(詩), 서(書), 여(禮), 악(樂) 및 역(易)과 같은 고대의 저작들로부터 또는 당대 환경의 영향을 받아 각기 자신의 사상을 형성하였다.(Fung, 1952, 46쪽과 다음, 65쪽)

정명(正名)을 내세운 유가나 그것을 비판하고 무명(無名)과 무위(無爲)를 주장한 도가는 다 같이 도(道)라는 개념에 내포된 원리를 받아들였고, 이것은 중국적인 사상발전의 동질적인 배경이 되었다. 공자나 노자는 함께 세상의 질서를 힘으로 유지시키는 것이 부적절하다고 보았다. 그것은 도(道)나 예(禮)의 규칙에 어긋나기 때문이다. 공자는 다음과 같이 말한다.

백성을 제도로 다스리고 형벌로써 질서를 세우면, 그들은 부끄러움을 모르고 빠져 나갈 궁리를 한다. 백성을 덕으로써 다스리고 예로써 질서를 지키면 백성들은 부끄러움을 알고 스스로 따르게 된다. (論語, 2:3)

그리고 노자는 강요되지 않는 도의 원리를 다음과 같이 말한다.

사람은 땅(의 법)을 본받고
땅은 하늘(의 법)을 본받고
하늘은 도(의 법)를 본받는다
그리고 도는 스스로 그러함을 본받는다
(道德經, 25)

도의 법칙은 바람이나 파도의 움직임처럼 자연의 길 또는 스스로 그러함으로부터 끌어내어진 것이다.

자연의 자족성은 수천 년에 걸친 농경생활의 경험에서 확인된 것이다. 농부는 계절의 순환을 조작하거나 앞당길 수 없다. 자연은 탈선하는 일이 없고, 사람은 자연의 피할 수 없는 길에 순종하지 않을 수 없다. 그래서 중국인들은 자유롭게 대안들을 추구하지 않으며 무모한 사변을 통해 '스스로 그러함'을 넘어서려 하지 않는다. 이 모든 것이 실제를 존중하고 여기에 어긋나는 추상이나 '순수한' 이론화를 꾀하지 않는 고내 중국사상의 전통을 굳히는 데 결정적인 역할을 했다.

중국에서는 묵자와 혜시와 공손룡과 같은 명가(名家)들의 뛰어난 논리적 탐구가 일찍이 이루어졌음에도 어째서 그 이후 엄밀한 논리체계를 발전시키는 것이 불가능했는가? 그것은 도의 원리와 자연의 길이 그것을 제약했기 때문임이 분명하다. 그들에게 있어서는 실제의 요구가 논리적 사변을 압도하였다. 명가들은 논리적 탐구에 기울인 모든 노력에도 불구하고 중국인의 마음을 사로잡지 못하였다. 시초부터 사람들은 도와 자연의 원리에 잡혀 있어서 실제에서의 중용(中庸)에 기울어 있었으며, 논리적 사유는 도와 자연의 불가피한 길이 지닌 규칙을 좇아가는 것으로 만족했다. 이 규칙은 자연의 길을 모형으로 했기 때문에 자연의 순환성 또는 주기성(週期性)에서 벗어 날 수 없었다. 노자는 이것을 다음과 같이 말한다.

> 나는 그 이름을 모르니 도라고나 할까
> 억지로 이름지어 크다[大]고나 할까
> 크다는 것은 두루 간다[逝]는 것이요
> 두루 간다는 것은 멀리[遠]까지 미친다는 것이며
> 멀리까지 미친다는 것은 되돌아(反)온다는 것이다.
> (道德經, 25)

> 되돌아옴(反)은 도의 움직임이다.
> (道德經, 40)

노자에게 있어 도가 되돌아온다는 것은 그 뿌리인 이름지을 수 없는 없음으로 돌아온다는 것이다. 유가의 고전으로서 역경(易經)이나 중용에서 도는 한 극(極)에서 다른 극으로 끊임없이 반전하는 과정을 함축한다.(Fung, 1962, 99~111쪽) 도가나 유가 어느 쪽도 양극 사이의 반전이라는 순환의 과정을 벗어날 수 없다. 그렇다면 가장 합리적인 행동은 엄밀하게 극단으로 나아가지 않고 중간점에 처하는 것, 곧 '시중'(時中)에 있다. 그래서 전통적으로 최고의 지혜 또는 가장 합리적인 행위는 '극단을 피하라'는 격률 속에 표현되어 있다. 극단으로 달려간 사람은 우주의 총체적 균형에서 떠난 것이며 드러난 전면(前面)의 배후에 드러나지 않은 이면을 간과하는 것이다. 드러남은 한 극단으로서 드러나지 않은 이면으로 반전하는 반환점일 뿐이다. 중국인을 비롯한 동아시아사람들은 항상 드러나지 않은 이면을 상상하며 고려하는 데 높은 가치를 두어 왔다.

동아시아사람들이 흔히 말하는 "재주 있는 사람보다 복 있는 사람이 낫다"나 "전화위복"과 같은 격언은 드러나지 않은 이면의 상상에 묶인 반전과 중용의 사상을 표현한다. 말[馬]을 잃은 촌부에 대한 이야기를 왓츠(A. Watts)는 다음과 같이 전한다.

> 그것은 아주 운이 좋지 못한 사건이었으므로 이웃 사람들은 모여서 그를 위로하였다. 그러자 그는 "글쎄요"라고 말했다. 다음날 도망갔던 말은 여섯 마리의 야생마를 데리고 돌아왔다. 이웃사람들은 다시 와서 그의 행운에 대해 떠들었다. 그러자 그는 "글쎄요"라고 말했다. 다음날 그의 아들이 야생마들 가운데 한 마리에 안장을 얹고 타려다가 떨어져서 다리가 분질러졌다. 이웃사람들이 다시 와서 그의 불운을 동정하는 말을 했다. 그러자 그는 "글쎄요"라고 말했다. 전쟁이 일어나자 징병관이 마을에 와서 젊은이들을 병정으로 뽑아 갔다. 그러나 농부의 아들은 부러진 다리 덕에 이를 면했다. 이웃사람들이 와서 모든 것이 다 행운으로 결말지어졌다고 말하니 그는 "글쎄요"라고 대답했다. (Watts, 31쪽)

맺음말

논리학 발전에 가장 뛰어난 업적을 남긴 논리실증주의의 영향으로 말미암아 많은 20세기의 철학자와 과학자들은 기본적인 논리의 법칙이 추상적이고 공허하며 논리외적 조건, 말하자면 문화에 의존하지 않는 독립적인 세계를 구성한다고 믿게 되었다. 그러나 그 이후의 연구는 다음과 같은 경험주의 관점을 대변한다. "논리의 법칙은 합리적인 신념의 체계를 지배하는 법칙이다." 또 이것을 다음과 같이 보다 엄밀하게 진술한다. "논리의 법칙도 마찬가지로 이상화된 (idealized) 합리적인 신념체계의 이상화된 부분들에만 직접적으로 적용된다."(Ellis, 100쪽) 그러므로 각 문화권 안에서 실제로 사용되는 기본적인 논리의 규칙들은, 그것이 형식화된 것이든 아니든, 그 문화에 의존하지 않고서는 이해될 수 없다. 논리의 규칙들은 각 문화권 안에서 고유하게 추구되는 합리성의 가장 이상화된 부분으로 이해되어야 하는 것이다.

참고

D. E. Cooper, "The law of non-contradiction", ***16th World Congress of Philosophy***, Düsseldorf, 1978.

B. Ellis, ***Rational Belief Systems***, London: Blackwell, 1979.

J. N. Findlay, "The contemporary relevance of Hegel", A. MacIntyre (ed.), ***Hegel***, Notre Dame: Notre Dame University Press, 1976.

Yu-Lan Fung, ***A History of Chinese philosophy*** (Vol. 1), London: George Allen, 1952.

Yu-Lan Fung, ***The Spirit of Chinese philosophy***, London: Routledge & Kegan Paul, 1962.

G. W. F. Hegel, ***The Science of Logic*** (trans. Johnston and Struthers), London: George Allen & Unwin, 1951.

M. Kosok, "The formalization of Hegel's dialectical logic", A. MacIntyre (ed.), ***Hegel***.

A. Koyré, ***Galileo Studies***, Sussex: Harvester, 1978.

R. Norman & S. Sayers, ***Hegel, Marx and Dialectic***, Sussex: Harvester, 1978.

N. Rescher & R. Brandom, ***The Logic of Inconsistency***, London: Blackwell, 1978.

A. Watts, ***Tao***, Penguin Books, 1979.

『論語』

『道德經』

5. 문화의 다름을 비교할 수 있는가?

비(非)서구세계의 후진성은 여러 가지 방법으로 변명되기도 하고 부정되기도 한다. 특히 근래의 한국의 사상계는 세계사와의 접촉 이전에 지녔던 전통의 독자성과 특이성을 강조하며 서구문명의 밀려오는 풍조에 대항하여 자아 의식을 확인하려고 하는 노력을 현저히 드러내고 있다. 그러나 서구문명의 우월성이 서구인들 자신에 의해서 부정되는 일도 있다. 예를 들면 레비스트로스는 야성의 사고(la pensée sauvage)가 비합리적이고 야만적이라고 하는 인류학 이론의 전통을 비판하고 있다. 그는 이른바 낙후된 민족의 사고(思考)도 문명인의 사고도 다 같이 질서정연한 논리체계와 깊은 지혜를 함유하고 있다는 보편원리를 가지고 20세기의 비서구세계를 압도하는 서구문화의 우월성을 거부한 것이다.

이와 같이 탈식민적(脫植民的) 경향의 문화이해와 사회이론이 있거니와 다른 한편에는 현상학파를 비롯한 실존적 마르크스주의 등 인본주의 경향의 사회이해가 구미학계를 강력하게 지배하고 있다. 세계적 차원에서 볼 때, 사회이해에 있어서 탈식민주의와 인본주의는 20세기 역사에 도전해 온 인간 사상의 양대 주류라고 볼 수 있다. 여기서 세계적인 영향력을 행사해 온 탈식민적 역사이해나 서구의 사회이해의 논리가 아직 현대철학의 비판과 세례를 충분히 받지 못한 점을 지적하려고 한다.

이는 서양의 사회과학 방법론의 경향이 자연의 제일성(齊一性)에 대한 존재론적 전제에서 출발하는 자연과학의 고전적 방법론의 테두리를 탈피하지 못한 데서 그런 문제점이 유래한다고 하는 생각 위에 서 있다. 말하자면 새로운 사회이해를 위한 방법론의 기초는 각 민족 또는 동 · 서양 사이에 엄연히 존재하는 사회, 문화, 역사의 (제일성에 대조적인) 이질성(異質性)에 대한 논리적 인식론적 해명에 있다고 할 것이다.

1. '한국적' 시야가 지니는 문제점

외래문화와 외래사상에 짓밟힌 민족의 자아를 되찾으려는 운동으로서 불교와 유학의 역사를 연구하며 여러 가지 전통문화의 유산들을 발굴하는 일을 한다. 최근세의 얼룩진 망국사(亡國史)에서보다는 '자랑스러운' 조상의 옛날에서 민족 고유의 본질을 찾아보자는 것이다. 이렇게 민족 고유의 성격 또는 본질이 때로는 수백 년 전의 불교와 유학사에서, 때로는 수천 년을 거슬러 올라가는 단군신화와 토속신앙 같은 것들에서 발견되기도 한다.[1] 자기 존재의 입지(立地)

1) 우리나라에서 이렇게 일반화된 시류(時流)를 대표하는 많은 연구들 가운데 하나는 "토속신앙과 한국인의 성격"이라고 하는 강연제목(1976년 9월 22일 연세대학교에서 유동식 교수 발표)이다. 그 밖에 李相日 그리고 여섯 학자들의 『한국사상의 원류』(서울: 養英閣, 1973).

를 잃지 않고 보존하려고 하는 것은 인류 공통의 근본적 본능인지도 모른다. 민족의 차원에서나 개인의 차원에서 똑같이 이러한 본능이 작용하는 것으로 볼 수 있다. 그러나 우리는 왜 특별히 과거를 통해서 자기 존재의 고유성을 확인하고 보존하려고 하는가? 그러한 경향은 약소민족의 불안정한 현재상황, 그러한 현실을 직면할 수 없는 뿌리 깊은 도피의식을 반영하는 것은 아닌가 하는 자기 반성의 질문을 던져 볼 수는 있을 것이다. 자기 존재의 입지를 현재에서 찾을 수 없는 노인은 과거의 영광을 회상해야 하는 것이다.

그러나 과거에 의한 자기 존재 확인의 태도가 단순히 현실에서의 패배와 열등감에 기인하는 것으로 단정하는 것은 진실의 일면을 표현하는 것에 불과할지도 모른다. 그에 앞서 우리 민족이 중국 문화권의 복원주의(復元主義)의 영향 하에서 수백, 수천 년을 살아온 사실을 무시할 수 없다. 복원주의는 "완만구족(完滿具足)한 것, 모든 것의 내원(來源)이자 귀숙(歸宿)"이라고 하는 자연으로의 귀의사상(歸依思想)을 의미한다.[2] 자연으로의 귀의사상은 개척·정복해 나아가는 서양문명의 정신에 비교해 볼 때 보수·회귀의 문화를 유도하기에 충분한 것이라고 생각된다. 기존의 진리에 도전하며 신세계를 개척하는 거인(巨人)들이 쉼 없이 태어나고 사라져 가는 서양사상에서와는 대조적으로 영세불후의 성현이 존재하는 동양 사상사의 특징은 회귀적이고 과거지향적인 것이라고 볼 수 있다.

그러나 자기 존재의 특성과 고유성을 확인하고 구성하는 것이 단순히 과거라고만 할 수 있는가가 문제다. 오히려 현재상황의 구조,

---

2) 金忠烈, 「東洋思想에 있어서의 價値」, 인문계 분야교재 (연세대학교 대학원, 1976).

더 나아가 미래를 향한 의식이 현재의 자기 존재를 확인하고 구성하는 결정적 요소들이 아닌가? 기투(企投)하는 실존은 본질에 앞선다고 한 사르트르, 미래 행동을 위한 계획에서 사고의 본질을 찾으려고 한 듀이, 철학은 주어진 세계를 다만 이해하는 것이 아니라 개조하는 것이라고 주장한 맑스, 이들은 모두 과거의 현재 결정성을 거부하는 미래지향적 역사의식을 투철하게 반영한다.

한 민족이 자기 존재의 특성과 입지를 발견하고 확인할 수 있는 길은 어디에 있는가? 불교도 유학도 궁극적으로는 외래의 것이지 순수한 우리 민족의 창조는 아닌 것이다. 샤머니즘도 그런 유형의 것들은 다른 민족에게 얼마쯤이라도 있었을 것이다. 그리고 사회주의도 자본주의도 개인주의도 실존주의도 실용주의도 수백 년을 거치면서 우리 민족의 개성과 처지(處地)를 통해서 소화될 때 결국 그것들을 불교, 유교나 마찬가지로 우리 체질에 맞는 우리의 철학이라고 주장하게 될 것이다. 그렇다면 불교도 유교도 사머니즘도 한국인의 고유 한 입지를 반영하는 본래의 사고 자체라고 할 수 없다. 맑스주의도 예수교도 물론 그런 것이 아니다. 이 모든 것들 가운데서 한국인의 처지와 요청에 맞는 것을 부분적으로 발견할 수 있을지도 모른다.

그러면 한국인이 자기 존재의 입지를 확인하고 반영할 수 있는 사상의 길은 무엇인가? 서구문명이 이끄는 세계사의 주류에서 밀려나 소외된 자, 곧 주변적 존재(marginal being)가 지닐 수 있는 건강한 시야는 두 가지 방향의 사회 및 역사이해를 배제해야 한다.

첫째로 한국인의 문화와 사상 또는 '한국적인 것'이 세계적 시야에서 볼 때 비교될 수 없는 특수성과 고유성을 지닌다고 주장하는 폐쇄적 태도를 지양해야 할 것이다. 이러한 종류의 특수성과 고유성의 주장은 우리 민족이 동양사 내지 세계사의 흐름에서 고립되어 있다는 의미를 내포할 가능성을 지니는 것이다. 우리는 이미 동·서양사를 통해서 외래의 것과 교류하지도 않았고 외래의 것으로부터 차용(借用)한 일도 없는 그 민족 고유의 순수문화나 순수사상이란 없음을 잘 알고 있다. 그러나 여기서 한국사와 그 문화의 고유성, 특수성이 전적으로 부정되는 근거를 찾으려는 것은 아니다. 다만 세계사의 흐름으로부터 고립된 특수성이 비판되어야 할 근거를 말하려는 것이다. 한국적인 것, 한국적 시야의 특수성은 세계사적 관점으로 연결·통합되어야 하기 때문이다.

둘째로, 민족문화와 사상의 특수성을 전적으로 부정할 수는 없다고 하는 주장 가운데는 적어도 특수문화 및 사상들에 대한 상호 계량적 비교 내지 보편적 개념적용 가능성을 조심스럽게 검토하려는 태도가 함께 들어 있다. 실증주의 또는 구조기능주의와 같은 방법들은 사회현상의 제일성(uniformity)을 가정하며, 따라서 연구결과로 이루어진 법칙, 이론들은 모든 사회 역사현상에의 보편적 적용, 확대 가능성을 가지는 것으로 간주하는 경향이 있다. 그러나 이 보편주의 논리는 각 사회, 역사 단위들 사이에 엄연히 존재하는 질적 또는 유형적 차이를 전혀 인식하지 못한 환원주의의 오류를 범하고 있는 것이다. 그런데 레비스트로스에서 비롯한 근래의 구조주의 인식론은 보편성을 강조하며 역사주의적 이해를 비판하기 때문에 때때로 서구 문명으로부터 소외된 원시단계의 민족들로 하여금 자기들의 특수성에 대한 열등감을 극복하는 계기를 마련해 주기도 한다.[3] 그러

3) 李光奎, 『레비스트로스』(서울: 대한기독교서회, 1973), 172쪽과 다음.

나 이러한 보편주의의 사회이해도 경험론적 분석에 의해서 강력한 도전을 받고 있다.[4)]

우리는 위에서 보편주의의 방법론도, 고립된 것으로서의 고유성이나 특수성의 주장도 그대로 받아들여지기 어려운 이유를 지적하였다. 한국적인 것, 한국적 시야의 특수성은 세계사적 관점으로 연결·통합될 가능성을 지니고 있는 것이다. 우리는 오늘 주변적 존재상황에 처해 있으면서도 세계사의 주류에서 영원히 소외·고립된 자로 머물러 있어야 하는 단순히 특수한 운명을 지니고 있는 것이라고는 볼 수 없다. 아시아의 사람들도 역사의 물결을 따라 투쟁하는 가운데서 정상(頂上)에 처하게 되는 날을 맞이할 수도 있는 것이다.

오늘 우리의 주변적 존재상황의 체험은 우리로 하여금 자아와 세계와의 관계를 가장 냉철하고 객관적으로 의식할 수 있게 하는 좋은 기회를 제공한다. 역사의 주류에서 소외된 자는 자신의 처지와 예리하게 대조되는 사물의 다른 측면들을 발견하게 되기 때문이다. 철학적으로 충분히 세련된 주변자는 반드시 비실재(非實在)의 실재화(가능성)를 그리고 실재의 비실재화(가능성)를 경험하게 될 것이다. 이러한 경험은 소외된 존재로서 세계를 볼 때뿐만 아니라 자신의 습관적 생활과 사고의 궤도가 깨어지는 문화적 충격에서도 발생할 수 있다. 따라서 소외된 자로서 또는 이방인(異邦人)으로서 부딪치는 충격의 체험은 제한된 영역 안에서의 특수한 세계이해를 넘어서게 하는 계기가 된다.[5)]

4) 이 논문의 「보편-특수 논쟁: 반성과 지양」; Miriam Glucksmann, ***Structualist Analysis in Contemporary Social Thought*** (London: Routledge and Kegan Paul, 1974), xi, 159쪽과 다음.

2. '서양적' 사회과학의 문제점

사회이론과 사회사상들은 20세기에 들어와 서양 문화권이 확대되면서 동양세계로 전파되어 왔다. 특히 개체 안에 깊숙이 들어앉은 정신적 세계를 개척했으면서도, 사회제도와 법률, 행위와 가치기준에 대한 다양한 체계들에 대한 논의를 발전시킬 기회가 없었던 동양인들은 오늘날 사회이해와 정책에 있어서 서양적 사회이론과 사회과학들에 전적으로 의존하는 형편이다.

자연의 인식과 그 응용을 위한 서양적 자연과학과 사상들은 동양에서 재래의 민속신앙과 충돌하는 갈등상황을 가져오기도 했으나, 대체로 그 원형이 그대로 이식(移植)되었다고 볼 수 있다. 그래서 서양적 자연인식과 그 효과적 응용이 세계 어느 곳에서나 통하는 보편적 타당성에 대해서 이미 우리들은 굴복한 자세를 취하고 있는 것이다. 그리고 자연인식의 영역을 통해서 이루어진 과학의 보편타당성에 대한 기대가 사회과학과 이론들에서도 이루어질 수 있다고 믿는 경향이 있다. 그러나 동양세계에 이식되는 과정에서 서양적 사회과학과 이론들은 그 자체가 지닌 심각한 편협성을 더 잘 드러내고 있는 것을 발견할 수 있다. 그 편협성의 근원을 몇 가지로 살펴볼 수 있다.

---

5) 소외와 주변성은 특수성 초월의 훌륭한 계기가 되는 예도 많다. 특수적 진리들의 은폐된 근거로서의 다양한 (인간의) 존재양식들(사유와 존재양식 사이의 일반적 관계)을 분석하기 시작한 지식사회학의 선구자들이 모두 소외(alienation)와 주변성(marginality)이라는 특수적 존재상황에 의해서 자극되었다는 점을 지적한 사회학자가 있다(Gunter Remmling, ed., ***Towards the Sociology of Knowledge*** (London: Routledge & Kegan Paul, 1973), 9쪽과 다음).

서양에서 이루어진 보편주의 사회과학의 체계는 비교적 우월한 위치에서 안정 · 통합되어 있었던 서양 문화권의 사회적 상황을 반영하는 것으로 보인다. 그러한 사회인식의 체계가 열세(劣勢)에 몰려 있는 문화권 가운데서 온갖 이질적 세력들 사이의 갈등을 체험하는 민족들의 다양한 주관적 세계들을 표현해 줄 수 있는가 하는 심각한 문제가 가로놓여 있는 것이다. 이질적 문명권에 의한 지배라고 하는 갈등적 상황체험을 지니고 있는 비서구세계에서는 그 복합적인 혼돈상을 어떤 하나의 통일된 사회로 이해하기가 어려운 것이다.

본디 서구에서 사회과학이 뒤늦게 발달하기 시작했을 때, 콩트의 경우에서 볼 수 있듯이 자연과학, 특히 물리학이 이미 완전한 체계를 갖추고 있어서 모든 과학의 모범이 되었다는 사실에서 문제(편협병)의 근원은 더 깊어진다. 자연과학은 그 설명하려는 현상의 제일성을 전제로 해서 보편적 법칙 또는 체계를 만들어내는 데 성공했던 것이다.

자연과학 영역으로부터 반성 없이 도입된 방법론적 전제(제일성이 가정된, 현상에 대한 환원적, 보편주의적 설명의 태도)를 배제했을 때 문화 · 역사 · 사회영역에서 발견할 수 있는 세계의 영역들 사이에 존재하는 다양성 또는 이질성을 그러한 현상적 특징이라고 지적할 수 있다. 철저한 경험, 현상적 이해는 반드시 우리로 하여금 다율다중적(多律多重的)인, 더 나아가서는 모순적인 세계를 보도록 인도할 수밖에 없는 것이다. 이렇게 얻어지는 세계관이 토마스 쿤, 툴민(S. Toulmin)과 같은 과학사가의 설명으로부터도 유도되는 것을 발견한다. 툴민에 의하면,

> 서로 다른 이상과 모형들을 따르고 있는 사람들 사이에는 그들의 문

제를 효과적으로 논의할 수 있는 어떤 공통의 이론적 용어도 없다. 그들이 공유하는 어떤 동일한 문제조차도 있을 수 없다. 한 사람의 눈에는 '설명을 요하는 문제적 현상'으로 보이는 사건이 다른 사람의 눈에는 아무 문제가 없는 자연스러운 것으로 간과될 것이다.[6)]

따라서 가치판단의 기준(이상) 또는 인식체계(모형)를 서로 달리하는 개인 또는 집단들이 공존하는 사회문화의 다원화된 세계에서, 갈등과 모순은 언제나 있을 수밖에 없다.

그러나 사회과학의 환원적 보편 전제주의의 편협성은 단순히 자연과학의 영역으로부터 도입된 방법론적 전제에서 유래했다고 할 수 없는 보다 더 깊은 근원을 지니고 있다. 우리는 사회과학체계에 나타난 환원주의의 편협성이, 서양인들의 철학적 사색을 지배하는 근본동기 또는 어떤 이념에서 출발하는 것으로서 다시 해석할 수 있다. 서구인들이 분명히 체험했을 사회현실과 이론 사이의 괴리, 이질적 집단들 사이의 해소될 수 없는 갈등, 이런 것들이 어째서 그들의 사회과학과 사회이론체계에 그대로 받아들여지지 않았는가 하는 것은 다시 반성해 볼 만한 것이다. 파슨스도 맑스도(이들은 어떤 면에서 현대 사회이론을 두 진영으로 갈라놓고 있다) 사회와 역사를 지배하는 궁극적 힘은 불합리, 갈등이 아니라고 주장한다. 적어도, 그들에 의하면 사회, 역사가 지양하는 귀착점은 이론으로부터의 괴리도 갈등이나 모순도 아님이 분명하다.

파슨스는 모든 다양한 사회적 역할들을 통합하는 공통규범을, 맑

6) Stephen Toulmin, ***Foresight and Understanding: An Inquiry into the Aims of Science*** (N. Y.: Harper & Row, 1963), 57쪽.

스는 모든 계급갈등이 해소되는 사회주의 또는 공산주의 세계의 도래를 예언하는 변증법적 사관(史觀)을 주장한다. 그러나 우리들이 살고 있는 사회, 역사의 미래에서 어떻게 모순과 갈등이 사라질 것이라고 말할 수 있겠는가? 오늘의 시점(時點)에서 볼 때 우리 세계의 특징은 통일인가 분열인가?

결국 서양적 사회인식의 편협성은 혼돈과 갈등, 그리고 무모순의 논리로 설명할 수 없는 것과 불합리한 것에 대한 그들의 비(非)포용성에서 싹트는 것이라고 볼 수 있다. 질서를 형성하는 것, 논리적인 것, 합리적인 것, 이것은 과학과 철학, 그리고 예술에 있어서도 서양인들 사고의 중요한 지도원리 또는 이념이 되어 왔다. 현실세계가 드러내는 혼돈과 갈등은 논리적으로 제거되어야 하며, 그것은 언제나 합리적으로 이해될 수 있는 것으로 믿어진다. 플라톤, 아리스토텔레스 그리고 홉스, 루소로부터 맑스와 듀이에 이르기까지 서양 전통의 철학자, 정치사상가들이 흔히 갈등의 제거를 선결조건으로 하는 사회체제를 구성할 수밖에 없었고, 따라서 사회체제 질서의 기초가 되는 어떤 합리적인 행동선택의 기준을 발견할 수 있으리라는 신념을 떠날 수 없었던 사상사적 전통에 유의할 필요가 있다.[7]

갈등과 불일치(不一致)가 세계 또는 사회질서 구성의 불가피한 전제조건임이 그들의 깊은 마음 가운데서 받아들여질 수 없었던 것은 당연하다.

논리적인 것, 합리적인 것에 호소하는 습관은 합리주의, 경험주의 어느 철학 전통에 속하든지 상관없이 서양인들 마음 가운데 깊이 자

---

7) 박동환, 「사회조직의 원리로서의 갈등」, 『社會哲學의 基礎』 (서울: 동명사, 1975).

리 잡고 있는 신앙과도 같다. 물론 실천과 행동의 세계에서 제거될 수 없는 비(非)논리, 불합리성에 주의시킴으로써 논리와 이성에의 과도한 신뢰를 위험시한 흄, 에드먼드 버크, 앙리 베르그송, 버트런드 드 주브넬(Bertrand de Jouvenel)과 같은 예외의 철학·정치사상가들이 서양에 있기도 했다. 어떤 논리나 이성에 의해서 제거될 수도 이해될 수도 없는 불합리와 모순에 대해서 침묵, 미결정, 신비주의, 카리스마, 공감의 수단으로 접근하는 동·서양의 인물들이 많았으나 결코 이러한 희귀한 행동과 실천이 서양인들의 환원적, 합리적 보편주의 세계관과 사회·역사인식의 체계를 반성하는 데까지 이르지는 못했던 것이다.

우리는 앞에서 비판적 수용을 기다리는 서양의 사회과학, 사회이론의 환원주의적 편협성의 근원을 세 가지로 밝혔다. 첫째로, 그것이 지배적 위치에 있는 한 문화권의 보편 전제주의(專制主義)의 경향을 나타내는 것이라고 분석했다. 둘째로, 자연과학의 방법론적 전제에 지배당한 나머지 사회·문화·역사현상의 특이성에 착안할 수 없었다는 데 있다고 지적하였다. 셋째로, 그것은 혼돈과 갈등, 불합리와 잉여를 제거하려고 하는 서양인들의 끈질긴 환원주의 동기에서 오는 것이라고 말했다.

환원-비환원의 논쟁은 옛날 그리스인들에 의해서 일원론과 다원론의 형이상학, 그리고 그 후의 합리주의와 경험주의 인식론의 역사 가운데에 이미 나타났던 것이다. 조화로운 질서체계에 의해서 우주, 국가, 인간을 이해한 플라톤은 환원적 세계관의 원조라고 할 만하다. 그리하여 모든 사람들의 마음 가운데 공통으로 내재하는 일반의지 또는 보편적 이성의 법칙과 도덕률을 발견한 루소와 칸트, 그리고 다양한 사회적 역할을 수행하는 사람들 배후에 있는 공통적 규범을 사회질서의 기초라고 하는 파슨스는 플라톤의 환원적 세계관을 계승하고 있는 것이다.

이와 대조적으로 만물의 유전(流轉) 또는 만물의 근원으로서의 투쟁을 주장한 헤라클레이토스, 자연상태의 인간사회를 전쟁과 갈등의 관계로 파악한 홉스, 진리 비독점(非獨占)의 경험주의 인식론과 개인주의에 근거한 불일치(不一致)와 이의제출(異議提出)의 권리, 그리고 불일치와 이견(異見)에 대한 관용(toleration)을 옹호한 로크, 계급간의 갈등을 역사이해와 설명의 원리로 삼았던 맑스는 모두 제한된 의미에서지만 비환원적 세계관을 이해한 역사적 인물들이다. 그러나 헤라클레이토스, 홉스, 로크, 맑스를 제한된 의미에서만 비환원주의자로 볼 수밖에 없는 것은 어떤 면에서 그들조차도 모두 서양인들의 끈질긴 사고의 동기라고 생각되는 환원적 보편주의의 현상이해에 집착하고 있기 때문이다.

3. 보편-특수 논쟁: 반성과 지양

앞에서 한국적 시야가 지니는 사회 및 역사이해의 경향이나 서양적 사회이론이 드러내는 문제점들을 지적했다. 한국적 시야는 세계사의 전체적 인식으로부터 고립된 특수성을 주장하는 점을 들어서 비판하였고, 서양적 사회이론의 주요한 경향들은 사회 · 역사현상들 사이의 질적, 유형적 차이를 부시하고 환원적 보편성 또는 제일성을 전제하는 점을 들어서 비판하였다. 이제 우리는 환원적 보편성을 전제하는 사회과학의 주류, 그리고 이에 대립해서 일회적(一回的) 특수성을 강조하는 사회이해가 전개된 과정을 간략하게 살핌으로써 보편-특수 사이의 방법논쟁을 재구성하고 이를 비판·지양시키는 길을 모색하려고 한다. 그리고 결론에서 우리는, 오랫동안 문제되어 온 보편-특수 논쟁이 사회·역사현상에 적합한 모형을—이는 방법론 이전의 존재론적 가설에 속하는 것으로—발견하지 못한 데서 기인하는 것으로 밝히려고 한다.

보편-특수 논쟁의 바탕을 이루는 상이한 존재론적 모형들의 뿌리는 플라톤 또는 그 이전으로까지 소급해 올라갈 수 있다. 플라톤은 개체들을 초월하고 포괄하는 보편자 곧 '이데아'의 인식을 역설함으로써 서양에서 오늘까지 지속되어 온 환원적 보편주의의 현상이해의 효시를 이루었다. 보편자 인식의 수단으로서 수학을 끌어들인 옛날 그리스 철학자들의 생각은 근대과학발전에 결정적인 공헌을 하였다. 코페르니쿠스, 케플러, 갈릴레이, 뉴턴 같은 근대과학의 선구자들에게서 보는 바와 같이 자연의 보편법칙 추구에 있어서 수학의 역할은 절대 불가결의 것이다. "우주라고 하는 책은 수학적 언어로 씌어 있다"고 한 갈릴레이의 말은 근대과학의 관점을 나타내고 있다. 특수한 실험적 사례들 사이의 관계에 대한 반복적 관찰을 토대로 일반화된 법칙을 수학적 형식으로 표현할 수 있다는 것이다. 즉, 질적으로 특수한 사례들이 개별적 특수성을 양보하고 계량적, 함수적, 보편적 표현을 얻게 되는 것이다.

이로부터 과학은 합리주의나 경험주의 또는 실증주의, 어느 경향에 기울거나 간에 관계없이 질적 차이와 개별성이 무시된 계량적 함수관계와 보편주의의 방법론에 근거를 두게 된다. 그래서 합리주의자인 데카르트는 개별적이고 일회적 대상인식을 추구하는 역사학을 경멸했던 것이다.

그러나 경험주의자인 존 스튜어트 밀도, 실증주의를 주창한 콩트도 플라톤, 데카르트의 계량화, 일반화, 보편화의 방법론 전통에서 벗어나지 못했던 것으로 볼 수 있다. 그리하여 콩트는 실증적 방법의 근본적 성격이 "모든 현상들을 불변(不變)의 [보편적] 자연법칙에 예속된 것으로 간주하는 데" 있다고 하였으며,[8] 스튜어트 밀도 사회현상의 연속적 과정, 그리고 역사적 사건과 그 법칙들이 인간성에 관한 보다 기본적인 (심리학의) 일반법칙들로부터 유도될 수 있는 것으로 주장했다.[9] 이러한 보편주의는 헴펠과 같은 현대과학의 가장 충실한 이론가인 논리실증주의자에 의해서도 지지되고 있다. 그에 의하면 모든 특수한 사건들이 법칙과 이론이라고 하는 일반적 가설체계 안에서 연역될 때 비로소 과학의 지식이 성립하는 것이라고 한다.[10] '포괄-법칙의 모형'(covering-law model)이라고 불리는 이 과학적 설명방법에 의하면 진정한 지식은 특수한 것, 일회적 사건들로서가 아니라 특수성 또는 고유성이 제거된 반복적, 일반적, 보편적인 것으로서 이루어진다.

계량적 함수관계 또는 일반법칙을 통해서, 우리들의 결정적인 순간순간을 살아가며 체험하는 사회·역사의 현실을 파악하려고 할 때 그 생생한 현실의 내용은 모두 망각될 수밖에 없다고 한다. 이것은 계량적, 보편개념적으로 파악된 것은 비실재라고 하는 극히 특수 개성적 질적 방법론의 철학을 반영하는 것이다. 이러한 방법론에 의

8) "Le caractère fondamental de la philosophie positive est de regarder tous les phénomènes comme assujettis á des lois naturelles invariables" (A. Comte, ***Cours de philosophie positive*** (1930), Leçon I, sec. 10).

9) J. S. Mill, ***A System of Logic*** (8th ed.; 1872), Book VI, chs. 5 & 10.

10) Carl G. Hempel, ***Aspects of Scientific Explanation and other Essays in the Philosophy of Science*** (N. Y.: The Free Press, 1965), 345쪽과 다음; 239쪽과 다음.

하면 아무리 정확한 계량 함수적, 법칙적 개념들을 총동원한다 하더라도 재현(再現)될 수 없는 일회적 현실의 고유성, 개별성, 특수성을 이해할 수 없다. 보편주의 방법은 역사 · 사회 · 인간이해에 있어서 정작 우리가 파악하려는 생생한 현실을 제거해 버리는 과오를 범한다고 비판된다.

일반법칙 또는 보편개념은 재현될 수 없는 특수성, 고유성, 개별성을 지닌 존재에 대한 설명을 할 수 없기 때문에 배척되어야 하는가? 하나하나의 특이한 개체들 또는 순간순간의 생생한 체험사태들은 어떤 공통요인 또는 보편자로도 대표될 수 없는 것인가? 공통요인 또는 보편자들을 결합 · 교차시킴으로써 특수성과 개체성이 구성(설명)될 수 있다고 하는 사회과학도들이 있다.[11] 모든 개체들은 일회적이며 특이하다. 그럼에도 불구하고 많은 사회학자들은 사회집단 또는 계층이 지닌 어떤 공통성질들을 가지고 거기에 소속한 개인들의 행동을 설명하고 예측한다. 뒤르켐의 자살자들에 대한 통계자료와 상관함수가 보여 주는 것이 바로 그 하나의 예다.

이 사회학자들에 의하면 한 사회집단의 구성원들이 어떤 공통성질을 공유한다고 해서 그들이 유일무이(有一無二)한 개성을 가질 수 없다는 논리는 성립하지 않는다. 각 개체들은 각기 다른 수많은 사회집단 또는 상황들에 소속함으로써 거의 무수한 성질들을 서로 다르게 결합해서 가질 수 있기 때문이다. 다시 말해서 한 개체의 특이성, 고유성, 개별성이란 거의 제한 없이 많은 공통적, 일반적, 보편적 요인(성질)들의 무한한 교차 결합방식에 의해서 설명될 수 있다고

11) Margaret Coulson & David Riddell, ***Approaching Sociology: A Critical Introduction*** (London: Routledge & Kegan Paul, 1970), 23쪽과 다음.

본다. A라는 개체가 p, q, r의 성질들을, B라는 개체가 p, q, s의 성질들을 가진다고 하자. A와 B는 p, q라는 성질들을 공유(보편성)하지만 r과 s라는 성질을 각각 지니기 때문에 서로 다른 개성을 띠게 된다고 할 수 있다. 그러나 r과 s는 A와 B만이 가지는 일회적 특수성질이 아니라 또 다른 개체들 가령 C, D, E 등과 공유할 수 있는 보편적 성질인 것이다.

모든 사회 역사적 현상들의 개별성과 특수성을 공통요인, 보편개념들로써 설명해 버릴 수 있는 것인가? 그렇다면 우리는 사회 · 역사 영역에 있어서 어떤 보편자에 의해서도 대표할 수 없는 고유성과 특수성에 대한 질적 이해방법을 주장할 어떤 근거도 찾을 수 없게 된다. 그러나 도대체 공통성 또는 보편자라고 하는 것이 실재하는 것인가 하는 것이 문제될 수 있다. 공통성, 일반화된 개념, 보편자의 실재성에 관한 논쟁은 오랜 역사를 가지고 있다. 특히 우리가 역사, 문화, 사회과학 방법론에 있어서 꾸준히 지속되어 온 보편-특수 논쟁에 대한 새로운 이해 또는 문제구성을 하려고 할 때 철학사에 나타난 '보편자'에 관한 몇 가지 전형적인 이론들로부터[12] 출발하는 것이 편리하다.

소크라테스와 플라톤은 실재인식 또는 현상파악에 있어서 반드시 전제되어야 하는 보편자를 발견해 낸 철학자들이다. 소크라테스가 덕(德)에 대한 만족스러운 정의(定義)를 대화자들과 더불어 추궁하는 가운데서 보편자에 대한 개념이 등장한다. "덕(德)이란 무엇인가?"라는 소크라테스의 물음에, 남자의 덕은 국사(國事)를 유능하게

12) A. D. Woozley, "Universals", ***The Encyclopedia of Philosophy***, Vol. 8, ed. Paul Edwards (N. Y.: The Free Press, 1967).

처리하는 데 있고 여자의 덕은 가사(家事)를 유능하게 관리하는 데 있는 것처럼, 노인과 청년, 자유인과 노예에 각각 해당하는 다른 종류의 덕들이 있다고 대답한다. 그러나 덕스럽다고 할 수 있는 여러 사례들에 의해서가 아니라 이 모든 사례들을 공통적으로 덕스럽게 만드는 성질 또는 보편성에 의해서 덕을 정의해야 하는 것이다. 플라톤은 덕들에 대해서뿐만 아니라 어떤 종류의 특수한 사물들에 대해서든지 그 특수자들에 공통적인 그리고 특수자들과는 독립적으로 영원히 존재하는 본질이나 보편자가 있다고 주장했다.

아리스토텔레스에 있어서 보편자는 특수한 개체들을 초월해서 독립해 있는 실재는 아니다. 그에 의하면, 진정한 실체는 개체들이기 때문이다. 보편자는 개체들에 내재하는 공통적 요소로서 존재한다. 그러므로 아리스토텔레스의 보편자는 하나하나의 실제적 경험들 그리고 그 경험들에 대한 기억들의 누적을 통해서 파악될 수 있다.

플라톤도 아리스토텔레스도 보편자는 실재하는 것으로 간주한다. 플라톤은 개체들을 초월하는 것으로서 아리스토텔레스는 개체들에 내재하는 것으로서 보편자를 생각한다. 그러나 어떤 집합의 개체들이 지니는 공통적 요소를 가지고 보편자가 실재한다고 하는 것은 인간의 단순한 상상(想像)이 아닌가? 존 로크는 경험주의 입장에서 플라톤과 아리스토텔레스의 보편개념 실재론을 비판한다.[13] 인간은 추상작용(abstraction)에 의해서 특수개체로부터 받아들인 특수적 관념을 일반적 관념으로 만들어 가는 경향이 있다.

예를 들면 우리가 어제 마신 우유로부터 관찰한 '희다'고 하는 특

13) John Locke, ***An Essay concerning Human Understanding*** (1690), II, xi & III, iii.

수한 성질(관념)을, 오늘 다시 하늘에서 내리는 눈과 탁자 위에 놓인 종이에서 발견할 때, 우리는 어제 우유로부터 얻은 '희다'고 하는 특수한 성질(관념)이 오늘 관찰하는 눈과 종이의 비슷한 성질들을 대변하는 것으로, 즉 공통요소인 보편자로 생각하게 될 것이다. 일반적 관념(보편자)이라는 것은 우연히 처음으로 발견 또는 관찰했던 사물이 지닌 어떤 특수한 성질(관념)에 연결된 것에 불과한 것이다.

이와 같이 모든 일반적, 추상적 관념들은 실제로 특수관념들에 불과하다고 하는 로크의 주장에 흄은 동의한다.[14] 특수관념은 한 일반적 낱말로 표현되고 그 낱말에 의해서 광범한 유사성(대상)을 지시하게 된다. 흄은 보편자 또는 일반개념 성립에 있어서 일반적 낱말의 역할을 중요하게 보았다. 잘 익은 토마토와 주홍색으로 칠한 자동차 사이에는 서로 유사하다기보다는 두드러진 차이점이 있음에도 불구하고 '빨간'이라고 하는 낱말이 두 사물들(빨간 토마토와 빨간 자동차)에 적용되기 때문에 한쪽의 특수성질(관념)이 다른 것의 특수적 성질(관념)과 함께 같은 유에 속하는 것처럼 생각하게 된다는 것이다.

그러나 특수한 성질 또는 관념들만이 실재함에도 불구하고 낱말의 일반성 또는 일반적 적용성에 일반적 관념 또는 보편자가 주어진다고 하는 흄의 설명에는 무리(無理)가 있다. 특수개체들만이 실재하며 보편자는 다만 일반적 이름 또는 낱말에 의존하는 것이라고 하는 흄의 유명론적 설명은 이미 오캄과 홉스에 의해서 비슷하게 주장된 바 있다. 오직 특수한 개체들로서만 사물들이 존재한다면, 무슨

---

14) David Hume, ***A Treatise of Human Nature*** (1739), I, i, 17.

근거에 의해서 하나의 낱말로 부를 수 있는 어떤 사물들의 종류가 있을 수 있는가?

유명론의 입장에서 볼 때 우리들이 한 집합의 개체들을 가리키며 "그것들은 의자다"라고 하는 이유는 오직 그것들이 의자라고 불리기 때문이다. 그와 대조적으로 실재론에 의하면, 한 집합의 개체들이 의자라고 불리는 이유는 그것들이 (실재적으로) 의자이기 때문이다. 일반적 개념 또는 보편자의 문제에 관한 대립된 견해로서 선험적 실재론이나 유명론의 극단성을 비판·절충하는 것이 유사성 이론(resemblance theory)이라고 볼 수 있다. 이 이론은 일반적 개념 또는 보편자가 어떤 존재론적 근거 위에 성립하는 것이라고 주장한다. 이는 보편적 개념의 자의성(恣意性) 또는 공허성을 주장하는 유명론을 비판하는 것이다. 그리고 이 이론에 의하면 보편개념의 존재론적 근거가 특수한 개체들 사이의 유사성에 있다고 주장한다. 이는 특수한 개체들 사이의 공통요소에 의해서 또는 개체들을 초월해서 존재하는 어떤 원형(原型)으로서 일반개념과 보편자가 주어진다고 하는 실재론에 대한 비판이기도 하다. 말하자면 하나의 일반적, 보편적 개념이 어떤 집합의 개체들에 부여되는 이유는 그 개체들이 서로 (공통성이 아닌) 어떤 유사성을 가지기 때문이다.

이 유사성 이론은 홉스, 로크, 버클리, 흄과 같이 보편개념 실재론을 배격하는 영국의 전통적 경험주의자들—홉스는 이미, 한 보편적 낱말이 여러 사물들에 적용되는 것은 그 사물들이 어떤 면에서 서로 유사성을 가지고 있기 때문이라고 지적한 바 있다[15)]—에 의해서 이

15) Thomas Hobbes, ***Leviathan*** (1651), Ch. 4.

미 암시되었던 것이다. 그러나 20세기 언어분석, 특히 루트비히 비트겐슈타인의 일상언어의 분석방법은 실체와 속성, 필연과 자유라는 대립적 개념들과 함께 보편자와 개체 같은 전통적 형이상학의 개념들에 대한 미신을 깨뜨리는 데 결정적인 역할을 하고 있다. 특히 일반개념 또는 보편자에 대한 비트겐슈타인의 분석은 철학적 공헌 가운데 가장 중요한 것이다.

그는 이른바 『블루 북』(*Blue Book*)에서 '일반성'(generality)을 추구하는 우리들의 경향에 대하여 언급하고 있다. 첫째로, 우리들은 한 일반적 낱말 가운데로 포섭되는 모든 사물들이 지니는 어떤 공통 요소를 찾으려는 성향을 지닌다. 그래서, 예를 들면 '게임'(game)이라는 한 일반적 낱말을 여러 다른 인간 활동들에 적용할 수 있는 근거는 이 다양한 활동들이 어떤 공통성을 지니고 있기 때문이라고 믿는다. 둘째로, 한 일반적 낱말을, 예를 들면 '나뭇잎'을 이해하는 사람은 곧 하나하나 서로 다른 나뭇잎의 그림들과는 별도로 있어서 대조되는 한 일반적 나뭇잎의 그림을 파악하고 있는 것이라고 생각하는 경향이 있다.[16] 물론 한 일반적 낱말이 지시하는 모든 특수사례들 사이에 어떤 공통성이 있는 경우도 없지는 아니하다. 그러나 한 일반적 낱말로 불리는 어떤 집합의 사물들 사이에 존재한다고 하는 유사성조차도 이른바 '가족적 유사성'—한 가족의 구성원들 사이에 존재하는 부분적이고 막연한 닮음들에 지나지 않을 때가 많은 것이다.

한 가족의 구성원들—금자, 금수, 금란 사이에서 발견되는 닮음에 대하여 생각해 보자. 금자와 금수는 얼굴의 윤곽이 닮았고 웃을 때

16) Ludwig Wittgenstein, ***The Blue and Brown Books*** (N. Y.: Harper & Row, 1965), 17쪽.

의 표정은 서로 다르며, 금수와 금란은 웃을 때의 표정에서 서로 무척 닮았고 얼굴의 윤곽은 서로 다르다고 하자. 그리고 금자와 금란은 얼굴의 윤곽이나 웃을 때의 표정에서 판이한데 비슷한 말버릇을 가졌다고 한다면, 엄격히 말해서 이들 세 남매들 사이에 존재하는 어떤 공통점도 없는 것이다.[17] 그러나 이러한 가족적 유사성밖에 없는 특수한 개체들에 대하여 우리는 하나의 일반적 이름을 부여하는 습관을 가지고 있다.

다음과 같이 각기 다른 구성요소들을 포함하고 있는, 그러나 어떤 공통요소도 없는 e, d, c, b, a라는 사물들의 집합에 대하여 하나의 일반적 낱말을 부여한다는 것이 얼마나 자연스럽고 적절한 것인가 생각해 보아야 한다.[18]

e ………… A B C D

d ………… A B C E

c ………… A B D E

b ………… A C D E

a ………… B C D E

가령 우리가 e, d, c, a에 대하여 어떤 하나의 이름을 특별하게 부여하게 되었다고 하자. 그러나 e, d, c, a라는 사물들 사이의 공통적 요

17) Ludwig Wittgenstein, ***Philosophical Investigations***, trans. G. E. M. Anscombe (N. Y.: The Macmillan Co., 1953), 32e.

18) R. Bambrough, "Universals and Family Resemblances", ***Wittgenstein; The Philosophical Investigations***, ed. G. Pitcher (Garden City, N. Y.: Doubleday & Co., 1966), 189쪽과 다음.

소인 B 때문에 그 집합의 사물들에 한 일반적 이름을 부여할 수 있는 타당성이 생기는 것은 아닐 것이다. 한 일반적 이름이 다양한 개별적 사물들의 집합에 대하여 적용되는 것은 결코 그 집합을 지배하는 어떤 공통성, 보편성이 존재하기 때문은 아닌 것이다. 태곳적부터 오늘에 이르기까지 각양각색의 인류에 대하여 그리고 어떻게 변모할지 모르는 미래에 태어날 존재들에 대해서도 '인간'이라고 하는 한 일반적 이름을 부여하는 것은 그들이 어떤 한두 가지의 변치 않는 공통점, 보편성을 지니고 있기 때문인가? 비트겐슈타인의 유사성 이론에 의하면 한 일반적 이름의 근거는 다른 데에 있는 것이다. 어떤 변치 않는 공통적 요소를 발견한다고 할지라도 그것이 곧 모든 인간들을 인간답게 보이도록 하는 본질적 특성은 아닐지도 모른다. 기계적으로 발견된 단순한 (최대공약수로서의) 공통성이란 다양한 특수 개체들로 이루어지는 집합의 다채롭고 풍부한 특성을 진실대로 파악하는 데 별로 도움이 되지 않는 것이다.

이와 같은 문제는 철학사가(哲學史家)가 한 계통의 사상가들로 구성되는 학파의 특징을 밝히려고 할 때도 발생하는 것이다. 예를 들면 현상학자들의 수만큼 많은 유의 현상학들이 있는 것은 사실이나 그 모든 현상학들의 공통적 핵심이 있기 때문에 적어도 '현상학'이라는 일반적 이름이 존재하는 것이라고 생각할 수 있다. 그런데 슈피겔버그는 그러한 공통적 핵심을 지정함에 있어서 다음과 같은 문제가 있음을 밝혀 준다.

> 이와 같은 핵심을 발견하는 가장 확실한 방법은 상이한 현상학들에서 불변적(不變的)인 것(공통적인 것)을 찾고 가변적인 것을 무시해 버리는 데 있을 것이다. 이 방법의 주요한 약점은 이렇게 구체적 현

> 상들의 다양성으로부터 추출해낸 것이 빈약하고 쓸데없는 것으로 보일 수밖에 없다는 것이다. 현상학의 특징을 흔히 서술적인 철학으로 규정하는 것이 그 한 예이다. 그러한 규정은 현상학을 몇몇의 결정적으로 비(非)현상학적인 철학들로부터 구별해 주는 역할조차 못할 것이다. 본질적인 것에 대한 보다 의미 있는 설명은 적어도 현상학으로 하여금 두드러진 외양(外樣)과 영감적 힘을 얻도록 해주는 가변적인 것을 포함해야 할 것이다.[19)]

어떤 사물(또는 요소)들의 한 집합이 이루어 내는 특징 또는 본질을 구성하는 것은 단순한 공약수나 공통적인 것이 아니라 비공약수적(非公約數的)인 가변성일 수 있다고 암시한 것은 의미 있는 일이다. 그 비공약수적 가변성이란 무엇인가? 비트겐슈타인이 말하는 '부분적이고 막연한 유사성', 곧 가족적 유사성을 의미하는 것으로 볼 수 있다. 공통적, 공약수적 요소를 가지고 한 집합의 사물 또는 개체들을 정의할 수 있는가? 한 집합의 개체 또는 사물들이 단 하나의 공약수적 요소도 가지고 있지 않음에도 불구하고 그 집합을 대표하는 한 '일반적' 이름이 주어져 있다는 사실을 앞의 도표가 나타낸다. 그리고 비록 e, d, c, a라는 개체들이 B라는 공약수적 요소를 지닐지라도 그러한 공통성 때문에 그 개체들의 집합이 한 일반적 이름, 어떤 전체적 특성을 얻게 되는 것은 아니라는 점도 이미 언급되었다.

여러 요소들의 한 집합으로서의 개체 또는 사람들은 각기의 고유한 배열(configuration) 또는 모형(paradigm)을 가지고 있다. 가령 e, d,

---

19) Herbert Spiegelberg, ***The Phenomenological Movement*** (The Hague: Martinus Nijhoff, 1960), 653~54쪽.

c, a라는 개체들에 있어서 B(공통적 요소)가 차지하는 의미, 역할, 중요성, 곧 각 개체들에 있어서 B가 다른 요소들과 가지는 관계는 다양할 수밖에 없을 것이다. 즉 e에 있어서 B가 A, C, D와 가지는 관계, d에 있어서 B가 A, C, E와 가지는 관계, c에 있어서 B가 A, D, E와 가지는 관계, a에 있어서 B가 C, D, E와 가지는 관계는 일정한 것이라고 볼 수 없다. 공통적 요소인 B는 모든 개체들에 있어서 같은 의미, 같은 역할, 같은 중요성을 가지고 있는 것이 아니다. 동일한 요소 B는 다른 배열방식 또는 모형을 가진 각 개체들(e, d, c, a)—이 개체들은 하나하나의 사물이나 인물이라고 해도 좋고 서로 다른 형태의 사회 또는 문화라고 해도 좋다—가운데서 완전히 다른 의미와 중요성을 얻게 된다는 사실은 이미 과학철학자들, 툴민과 쿤 그리고 인류학자 루스 베네딕트(Ruth Benedict) 같은 사람들에 의해서 강조된 바 있다. 툴민에 의하면 두 사람이 서로 다른 모형을 지니고 있는 개체들이라고 할 때 한 사람의 모형 안에서는 해소되어야 할 문제의 현상으로 보이는 요소가 다른 사람의 모형을 통해서 볼 때 전혀 문제가 되지 않는 자연스러운 것으로 받아들여질 수 있다.[20] 베네딕트도 우리 문화의 배열방식에 의하면 비정상적인 행위가 어떤 문화의 배열방식에 의하면 가장 중요하고 핵심적인 관습이 될 수 있다는 것을 지적하였다.[21]

서로 다른 배열방식과 모형을 지닌 개체들에 있어서 공통적 요소는 서로 다른 의미 · 역할 · 중요성을 가진다고 할 때, 그러한 공통성

---

20) S. Toulmin, 위의 책.

21) Ruth Benedict, "The Concept of the Normal", ***Philosophic Problems***, ed. Maurice Mandelbaum, et al. (N. Y.: The Macmillan Co., 1957), 342쪽.

또는 공약수들을 근거로 성립하는 보편개념과 일반이론이 어떤 타당성을 가지는 것인지 반성해 볼 필요가 있다. 각기 고유하고 특수한 배열방식 또는 모형을 지닌 특수자들 사이에서 발견되는 공통적 요소는 다만 기계적으로 추출된 공약수거나 또는 각 특수자들 사이의 근본적 차이에도 불구하고 있을 수 있는 우연한 일치성에 불과할 수도 있는 것이다. 특히 개체로서의 다양한 인격들 또는 시 · 공간적으로 떨어져 있는 여러 사회 · 문화체계들의 서로 일치할 수 없는 근본적 특수성을 보더라도 부분적이고 막연한 그리고 (심한 경우에는) 우연한 유사성을 넘어서는, 그리하여 그 이상으로 의미 있는 일치성, 보편성, 일반성을 발견할 수 있으리라는 기대를 할 수는 없는 것으로 보인다.

4. 남겨진 과제

사회문화의 영역에서 드러나는 바와 같은 부분적 유사성 또는 우연한 일치성의 관찰을 근거로 하여 어떤 일반이론이나 보편개념을 구성할 때 그 개념과 이론들이 어떤 타당성을 가지는 것인가? 한 특정한 지역의 사회 문화현상의 관찰체험을 통하여 이루어진 이론과 개념을 다른 전통을 지니는 문화권 또는 다른 시대에 전용(韓用)할 수 있는 어떤 근거가 있는가? 자연현상의 영역에 있어서 이러한 적용은 아직까지 아무런 무리(無理)도 일으키지 않았던 것은 이미 지적한 바 있다. 특히 서양의 자연과학이 동양에서 수용되는 동안에 어떤 논리적, 인식론적 무리도 뚜렷하게 나타난 일이 없었던 점을 상기할 필요가 있다.

그러나 한 특정한 지역에서, 말하자면 서양에서 발전되어 온 인문학, 사회과학의 개념과 이론들이 그들의 시대와 문화적 특수성을 초월하여 동양의 사회문화에 무조건 수용될 수 있는 것인지는 대단히 열띤 논쟁의 초점이 되고 있다. 「우리나라에도 봉건제도가 있었는가?」라는 한 역사학 교수의 논문은 이러한 수용 또는 전용이 지니는 타당성의 한계를, 사실을 규명하는 레벨에서 자세하게 분석해 놓은 좋은 예다.[22] 나는 이 글에서 그러한 수용과 전용, 다시 말해서 한 특수한 시대와 문화영역에서 이루어진 개념과 이론을 (그 배열 또는 모형을 달리하는) 다른 시대와 문화의 영역들에 보편화시키려고 할 때 발생하는 논리적, 인식론적 무리(無理)의 근거에 접근하려고 하였다. 이 논문은 사회현상의 제일성(齊一性)을 전제로 한 무조건적 보편화의 가능성도 거부하거니와 그러나 어떤 형태의 수용과 전용의 원리도 받아들이지 않는 배타 고립적 특수성도 거부하는 길을 놓고 있다. 그래서 우리는 잉여에의 끝없는 대화로서 진행하는 역사의 맥락을 놓쳐 버린 두 개의 단면으로서 보편성과 특수성의 관계를 이해하게 될 것이다.

---

22) 梁秉祐, 「우리나라에도 封建制度가 있었는가?」, 『역사란 무엇인가』, 이기백 · 차하순 편 (서울: 文學과 知性社, 1976), 197~225쪽.

6. 왜 중국에는 과학혁명이 없었는가?

1. 과학발전의 원인을 찾을 수 있는가?

수천 년의 역사를 지닌 이집트, 중국, 인도 등 어떤 문명권에서도 탄생시키지 못한 이른바 근대과학문명이 유럽에서 이루어질 수 있었던 원인은 무엇인가? 특히 16세기에 이르기까지 수세기 동안 중국은 서구세계보다 앞선 과학기술을 가졌었을 뿐만 아니라, 그 앞선 과학기술—예를 들면 자석에 관한 지식, 천체관측법, 측지학, 제철기술, 화약, 시계와 같은 것들—을 서구세계에 수출하고 있었다는 사실에도 불구하고 갈릴레이와 뉴턴류의 과학이 중국에서 이루어질 수 없었던 원인은 어디에 있는가?

이것은 과학사가 조지프 니덤의 질문이다. 그는 이른바 근대과학이 중국에 발생할 수 없었던 것은 중국인의 지적(知的) 결함에 있는 것도 아니요, 중국의 사상적 전통에 잘못이 있는 것도 아니라고 한다. 오히려 그는 중국의 사상적 전통으로 말하자면 막스 베버가 가리키는 기독교 문화권보다도 근대산업사회와 근대과학기술을 낳을 수 있는 훨씬 유리한 조건들을 갖추고 있었다고 주장한다. 그러나 중국의 역사가 이와 같은 지적 조건들, 그리고 일식의 예측과 달력의 계산법을 알아낼 만큼 정교한 경험적 귀납과 실험방법을 지니고 있었음에도 근대과학을 탄생시킬 수 없었던 결정적 원인이 있다고 그는 말한다. 그 원인은 중국이 서구세계에서와 같은 상업주의를 싹트게 할 수 없는 농업 관료제를 가지고 있었기 때문에 산업기술과 순수과학 또는 경험적 관찰실험과 논리적, 수학적 추리가 결합해서 이루어지는 근대과학 발생의 어떤 사회 경제적 동기도 마련될 수 없었다는 것이다.

그러나 과연 니덤이 시도하는 대로 기술과 학문, 실험과 논리를 결합한 근대과학이 중국에 탄생하지 못한 원인을 이렇게 사회 경제적 조건들로써 완전히 설명할 수 있는지 검토해 볼 만한 것이다. 근대과학의 발생을 사회 경제적 요인으로 돌리기를 거부하는 이론가는 베버 이외에도 있다. 알렉산더 코이레(A. Koyré)나 에른스트 카시러(E. Cassirer)에 따르면, 피타고라스 학파의 사상이 플라톤을 거쳐 르네상스 이후에 다시 발견됨으로써 옛날 그리스 전통의 수학에 자극된 순수이론적 탐구를 바탕으로 근대과학이 시작되었다고 한다.

이러한 이론상의 설명이 문제를 회피하는 듯한 인상을 줄 가능성이 있으므로 우리는 근대과학과 기술을 탄생시킨 사회 경제적 원인을 찾을 수 있는가 하는 보다 직접적인 물음을 던지는 것이 나을 것이다. 이 물음에서 서구의 과학혁명의 발생에 대해서 밝혀야 할 보다 근본적 측면이 무엇인가를 찾아내게 될 것으로 기대한다.

니덤의 사회 경제적 원인을 거부하는 입장에 있는 베버는 사회현상에 대한 일반법칙화의 가능성은 없다고 보면서도 인과론적 생각을 탈피하지는 못하였다. 왜냐하면 그는 어떤 일회적, 우연적 현상에 대해서도 그 고유의 원인을 추적할 수 있다고 믿었기 때무이다. 그러나 하나의 사건을 일으키는 무수한 원인들이 있고 이 하나하나의 원인이 모두 그 사건의 구체적인 모습에 참여한다는 것을 고려할 때, 어떻게 한 구체적 사건(결과)에 연결된 특정의 사건(원인)을 찾는다는 것이 가능한가? 베버에 의하면, 한 사건의 무수한 결정요인들로부터 그 고유한 원인을 골라내는 것은 탐구하는 사람의 문제 또는 관심에 의해서 이루어진다고 한다.

도대체 무엇이 원인이라고 할 수 있는가? 예를 들면 최근 청소년의 범죄가 심하게 늘어나는 원인은 어디에 있는가? 난폭하거나 부도덕한 장면들로 가득 찬 만화와 영화를 보기 때문인가? 전통적 도덕의 권위가 무너졌기 때문인가? 아니면 전통적 도덕으로부터 변화된 사회적 가치에 적응하지 못하는 '아노미'(무규범)의 현상인가? 현대과학과 산업사회의 몰(沒)가치와 탈(脫)이데올로기의 사고방식이 모든 생활에 침투해 있기 때문인가? 부모들의 사회적 부담과 긴장으로 가정교육을 등한시하기 때문인가? 새로운 교육 · 문화 · 사회적 환경이 자라나는 아이의 의식에 무한한 가능성과 기대감을 불어넣기 때문인가? 인구증가에 따르는 범죄율의 증가일 뿐, 여전히 범죄자는 유전적 범죄형의 근원에서 발생하는 것인가? 여기에 나타난 것들보다 더 가깝거나 더 먼 원인들을 발굴해서 무수히 나열할 수 있을 것이다. 앞의 사례에서 어떤 것을 주어진 사태의 진정한 원인이라고 끌어낼 수 있는가?

철학자 라이프니츠에 의하면, 앞에 열거한 모든 현상(우리가 일상적으로 결과와 원인이라고 부르는 것)들이 실상 서로 어떤 인과관계도 없이 다만 우연히 공존하는 것이다. 라이프니츠의 이런 생각은 오늘의 한 주류를 이루고 있는 20세기의 과학사상과 아주 흡사하다. 무수한 개체들은 각각 자신에게 이미 주어진 실현 가능성의 범위 안에서 움직이고 있는 것이다. 이러한 개체들이 실행하는 일들 사이에 이루어지는 무한히 많은 가능한 관계에서 어떤 것이 어떤 것의 원인이거나 결과라고 지정할 수 있는 근거는 없다. 무수한 사건들 사이에 이루어지는 무수히 많은 관계에서 원인과 결과의 관계를 지정하려는 것은 어떤 사건에 대한 책임을 어떤 임의적 사건에게 뒤집어씌우는 심리적인 환원주의이다.

이렇게 보면, 우주는 일정한 원인과 결과의 연쇄로서가 아니라 무한한 공존 또는 동반관계들의 그물(web)로써 이루어지는 것이다. 왜냐하면 어떤 것이 어떤 것의 원인 또는 결과라고 한정해서 묶어 놓을 수 있는 것이 없기 때문이다. 어떤 것을 어떤 것의 원인 또는 결과라고 밝히는 것이 이렇게 임의적인 것이라면 고정된 원인도 고정된 결과도 없는 것이며, 우리는 사회와 자연의 어떤 사건을 설명하기 위하여 임의적으로 설명의 근거를 선택할 뿐이다. 무한한 공존 또는 동반관계들의 그물로써 이루어지는 우주의 체계를 우리는 언제나 임의적으로 (또는 심리적, 사회적으로) 결정된 관심을 중심으로 구성할 수밖에 없다. 따라서 우리가 이해하고 구성하는 인과(因果)의 그물은 임의적 근거와 임의적 귀결의 관계들로써 이루어질 수밖에 없다.

2. 합리성에 대한 논리적 접근

하나의 현상 또는 사태를 결정하는 데 참여하는 무수한 원인들이 있다고 생각한 베버에 따르면 과학은 언제나 실재의 어떤 한정된 측면의 모습을 추출해 내는 방법에 의존할 수밖에 없다고 한다. 무궁무진한 복잡성을 가진 현상세계를 어떻게 파악할 것인가? 그는 일반법칙화와 개성구체화 가운데 어떤 방법도 역사 또는 사회영역을 파악하는 방법으로서 문제가 있음을 깨달았다.

그러므로 역사와 사회의 과학이 무의미한 낱낱의 사건들의 나열에 그치지 않고 어떤 관계와 비교의 체계를 갖추려면 일회적 사태의 고유한 개성도 드러내면서 다른 사태들과 이루는 관계와 비교도 가능하도록 충분히 구체적이고도 일반적인 개념구성의 방법이 있어야 한다. 베버는 이러한 문제의 해결안으로서 이상형(Ideal Typus)의 구성 방법을 제시하였다.

여기서 자연의 일반법칙화의 방법과 역사문화의 개성구체화의 방법의 단순한 이분법을 비판한 베버의 중요한 통찰과 공헌이 이루어진다. 말하자면 그는 구체성으로부터 추상성으로 옮아가는 과학 일반의 추세를 이해한 것이다.

갈릴레이 이후의 자연과학도 단순한 관찰 사실들의 나열이나 서술로써 이루어진 것이 아니라고 현상학자 메를로 퐁티(M. Merleau-Ponty)는 말한다. 일회적, 구체적 사실들은 언제나 추상적 관계로 지양(止揚)되지 않고서는 어떤 과학적 인식도 성립할 수 없다는 것이다. 오늘 특히 실증주의 과학이론에서도 과학의 초(超)사실성을 받아들이고 있다. 과학적 인식의 초사실성, 말하자면 구체성으로부터 추상성으로의 추이(趨移) 경향은 보편적인 것이다. 메를로 퐁티가 말하는 본질직관(Wesensschau)과 핸슨(N. Hanson)이 논하는 자연에서의 모형의 발견(the discovery of pattern)과 베버가 논하는 역사와 사회에서의 이상형의 구성(the ideal-typical construction)은 모든 과학의 불가피한 초사실성을 보여 준다.

그럼에도 역시 베버의 이상형은 현상 또는 사태의 추상적 법칙성을 외면하고 일회적 구체성 또는 고유성 파악에 목표를 두고 있다. 말하자면 일회적 구체성으로부터 추상적 보편성으로 나아가는 과학적 인식 일반의 논리적 과정을 외면한 데에 문제가 있다. 우리가 관찰하는 일회적 사태는 무수히 많은 우연적 사실들로 가득 차 있다. 이 우연적 사실들이 관여해서 이루어진 이상형이 과연 그 사태의 본질을 드러낼 수 있으며 또 관계와 비교의 객관적 틀이 될 수 있는가? 만약 코페르니쿠스와 케플러 또는 갈릴레이와 뉴턴이 그들의 이론적 틀을 일회적, 구체적 사태에 대한 관찰로부터 추출해 내려고 했다면 오늘과 같은 자연과학의 발전이 이루어질 수 있었을까? 물론 그들은 일회적 현상들에 관한 충분한 관찰이 이루어지기 전에 우선 형식화할 수 있는, 고도로 추상적인 수학의 연역체계를 이미 가지고 있었기 때문에 그럴 필요가 없었다.

옛날 그리스인들로부터 전개되어 온 수학의 연역방법은 구체적 현상에 대한 관찰이 이루어지기 전에 오히려 관찰이 이루어져야 할 방향을 암시해 주는 선구적 역할도 하였다. 일회적, 구체적 현상에 대한 충분한 관찰로부터 갈릴레이와 뉴턴의 역학체계가 태어난 것은 아니다.

수학적 개념체계가 구체적 현상관찰이 일일이 미치지 못하는 물리과학의 대상에 대하여 선구적 개척의 역할을 해 온 것을 회고할 때 오늘의 역사·사회과학이 그 일회적, 구체적 현상관찰에서 이상형을 구성하려는 시도에 대하여 반성해야 할 점은 무엇인가? 과거의 사변철학의 시대에는 구체적 현상관찰에 의한 검증을 무시했기 때문에 과학이 발전할 수 없었으나 오늘의 역사·사회과학은 구체적 현상관찰에 집착하기 때문에 발전하지 못하고 있다고도 볼 수 있다. 역사와 문화와 사회가 임의적이고 다양한 모양으로 이루어지고 변하는 만큼 다양하고 자유로운 철학적, 논리적 개념체계를 요청한다.

역사와 사회과학에 수학적 연역체계를 적용할 때 지나친 형식주의를 초래하게 되고 그렇다고 어떤 논리적, 추상적 범주체계도 배격하는 것은 지나친 현상주의에 불과한 것이다. 추상적이고 사변적인 수학의 연역체계를 자연관찰에 적용하여 검증하고 객관화할 수 있듯이 추상적이고 사변적인 논리와 철학의 개념체계를 역사와 사회관찰에 적용하여 검증함으로써 객관화할 수 있는 것이다.

앞의 논의에 비추어 볼 때 베버가 서구문명과 그 과학발전을 설명하기 위한 이상형으로서 내놓은 '합리성'의 개념에는 어떤 문제가 있는가? 만약 그의 합리성의 개념이 비교문명 또는 비교사회학의 기준이 될 수 없다면 그 이유는 어디에 있는가?

첫째로, 적어도 2,500년에 걸친 중국 또는 동아시아의 문화 및 사상사에 나타난 사례들에서, 베버가 열거하는 서구문명과 그 과학이 실현해 온 합리성의 특징과는 다른 그러나 유사한 것을 찾는 것이 어렵지 않다는 점에 있다. 특히 오늘의 과학철학과 인류학에 종사하는 많은 학자들에 의해서 밝혀지듯이 모든 문명과 사회는 각기 다른 종류의 합리성의 체계를 포함하고 있다는 사실 또는 가능성을 지적하지 않을 수 없다. 더구나 합리성의 체계는 서구 문명권에서 정착된 형식논리적, 실험적으로만이 아니라 역사적, 사회적, 심리적인 맥락를 따라 탈(脫)형식논리적, 초(超)실험적으로도 구성된다고 하는 툴민과 같은 과학철학자의 주장에 귀를 기울일 필요가 있다. 인간의 문명과 역사가 있는 곳에 반드시 그 고유의 합리성의 척도가 이루어질 수밖에 없다. 따라서 어떤 문명이 합리적이 아니거나 덜 합리적이기 때문에 이른바 근대적 과학혁명을 이루지 못했다고 하는 것은 설명의 기능이 없는 이론에 불과하다.

말하자면 서구 문화사에서는 각 방면의 과학적 활동들이 합리적으로 분업화되고 기술적 생산성을 고취할 수 있는 문화적, 정신적 여건이 마련되어 있었다고 하거나 그 밖의 종교, 경제, 법률, 행정과 같은 모든 중요한 생활영역에서도 합리화의 추세가 고도로 세련되어 왔다고 하는 사회학적 관찰들을 아무리 나열하더라도 그러한 합리성 구현의 사례들이 과연 2,500년의 동아시아 문화사를 통해서 전개된 중국적 합리화의 사례들과 어떤 근본적 차이가 있는지 오히려 중대한 의문을 낳게 한다. 따라서 둘째로, 문명분석의 기준으로서의 합리성에 대한 베버의 사회학적 개념은 서구문명 및 과학사 자체가 실현해 가고 있는 합리성의 고유한 특징을 제시하지 못하는 문제점이 있다.

3. 과학혁명의 논리적 방법은 무엇인가?

우리는 앞에서 서구문명과 그 과학이 지닌 고유한 특징에 대해서 제시한 니덤이나 베버의 사회 경제학적 설명이 만족스러운 것이 못된다고 하였다. 특히 베버가 내놓은 합리성의 개념은 서구문명과 그 과학을 뛰어넘어 비교문명 또는 비교사회학을 개척하기 위한 처음 있는 방법론적 시도임에도 불구하고, 그의 개념이 서구문명에의 적용한계를 벗어날 수 없었기 때문에 보편적 비교의 틀로서는 아직도 편견에 기울어 있다는 점을 지적하였다. 그리고 우리는 이러한 비교문명 또는 비교사회학을 위한 보다 보편적으로 타당성 있는 기준은 논리적인 범주 또는 철학적 개념체계 위에 세워져야 한다고 암시하였다.

니덤에 의하면, 농업 관료제 같은 사회적 조건만 아니었더라면 중국은 16세기에 이르기까지 과학기술의 우월성을 지니고 있었던 점을 보더라도 충분히 근대과학을 낳을 수 있는 가능성이 있었다는 것이다. 후스(胡適)도 중국의 사상사 가운데는 묵자를 비롯한 혜시, 공손룡 같은 명가(名家)들의 논리적 탐구활동 이후에도 과학적 방법의 철저한 정신이 살아 있었다는 것을 강조한다. 후스는 청대(淸代)의 문헌고증학자들에게서도 증거를 바탕으로 한 엄밀한 탐구, 의문과 가설의 설정에 대담하고 그 증명에 철저한 과학적 방법을 실천한 사례들을 발견할 수 있다고 한다. 베버에게는 사실 이렇게 막연한 비교문명론에 대항해서 서구적 합리성 가운데서만 근대과학이 탄생할 수밖에 없다고 하는 반론(反論)을 전개할 근거가 없다. 그는 서구적 합리성을 지배하는 논리적, 철학적 개념의 분석에 착안하지 못했을 뿐만 아니라 중국적 합리성의 고유한 특징이 무엇인지를 미처 이해하지 못했기 때문에 중국적 합리성은 근대과학을 낳을 수 없다고 하는 반론을 구성할 수도 없다.

이리하여 우리는, 서구적 합리성과 중국적 합리성이 지니는 각각의 고유한 논리적, 철학적 개념을 분석하지 않고서는 양대(兩大) 문명에 관한 어떤 사회학적 관찰과 사상사적 설명사례들을 늘어놓더라도 어째서 근대적 과학혁명이 서구적 합리성 가운데서 일어날 수밖에 없다는 것을 명백하게 증명할 방법이 없었다는 것을 이해하게 된다.

따라서 근대적 과학혁명의 배경이 된 서구적 합리성의 고유한 논리적, 철학적 특징을 분석해 낼 수 있다면 이것이 그들의 사회학적, 사상사적 사례들보다도 더 근본적으로 근대과학이 이루어지게 한 바탕을 드러내게 될 것이다. 그런데 우리는 서구적 합리성의 고유한 논리적 특징을 가장 잘 드러내는 것은 근대적 과학혁명이 이루어진 과정 그 자체에 있다고 생각한다. 근대적 과학혁명이 이루어진 과정처럼 서구적 합리성의 핵심을 보여 주는 것은 없다. 근대적 과학혁명이 이루어진 근거를 가장 잘 이해하는 길은 그 자체의 논리적 방법에 있다는 인식에 도달한다.

사실 비교문명의 이론가들이 근대과학의 고유한 논리적 방법에 착안하지 못했기 때문에 서구 문명권 밖에서도 근대과학이 이루어질 수 있는 가능성이 자주 있었던 것처럼 착각했던 것이다. 근대적 과학혁명이 이루어지기까지는 이집트, 인도, 중국 또는 이슬람 문명권에서도 훌륭한 과학이 있었으며 그러한 선구자들의 공헌을 무시할 수 없다는 것을 많은 과학사가들이 지적한다. 특히 8세기로부터 14세기에 이르기까지 그 당시의 동서문명을 흡수해서 서구에 넘겨줌으로써 근대적 과학혁명이 가능하게 한 것은 이슬람 문명권의 기여한 바라고 한다. 예를 들면, 11세기 초에 활약했던 알하젠(11세기 아랍의 과학자 이름) 같은 과학자는 과학연구에서 실험과 수리적 엄밀성을 결합한 근대과학의 선구자라 할 만하다고 말한다. 그리고 수학과 의학, 그 밖의 기술방면에 대한 인도와 중국의 공헌을 빼놓을 수 없다고 한다.

그러나 과학기술의 발전에 대한 이들의 모든 공헌이 있었다고 할지라도 옛날 그리스의 문명과 그 과학의 고유한 논리적 방법이 없었다면 근대적 과학혁명은 이루어질 수 없었다고 말할 수 있는 근거가 있다. 사실 근대과학에 대한 옛날 그리스인들의 공헌은 순수히 사변적인 기하학의 연역체계를 만들어낸 데에 있다고 흔히 논의되어 왔다. 그러나 여기서 기하학이라고 하는 순수 사변적 연역체계를 완성시켰기 때문에 그들이 근대과학에 기여한 바가 크다고 말하려는 것은 아니다. 근대적 과학혁명에 대한 그들의 직접적인 공헌을 이해하려면 유클리드보다 훨씬 이전에 이루어진 피타고라스 학파의 논리적 탐구과정과 그 방법에 유의할 필요가 있다.

피타고라스 학파의 합리주의 사상은 음악적 화음(和音)이나 기하학적 관계가 일정한 정수(整數)들 사이의 비율에 의해서 이루어진다는 사실로부터 이끌어낸 것이었다. 그들은 직각을 이루는 삼각형의 두 변의 제곱의 합(a^2+b^2)이 빗변의 제곱(c^2)과 같다고 하는 이른바 피타고라스 정리가 3 : 4 : 3 또는 5 : 12 : 13 또는 8 : 15 : 17 같은 세 개의 정수들 사이의 비율로서 이루어진다는 것을 발견하였다. 이러한 피타고라스의 수들이 서로 일정한 비율을 이룬다는 것은 그 수들이 일징한 공약수를 내포하고 있기 때문이라고 그들은 생각하였다. 그들은 모든 수들이 공약수를 가진다고 하는 수(數)의 원자론을 믿고 있었던 것이다.

그러나 피타고라스의 비율이 정수들로서 표현될 수 없는 사례들, 말하자면 어떤 공약수도 갖지 않는 비율이 존재함을 발견했을 때 그들의 합리주의에 대한 신념은 크게 충격을 받았다. 직각을 이루는 삼각형의 두 변이 각각 1일 때 그 빗변은 $\sqrt{2}$일 수밖에 없는데 그들은 1이라는 정수를 가장 작은 공약수라고 보았기 때문에 1 : 1: $\sqrt{2}$라는 비율에 대하여 당황하지 않을 수 없었을 것이다. 1 : 1 : $\sqrt{2}$라는 비율을 받아들이기 어려운 이유는 그들이 $\sqrt{2}$라는 수를 이해하지 못했기 때문이 아니라 수의 원자 또는 가장 작은 공약수는 정수 1이라고 하는 수의 개념정의를 고집하는 논리적 일관성 때문이라고 생각된다. 그들의 논리적 일관성은 분수(分數)조차도 반드시 정수들 사이의 비율로서 정의할 정도였으므로 $\sqrt{2}$ 같은 무리수(無理數)의 발견은 그들의 수(數) 원자론(number atomism)에 대한 정면 도전이 되는 것이다. 바빌로니아 사람들은 빗변이 가지는 무리수를 알고 있었으나 그 근사치(近似値)에 만족하는 실제적 태도를 취했다고 한다.

그러나 그리스인들의 철두철미한 순수 논리적 일관성은 그들로 하여금 정수들의 비율로써도 정의할 수 없는 $\sqrt{2}$ 같은 무리수의 도전에 대하여 실제적 근사치에 만족하도록 내버려 둘 수는 없었던 것이다. 우리는 실제적 효용성에 안일하게 양보하지 않은 그들의 순수 논리적 일관성의 추구 때문에 부딪치게 된 잉여현상 그리고 그 해결과정에 유의해야 한다. 그들의 이런 추구로 말미암은 첫째 결과로 기하학적 대수(geometric algebra)의 탄생을 들 수 있다. $\sqrt{2}$ 같은 무리수의 위협은 무한분할이 가능한 (최소단위와 같은 공약수가 필요치 않은) 기하학적 성질을 찾도록 인도하였다. 그리하여 $\sqrt{2}$라고 하는 양은 수에 의해서가 아니라 두 변의 대각선이라고 하는 기하학적 성질에 의해서 표현될 수 있다고 하는 결론에 도달한 것이다. 대수의 기하학화(化)가 일어난 것이다. 이는 모든 수에 대한 공약수적 정의의 가능성을 믿었던 피타고라스 학파의 수론(數論)에 대한 일대 타격이 아닐 수 없었다.

그러나 순수 논리적 일관성을 추구하는 그리스인들의 정신은, 둘째 결과로, 수의 개념정의를 확장·재구성하여 무리수를 포함하는 수의 체계를 보다 일반화하여 완성하게 한 것이다. 예를 들어 수학자 데데킨트는 1과 2 사이를 무한한 점들로 분할할 경우 어떤 유리수에도 해당되지 않는 점들이 나타나는데, 그는 이것을 이른바 데테킨트 컷(cut)에 의해 정의한다. 그렇게 그는 무리수를 포함하는 포괄적인 실수체계를 완성시킨다. 여기서 우리는 조금의 오차도 허용하지 않고 엄밀한 정확성을 추구하는 서구사유의 전형을 엿볼 수 있다.

실제적 효용에는 지장이 없는 근사치에 양보하지 않는 순수 논리적 일관성의 추구가 어떤 극한점에 도달할 때 그 일관성으로 넘을 수 없는 잉여현상에 부딪치게 되고 여기서 이미 주어진 가정 또는 전제에 대한 재구성의 계기가 이루어진다. 엘레아 학파의 제논도 그리고 소크라테스도 이러한 논리적 방법의 대가들이다. 그들은 언제나 겸손하게 상대방이 내놓은 전제 또는 주장에 충실히 따라간다. 그리고 상대방의 전제가 내포하는 것들을 연역해 내는 과정이 어떤 극한점에 도달하면 더 이상 넘어갈 수 없는 문제점 곧 모순에 부딪치게 된다는 것을 보여 준다.

이러한 논리적 추리방법에 대한 고대 그리스인들의 집념은 근대적 과학혁명에 직결되는 것이라고 생각된다. 이러한 가능성에 착안하지 못했기 때문에 여태까지 많은 과학사가들은 고대 그리스인들의 공헌이 단순히 수학적 연역방법의 발견에 끝났으며 여기에 17세기의 직접관찰과 실험정신이 결합해서 비로소 근대적 과학혁명이 이루어진 것이라고 설명하였다. 이는 실험의 방법을 끌어들여 과학혁명을 가능하게 한 저 그리스인들의 논리적 방법의 과정을 충분히 이해하지 못하기 때문에 다만 과학의 논리외적(外的), 말하자면 사회 경제학적 설명을 덧붙이려는 것에 불과하다.

근대적 과학혁명에 기여한 고대 그리스인들의 논리적 방법의 강점(强點)은 실제적 효용치에 타협하지 않는 철두철미한 연역적 일관성의 추적에 있다고 할 수 있다. 이 철저한 연역적 일관성에 의존하면 이미 가지고 있는 전제나 공리(axiom) 또는 공약수적(commensurable) 개념과 기준을 가지고서는 넘어설 수 없는 어떤 극한점에 도달하게 된다. 말하자면 이렇게 철저한 연역적 일관성에 의해서만 이미 가지고 있는 공약수적 개념으로서의 공리 또는 전제가 적용될 수 없는 예외, 특수자, 또는 잉여와 같은 주변적 사태들을 관찰하게 되고 이러한 예외, 특수자, 잉여의 사태와의 끊임없는 부딪침에서 기존의 공약수적 개념 또는 공리체계가 새로운 세계를 향하여 확장되어 가는 것이다. 근세의 과학혁명에 있어 관찰과 실험은 이미 가지고 있는 공약수적 개념 또는 공리의 연역적 극한 또는 한계를 검증하는 계기로서 주어졌다는 데 의의가 있다.

근대적 과학혁명을 가능하게 한 이러한 논리적 방법을 나는 주변유도(periphery-leading)의 논리라고 부르며, 이것이 서구적 합리성의 고유한 특징을 이룬다고 생각한다. 만약 고대 그리스인들에 의해서 이러한 주변유도의 논리적 방법의 전통이 세워지지 않았다면, 그 이후 어떤 관찰과 실험 그리고 어떤 사회 경제적 조건이 주어졌어도 근대의 과학혁명은 이루어지지 않았을 것이라고 생각된다.

4. 중국적 합리성의 논리적 특징은 무엇인가?

옛날 중국인이 발휘했던 과학탐구 및 기술개발의 방법이 근대의 과학혁명을 일으켰던 논리적 방법과 다른 점은 없는가? 후스와 니덤을 비롯한 과학사가들의 주장은 그러한 차이를 발견할 수 없다는 전제 위에 서 있다. 과학의 논리와 방법에 대한 이렇게 무차별한 일반화의 경향 때문에 베버 역시 서구적 합리성을 동아시아에서 통용되는 중국적 합리성으로부터 구별해 낼 수 없었다. 그리고 이러한 논리와 방법 또는 합리성에 대한 막연한 개념은 다음과 같은 오류를 낳는다. 중국인들이 지적(知的)으로 충분한 조건을 갖추고 있었음에도 불구하고 근대적 과학기술의 혁명을 일으키지 못한 탓은 (우리들이 보기에는) 우연적이고 임의적인 것에 불과한 과학 논리외적(外的) 원인들, 예를 들면 이런 저런 사회 경제적 요인들에 있다고 말하게 되는 것이다.

그러나 앞에서 논의한 바와 같이 근대적 과학혁명의 논리적 방법의 근거가 무엇이라는 것을 이해한다면, 중국인들이 가지고 있었던 모든 조건들에다 사회 경제적 (말하자면 과학 논리외적) 조건들을 첨가해 주더라도 역시 중국에서는 서구에서 일어난 것과 같은 과학혁명이 일어날 수 없었다는 것을 받아들이지 않을 수 없다. 그렇다면 중국 문명권을 수천 년 동안 지배해 온 논리적 방법은 어떤 것인가? 중국 문명권에서 근대적 과학혁명이 일어날 수 없게 한 논리적 근거, 말하자면 중국적 합리성의 논리적 특징은 어떤 것인가?

중국 문명권이 지닌 사상사적 전통의 개조(開祖)들이라고 여겨지는 공자와 노자와 그 밖의 제자백가들이 활동하기 이전에 이미 예(禮), 악(樂), 시(詩), 서(書) 그리고 특히 역(易)의 사상이 오랫동안 일반화되어 있었다는 것이 사실이라면, 이는 중국적 사상 밑바닥에서 공통적으로 움직이는 보다 깊은 뿌리가 어디에 있는가를 규정하는 데 근거가 되리라고 여겨진다. 그리하여 예(禮)로서 대표되는 공자의 인간 및 사회사상과 무위자연으로서 표현되는 노자의 인간 및 사회관이 중국 철학사상사의 흐름 전체를 두 갈래로 갈라놓을 정도로 양극에 대치하고 있음에도 불구하고 그들의 원시적 뿌리에서 어떤 공통의 논리와 발상법을 발견할 수 있으리라는 기대를 하게 된다. 2,500년 동안의 중국사상과 그 논리를 줄기차게 지배해 온 유가 및 도가사상의 궁극적 원천은 공자나 노자 자신의 발상에서가 아니라 그들이 공유하는 문화적 유산 또는 그들 이전의 고전사상에서 찾아야 할 이유가 충분히 있게 되는 것이다. 공자와 노자 이후의 중국 사상가들이 유가에 속하든지 도가에 속하든지 간에 주역에 나타난 자연 및 운명관을 각자의 사상체계에 포용할 수 있었다는 것은 그들이 모두 하나의 원천에서 벗어나지 않았음을 시사하는 것이라고 볼 수 있다. 그렇게 벗어날 수 없었던 그들의 공통적 원천은 무엇이라고 할 수 있는가?

인·의·예(仁義禮)를 밝히고 이름[名]을 바로 잡아야 한다고 하는 유가의 이른바 정명주의(正名主義)는 이러한 기준 또는 이름에 호소하는 방법을 배격하는 도가의 무명주의(無名主義)와 같이 그 사상적 바탕을 도(道)에 두고 있다. 물론 인·의·예의 개념들로써 이루어지는 공자의 사상체계에서 도의 개념 자체가 해명되는 일은 없다. 공자뿐만 아니라 선진(先秦)시대의 유가들에 의해서 거론된 도는 형이상학적 개념으로서의 도라기보다는 '수신제가 치국평천하'를 위한 실천행위의 길로서의 도를 의미한 것이었다. 그러나 공자 비롯한 원시유가들의 실천행위의 길로서의 도는 그 후 성리학자들의 역(易)의 십익(十翼)과 중용론(中庸論)에서 드러난 것처럼 충분히 형이상학적 해석을 얻을 수 있는 바탕을 지니고 있는 것이다.

사실 정명주의와 무명주의로 반대관계에 있음에도 불구하고 유가 및 도가사상은 궁극적으로 도라고 하는 동일한 형이상학 또는 자연철학적 근원에서 출발하여 중국문명 및 사상사 전개에 거의 동질적 영향력을 행사해 왔다고 생각된다. 말하자면 중국문명과 그 사상사 전개에 있어 바탕의 역할을 한 도의 개념이 그들이 원시시대로부터 공유하는 자연과 그 변화의 원리에 대한 이해에 근거하고 있음을 발견한다.

도가사상을 대변하는 노자와 유가사상을 대변하는 공자는 적어도 천하의 질서를 조작적이고 강제적인 힘에 의해서 찾을 수 없다는 점에 공감한다. "백성을 제도로써 다스리고 형벌로써 질서를 세우면 그들은 부끄러움을 모르고 빠져 나갈 궁리를 하게 된다. 백성을 덕으로써 다스리고 예로써 질서를 지키면 그들은 부끄러움을 알고 스스로 따르게 된다."(논어, 2:3) "사람은 땅을 본받고 땅은 하늘을 본받고 하늘은 도를 본받고 도는 자연을 본받는다"(도덕경, 25) 그들은 아무 '억지'도 부리지 않는 물처럼 자유자재로운 자연의 변이과정을 본받아 사물의 질서를 이해하려고 했던 것이다. 말하자면 그들이 체험하고 관찰한 자연의 원리에서 그들의 도(道)의 개념이 탄생한 것이다. 그들의 지혜와 행위는 언제나 궁극적으로 자연의 법을 본받도록 운명 지어져 있으며, 그러한 숙명을 이탈할 수 있는 가능성은 존재하지 않았다. 말하자면 자연의 궤도 밖에서 대안(alternative)의 길을 찾을 수 있는 가능성이 주어지지 않았던 데서 그 후 2,500년 동안의 중국문명 및 사상사를 이루어 온 고유한 논리와 방법이 결정된 것이다.

도의 개념이 음덕(陰德)과 겸양과 중용이라고 하는 덕목들을 포함하는 이유는 그것이 자연의 질서와 운동의 논리적 형식에 근거하고 있기 때문이다. 도가사상의 원천을 이루고 있는 노자의 『도덕경』이나 유가의 형이상학을 담고 있는 『중용』 그리고 유가 및 도가의 자연사상의 근거를 제공한 『주역』에 나타난 도의 개념, 특히 그 논리적 형식은 다음과 같이 동일하게 표현될 수 있는 것이다.

(1) 하나의 완성된 담론의 영역(the universe of discourse)을 넘어서는 또 하나의(alternative) 담론의 영역은 존재하지 않는다.

(2) 따라서 주어진 담론의 영역 안에서 가능한 논리적 형식은 반(反) 또는 복(復)의 과정이다.

우리는 위에서 중국의 정신세계와 사회질서, 말하자면 중국적 담론영역을 구성하는 원리로서 예와 도의 개념이 그들의 자연의 개념에서 본받은 것이라고 논하였다. 농경생활에서 얻은 수천 년의 체험 가운데서 그들은 자연의 자율성과 충족성을 굳게 믿게 되었던 것이다. 농사라는 것은 자연을 인공적으로 조작하거나 서둘러서 되는 것이 아니라 자연이 스스로 자라나도록 기다려야 하는 것이다. 자연의 변화는 다른 힘을 빌리지 않는 충분하고 자족한 운동이며 그것을 거부하거나 이탈해서 존재할 수 있는 것도 아니다. 그러므로 이러한 자연관은 인간의 생활 또는 사상의 영역으로 하여금 벗어날 수 없는 한계에 스스로 갇히도록 만드는 것이다. 인간의 생활과 사유의 영역이 이렇게 어떤 한계 안에 제약된다는 것은 논리적으로 구축할 수 있는 담론의 영토까지도 그렇게 제약한다는 것을 의미한다.

중국의 문명과 사상이 넘어설 수 없는 제약조건으로서의 자연의 질서와 운동과정은 어떤 논리적 형식을 드러내는가? 유가나 도가의 도의 개념의 모형이 되었던 자연은 자족하고 완벽하므로 자연 아닌 어떤 가상세계에 대한 사변적, 논리적 추적을 할 수 없는 것이다. 말하자면 도의 논리적 형식은 자연의 운동 자체가 지닌 궤도를 벗어날 수 없다. "크다는 것은 두루 간다[逝]는 것이고, 간다는 것은 멀다[遠]는 것이고, 멀다는 것은 되돌아온다[反]는 것이다."(도덕경, 25) 두루가다[逝]→멀다[遠]→되돌아오다[反]의 과정에서 보이는 바와 같이 다시 뿌리로 "되돌아가는 것이 도의 운동"(도덕경, 40)이라고 노자는 말한다. 노자에 있어서의 뿌리로 되돌아감이란 무(無)로 돌아감을 의미하는 데 반하여, 유가의 역(易)이나 중용에 있어서 도의 운동은 유(有)에서 유에의 끊임없는 반복을 의미한다. 도가는 형상(形象)을 초월하는 도의 뿌리가 무의 영역에 속한다고 하고, 유가는 도의 뿌리가 구체적 형상을 초월하면서도 유의 세계에 속하는 것으로 생각하기 때문이다.

그러나 유한계(有限界)로서의 자연의 궤도를 따르는 도는 음극에서 양극으로, 다시 이 극에서 저 극에로 돌아가는 반복의 운동이라고 하는 공통적 형식을 피할 수 없다. 말하자면 반[反]과 복[復]이라고 하는 도의 과정은 모든 중국적 합리성의 체계가 지닌 고유한 논리적 형식이며 방법이다. 그리하여 이 극에서 저 극으로 그리고 다시 역(逆)으로 반복하는 논리적 과정에서 어떤 극단으로도 지나치게 미치지 않는 '가운데'의 자리, 말하자면 시중(時中)을 지키는 것이 최고의 지혜라고 생각하게 되는 것이다. 여기서 중국의 문명과 사상이 목표로 하는 지혜에 함축된 논리적 형식이 서구적 합리성이 지닌 논리적 형식과 대칭적 관계에 있음을 알게 된다. 중국적 합리성에서 볼 때 극단은 다만 반복의 치우친 계기에 불과하므로 그것을 가능한 한 회피하고 절충과 조화를 추구해야 한다.

그러나 서구적 합리성은 연역적 일관성에 따라 스스로 극한점을 추구한다. 그것은 오히려 연역적 일관성에 따라 도달한 극한점에서 공약수적 체계가 붕괴될 가능성을 당연한 것으로 받아들이는 것이다. 말하자면 서구적 합리성은 극한점 또는 주변을 하나의 공약수적 체계가 붕괴되고 또 하나의 보다 포괄적인 공약수적 체계가 이루어지는 발전적 계기로 생각하기 때문이다. 고대 그리스인들처럼 실제적 효용치에 타협하지 않고 순수 연역적 일관성을 추구하는 것은 중국적 합리성에서 볼 때 아주 지혜롭지 못한 것일 수밖에 없다. 그러나 이러한 연역적 일관성의 한계점에서 기존의 공리체계의 한계와 위기를 노출시키는 논리적 방법 위에서 근대적 과학혁명이 이루어진 것이다.

중국적 합리성은 자연의 유한성의 제약 하에 있기 때문에 극한점에 이르기까지 연역적 일관성을 추구하기보다는 실제적 효용치에 타협하거나 절충점에 머무는 것을 이상적인 것으로 생각한다. 따라서 중국적 합리성에서 볼 때, 순수한 연역적 일관성을 추구하는 것은 스스로 극단의 위기와 실패를 향해서 달리는 것과 같은 것이다. 연역적 한계점의 위기와 실패를 (실험과 개혁의 계기로서보다는) 회피하여 절충하는 중심에 머물러 있으려는 중국적 합리성을 중심유도(center-leading)의 논리라고 부를 수 있을 것이다.

이러한 중심유도의 논리가 지니는 최대의 약점은 기존체계에 내포된 공약수적 개념과 공리에서 벗어나는 예외적, 주변적 존재사태들을 발전적 계기로서 이해할 수 없다는 데 있다. 주어진 체계의 연역적 극한점을 끊임없는 한계검증 또는 개혁의 계기로 삼지 않고 다만 체계의 극한점에서 멀리 떨어져 있는 중심의 원형보존(原形保存)에 집착하기 때문이다. 이것이 모든 사회 경제적(과학 논리외적) 조건들이 주어졌더라도 근대적 과학혁명을 불가능하게 만들었을 중국적 합리성의 논리적 특징이다.

5. 결 론

그러면 어째서 과학혁명이 고대 그리스사회에서 이루어지지 않았는가? 그것은 그들이 필요한 조건들을 갖추고 있지 못했기 때문이다. 말하자면 사회 경제적 여건들이 마련되어 있지 않았기 때문이다. 그러나 이러한 사회 경제적 여건들이 근대적 과학혁명을 일으키는 원인은 될 수 없는 것이다. 왜냐하면 이것들은 어디까지나 과학 논리외적 조건들이기 때문이다. 니덤을 비롯한 그 밖의 많은 맑스주의의 과학사가 또는 지식사회학자들이 과학논리적 조건과 과학 논리외적 조건을 구별하지 않았기 때문에 근대적 과학혁명과 사회 경제적 조건들 사이의 관계에 관한 그릇된 설명을 해 왔다. 말하자면 근대적 과학혁명의 직접적 근거는 순수한 연역적 일관성을 추구하는 과정에서 끊임없이 그 극한점에 부딪치게 되는 논리적 방법이다.

이와 같은 비교문명 또는 비교사회학의 논리적 근거가 주어지지 않는다면, 우리는 왜 중국문명이 16세기 이전까지는 서구문명에 앞선 과학기술을 가졌으면서도 근대적 과학혁명을 가져 오지 못했는가를 의문의 여지없이 설명할 수 없다. 중국에 있어서 16세기까지의 과학기술의 발전이 당시의 사회 경제적 요인들 때문에 좌절되어 버렸다고 하는 설명은 만족스러운 것이 아니다. 그들이 말하는 사회 경제적 조건들이 갖추어졌더라도 중국 및 동아시아 문명은 여전히 근대적 과학혁명을 탄생시킬 수 없는 논리적 결여상태에 있었다는 반박을 피할 수 없기 때문이다.

참고

F. M. Cornford, ***Plato and Parmenides***, New York: The Liberal Arts Press, 1957.

T. Dantzig, ***Number***, 4th ed., New York: The Free Press, 1954.

G. de Santillana, ***The Origin of Scientific Thought***, Chicago: The University of Chicago Press, 1961.

Yu-Lan Fung, ***The Spirit of Chinese Philosophy***, London: Routledge & Kegan Paul, 1962.

A. Koyré, ***Galileo Studies***, Sussex: The Harvester Press, 1978.

G. W. Leibniz, ***Discourse on Metaphysics, Correspondence with Arnauld and Monadology***, trans. G. B. Montgomery, La Salle, Illinois: The Open Court Publishing Co., 1962.

J. Needham, "Mathematics and Science in China and the West", ***Science and Society***, vol. 20, 1956, pp. 320-43.

B. Nelson, "Science and Civilizations in East and West: Joseph Needham and Max Weber", ***Philosophical Foundation of Science***, eds. R. J. Seeger & R. S. Cohen, Dordrecht-Holland: D. Reidel Publishing Co., 1974.

S. Sambursky, ***The Physical World of the Greeks***, trans. M. Dagut, London: Routledge & Kegan Paul, 1956.

J. Skorupski, ***Symbol and Theory***, London: Cambridge University Press, 1976.

S. Toulmin, "Scientific Strategies and Historical Change", ***Philosophical Foundations of Science***, eds. R. S. Seeger & R. S. Cohen, Dordrecht-Holland: D. Reidel Publishing Co., 1974.

B. L. van der Waerden, ***Science Awakening: Egyptian, Babylonian and Greek Mathematics***, New York: John Wiley, 1963.

Max Weber, ***From Max Weber***, eds. H. H. Gerth & C. W. Mills, New York: Oxford University Press, 1946.

Max Weber, ***The Methodology of the Social Sciences***, eds. E. A. Shils & H. A. Finch, New York: The Free Press, 1949.

조지프 니덤, 「東西의 科學과 社會」, 『中國科學의 思想』, 朴星來 編, 서울: 전파과학사, 1978.

후스(胡適), 「中國思想 속의 科學精神과 科學方法」, 『中國科學의 思想』.

『論語』

『道德經』

『周易』

『中庸』

7. 한국 사상사의 방법문제

1

고도의 산업화와 물질적 풍요에 따르는 정신문화의 쇠퇴현상을 많은 지식인들이 우려하고 있다. 그리고 그것은 흔히 '물질향락주의'의 서양문명과 그 사조의 유입 때문이라고 여겨지고 있다.

우리의 전통문화는 정신적인 것이고 서양문화는 물질적인 것인가? 우리의 문화가 어떤 의미에서 정신적인 것인가를 반성해 볼 필요가 있다. 그리고 서양의 과학문명은 물질주의적인가 하는 것도 좀 더 이론적으로 분석해 보아야 한다. 그리고 다시 우리가 심각하게 검토해야 할 것은, 서양에서 과학기술만을 떼어다가 우리의 전통문화와 접합시키는 것, 곧 동도서기론(東道西器論)이 가능한 역사발전의 방법인가 하는 점이다.

열강(列强)들 사이에서 갖은 고초와 위기를 겪으면서도 한 나라와 문화를 지켜온 우리는 주체성이 강한 것 같으면서도 상황변화에 따르는 예민한 적응력을 지니고 있기도 하다. 특히 최근세로부터 오늘에 이르는 과정에서는 말할 것도 없거니와 시대의 변천과 함께 불교를 정신적 지주로 받아들였다가 유교로 바꾸어 그것을 우리 삶의 바탕으로 숭상했고 그것을 다시 바꾸어 기독교와 서구문물에 적응해온 것이다. 상황변화의 충격에 대한 민첩한 적응력이 민족생존의 조건으로 체질화되다시피 한 때문인지 때로는 우회적(迂廻的) 사유의 여유를 보이지 못하는 경향도 드러난다.

1950년 6·25 전쟁 체험 이후 오늘에 이르는 우리의 현실 생활상(生活相)을 관찰하면, 그러한 경향을 파악할 수 있다. 우리는 공항이나 시내 한복판에서 허름한 아무 옷이나 입고 다니는 서양 청년, 신사들을 가끔 볼 수 있다. 그들이 차고 있는 시계는 이름 모를 메이커의 고물 시계다. 반면 외국에 나간 한국 유학생들의 시계는 거의 언제나 그들의 클래스메이트인 서양 친구들의 시계보다 훨씬 비싼 종류인 경우가 많다. 정신문화를 지녔다는 우리가 결혼할 때 어째서 집안 살림이 무너지도록 물질적으로 체면을 세우기 위한 경쟁을 하게 되었는지 모른다. 몇 백만 원, 몇 천만 원 어치의 돈과 물질을 따지지 않고서는 결혼이 성립하지 않는 우리 사회의 풍속도가 결코 서양에서 들어온 것은 아닐 것이다. 서양의 청년들은 서로 좋아하는 '마음'으로 결합하고 그 뒤에 필요한 탁자, 의자, 침대 같은 것들은 헌 가구점에서 구입하는 것을 흔히 본다.

그들은 물질주의자들이 아니다. 왜냐하면 그 사회에선 돈을 주고도 할 수 없는 일이 너무나 많기 때문이다. 그들의 문화에서 돈과 물질이 가장 중요한 척도가 될 수 없는 것은 그들의 가치가 물질주의가 아니기 때문이다.

우리나라에서 전쟁 이후 성장한 세대만이 지니는 물질주의 풍조라면 이해할 수도 있겠으나, 전란을 통해서 일단 모든 물질적 소유와 현세적 자리를 빼앗겼던 이른바 기성세대의 충격적 체험이 어째서 물질과 현실의 무상(無常)함을 깨닫는 초월의 태도를 우리 민족에게 일깨우지 못했는지 이해 못할 일이다. 상황에 대한 예민한 반응을 중요하게 여기다 보니 이러한 충격을 중추신경의 우회적 사유를 통하여 심화시키지 못한 때문인가? 아니면, 우리의 전통문화 가운데에 물질과 현상세계를 완전히 부정해 버린 플라톤이나 현실 성취를 초탈하는 내세관(來世觀)을 설파한 예수의 영향권을 벗어난 때문인가?

우리 민족을 천 년 이상 지배해 온 한문문화(漢文文化)에 비교할 때 서양의 과학문명은 다음과 같은 점에서 특이한 것 같다. 과거 한문문화는 고전(古典)의 전수(傳授)에 의해서 이루어진 데 반하여, 과학문명은 고전에 대한 비판 또는 도전을 중심으로 이루어진 것으로 보인다. 특히 서구문화의 정치, 종교, 철학, 예술, 과학 가운데서도 과학은 비판과 개조의 정신을 서양 근세사에 깊이 심어준 것이라고 볼 수 있다. 다른 어떤 분야에서보다도 과학에서는 기존 진리체계의 독단과 권위가 배제되며 부단히 개조 가능성을 추구하는 방법과 정신이 강조된다. 정치, 종교, 철학, 예술에서는 천 년을 지나도록 그 권위와 가치가 유지되는 사상과 이론이 있을 수도 있었으나, 과학사에서는 어떤 세기의 천재도 다음 세대, 다음 시대에까지 권위자로 남을 수 없다. 따라서 과학에서 쉼 없이 추구되는 것은 기존체계의 비판과 개조이며 보다 나은 진리의 발견이다.

이러한 서양의 적극적, 사색적, 모험적, 실증적인 학문 · 사상 · 문화를 가진 사람들에 비하면 수용적, 관조적, 명상적 태도를 지닌 동양 사람들이 보다 정신적인 것처럼 보일 수 있다. 그러나 그런 의미에서 동양문화가 정신문화라고 자부하며 서양문화를 물질문명이라고 단정한다면 그것은 피상적 인식임에 틀림없다. 오히려 서양의 과학과 철학과 종교활동에서—플라톤의 이데아 또는 이념지향성과 기독교의 내세관이 잘 드러내듯이—현실과 물질의 제약된 세계를 초월하려는 순수한 정신자세를 발견할 수도 있기 때문이다.

한문문화가 고전의 전수 또는 암송을 위주로 이루어졌기 때문에 우리의 문화사도 그러한 답습의 전통 안에서 전개되어 온 것이 아닌가 생각된다. 불교와 유학, 그리고 오늘의 서양학문까지도 원형대로 유지하고 전수하는 경향이 있다. 동양학은 물론이고 서양학을 연구한다고 할 때도 우리 학계는 원전을 거의 절대시한다. 원전도 제대로 이해하지 못하는데 무슨 비판과 새로운 발견이 있을 수 있느냐는 태도는 중·고등학생으로부터 대학교수에 이르기까지 지배적이다. 그러나 서양에서는 시대에 따라 차이는 있으나 누구든지, 때로는 깊은 사려 없이, 원전에서 벗어난 해석과 비판을 하면서까지, 자기의 사상을 구축하는 자유정신을 발휘하는 것을 본다. 왜냐하면 서양문화와 학문의 정신은 고전으로 돌아가는 데 있지 않고, 고전에 대결하는 독창성(originality)의 실현에 있기 때문이다.

이렇게 서양사상 및 과학사에서 볼 수 있는 것처럼 서양의 역사지향은 독창성에 있고, 동양의 역사정신은 그 학풍이 드러내는 바와 같이 정통성에 있다고 하겠다.

중국의 학자 첸무(錢穆) 자신이 중국문화와 학문의 본질을 그 역사의 전통성에서 찾으려고 한 바 있다.(『中國의 歷史精神』, 추헌수 역, 서울, 1977) 그러므로 한문 문화권의 학문전수와 전통정신에 의하면 불교와 유학과 서양학문 모두 받아들이는 자의 주관적 비판과 독창성에 의한 개조 없이 원형 그대로 수용될 수 있겠으나, 서양의 학문과 역사정신에 의하면 어떤 사상과 학문도 원형대로 보존될 수도 없고 그것이 동양문화를 침식하게 되어 있지도 않다.

독창성을 성취의 척도로 삼는 서양의 과학, 철학, 역사정신을 진정으로 터득할 때 오히려 한국문화와 사상계는 과거 어느 때보다 물리적 현실에 침체됨이 없이 초월의 정신으로 현실을 지양시킬 수 있을 것이다.

본디 다원적 사회, 문화, 사상의 갈등 속에서 변형 · 성장해 온 서양철학과 과학은 언제나 폐쇄적 완결성(完結性)보다는 대결적(對決的) 운동의 논리를 전제로 하고 있다. 한문문화권에는 모든 후세의 학문과 사상의 원형이 되는 사서삼경, 그리고 공자와 같은 성현이 존재한다. 또한 후세의 어느 누구도 이를 초월하거나 개혁할 천재로 자처하지 않는다. 그 폐쇄적 완결성은 새로운 것과 이질적인 것에 대한 근본적 거부반응을 보이는 경향을 지닌다.

이 폐쇄적 완결성 때문에 한문문화권에서는 새로운 것, 이질적인 것을 배제하고 과거로 거슬러 올라감으로써 자신의 진정한 모습 또는 원형을 찾으려는 경향이 있다. 그러나 어째서 과거 전통이 자신의 진정한 모습을 이루는 본질인가? 오늘의 자아 또는 민족자아의 주체성을 결정하는 것은 무엇이며, 그것은 과거에서 찾을 수 있는 것인가?

오늘의 새로운 정신문화의 발견에는 우리가 처한 현재의 장(場)을 원점(原點)으로 하는 외래사상과 학문에 대한 수용(受容) 및 지양(止揚)의 논리가 요청된다. 말하자면 새로운 것 또는 이질적인 것들에 대한 수용 및 지양을 방법으로 하는 새 시대의 정신문화 형성을 위해서는 동양사가 지녀온 폐쇄적 완결성의 논리가 아니라 서양사가 지닌 대화적 지양의 논리가 요청된다. 이러한 서양의 역사정신을 참고할 때 우리가 주체성을 잃거나 서양문화에 예속되는 것은 아니다. 한국문화 가운데에 이러한 서양의 역사정신이 뿌리를 내린다면 주체의 정신과 물질 초월의 정신문화가 이루어질 수 있고, 나아가 서양문화의 제국주의적 침식을 막을 수 있으며, 더 나아가 서양

문화를 우리의 문화로 지양시킬 수 있을 것이다.

반면 한문문화의 관행이 지닌 역사방법이야말로 우리로 하여금 우리의 현실을 원점으로 하는 주체적 사유능력을 잃게 하며 과거의 성현과 고전들의 권위에 다시 예속하도록 만드는 것일 수도 있다. 한문문화의 역사방법은 과거 한국인의 주체적 사유를 빼앗고 모화정신을 우리에게 심어 주었으나, 서양 과학문명 가운데에 전제된 역사정신에 따르면 모든 위대한 서양사상과 고전들이 우리의 주체적 사유에 의해서 이해 · 지양되어야 할 것으로 된다.

우리는 새로운 정신문화를 창조하는 데 있어 역사가 깊지 않은 미국 철학사를 참고할 필요가 있을 것 같다. 미국은 최초에 그들 고유의 어떤 철학도 가지고 있지 않았다. 처음 백 년 동안 그들은 다만 유럽의 철학사상을 흉내 내는 아류(亞流)에 불과했다. 퍼스, 제임스, 듀이도 모두 흄, 칸트, 헤겔을 포함하는 유럽철학의 수용에서 출발해서 개척시대 경험과 사상에 뿌리 깊은 근거를 가지고 있는 프래그머티즘의 철학으로 전화(轉化)시킨 것이다.

그러나 현재 어느 미국 철학자도 프래그머티즘이 미국을 대표하는 철학이라고 주장하지도 않거니와, 사실 오늘의 미국 철학도들은 프래그머티즘 철학을 거의 무시하고 있다. 프래그머티즘의 시대가 지났다는 것을 알았을 때 대부분의 미국 철학자들은 미련 없이 이를 버렸고 자기 시대의 현실을 원점으로 해서 다시 모든 비(非)미국적 철학들—현상학, 실존철학, 맑스주의, 유럽 전통의 고전 철학자들, 그리고 동양사상들을 받아들이고 비교 · 분석하기 시작했다. 앞으로 이 외래의 철학사상들에 대한 수용과 전화의 충분한 시간이 지난다면 아마도 프래그머티즘의 철학을 지양하고 능가하는 그들의 새로운 주체성을 표현하는 철학과 사상을 만들어낼 것이 틀림없다.

우리들이 서양의 과학문명 가운데서 물질주의와 물질문명을 발견하는 것은 우리들의 전통적 사유가 그러한 이해력의 한계를 지니고 있기 때문이다.

2

구미세계의 사상과 문화를 직접 수입하기 시작한 지 한 세대가 지나간 요즘 그것이 우리 민족 자아의 상실을 가져올 수도 있다는 우려를 표명하는 사람들이 많아진 것은 다행한 일이라고 하겠다. 이들은 민족의 자아를 되찾으려는 운동으로서 수백 년을 거슬러 올라가는 전통사상과 문화를 연구하며, 때로는 수천 년을 더듬는 토속신앙 발굴을 시도한다. 자기 존재를 잃지 않고 보존하려고 하는 것은 모든 생명의 평범한 본능인지도 모른다. 더구나 우리 민족이 그 독자적 존립(存立)에 대하여 외부로부터의 쉼 없는 위협을 받아온 과거를 회고하면 과도한 자기에의 집착마저도 이해할 만하다.

그러나 지금까지 진행되고 있는 민족 자아 발견의 운동으로서 우리나라의 국학연구는 대부분이 상식적 역사이해에 기초를 두고 있다. 우선 여기서 많은 국학연구의 기초와 방법으로서의 역사이해에 있어서 저지르는 두 가지 오류를 지적할 수 있다.

첫째로, 많은 한국학 연구가들이 복원적 역사관을 전제로 하고 있다. 국적(國籍) 있는 사상 또는 교육이라고 할 때 그것을 많은 사람들은 어떤 외세(外勢)의 영향 이전의 전통에서 발견하려고 하는 것 같다. 우리는 자주 순수한 단일민족과 단일문화의 전통을 자랑한다. 그러나 그렇게 순수한 단일문화의 실체를 과연 어디서 발견할 수 있는가? 때때로 단군신화에서 때로는 고구려, 백제, 신라의 고유한 문화에서, 또는 한국 불교, 유교의 역사에서 찾으려고 할지도 모른다.

오늘 우리나라의 철학, 과학, 경제, 교육, 예술의 전통 가운데 어떤 것이 중국, 일본을 비롯한 동양 여러 나라와 미국, 유럽을 비롯한 서양 여러 나라의 영향과 공헌 없이 단독으로 이루어진 것이라고 주장할 수 있는가가 문제이다. 민족 자아와 문화의 주체성을 폐쇄적 순수성에 둔다면 그런 주체성이 어느 민족, 국가에게 있었는지 궁금하다. 미국은 역사가 짧은 나라이긴 하지만 자기 나라의 학문 또 철학을 만들어내기 위하여 유럽과 동양의 훌륭한 전통들을 받아들이고 있다. 한 민족의 문화와 자아는 여러 지류들이 섞여서 이루어지는 복합체인 것이다. 그러므로 한 민족의 자아와 주체성은 배타적 단독성에서가 아니라 복합적으로 수용된 것들을 개성화(個性化)하는 방식에서 이루어진다.

우리는 한 인간 자아의 형성에서도 같은 원리를 발견한다. 한 인간의 개체성은 외부로부터 주어진 요소들을 어떻게 결합했느냐에 달려 있는 것이다. 한 민족의 자아도 이와 같은 원리로 이루어지는 것이라면 그리고 국학연구가 복잡한 현대를 헤쳐 가는 오늘의 민족 자아를 찾으려고 하는 것이라면, 어떻게 그것이 해방 이후 서양으로부터 들어온 현대철학, 과학, 종교, 교육, 예술의 수용과 변형을 고려하지 않고 성립할 수 있겠는가?

둘째로, 우리나라의 국학개념 가운데는 현대의 문제를 해결 · 지양하는 미래에 대한 비전(vision)이 없다. 아마 그 원인도 많은 국학연구가들의 잘못된 역사이해에 있는 것 같다. 그들은 역사라는 것을 현재와 미래에 연결되어 살아 움직이는 것으로 보지 않고 이미 과거에 끝나 버린 사건들로 구성되는 것이라고 보는 것 같다. 따라서 오늘의 한국인의 정체(正體) 또는 민족의 자아를 발견하기 위하여 '과거'만을 자꾸 들추게 되는 것이다. 자기 존재의 궁지를 현재에서 찾을 수 없는 노인은 과거의 영광을 회고해야 한다.

그러나 우리가 살아 있는, 미래가 있는 민족이라면, 어떻게 우리 자아의 정체를 단군신화에서 신라의 화백(和白)정신에서 조선의 건국이념에서 찾음으로 끝날 수 있겠는가? 오늘 한국인의 성격, 행동, 자아를 규정하고 움직이는 것은 단순히 과거의 그런 것들이 아닌 것이다. 인간은 역사적 존재이다. 이 말은 과거가 중요하기 때문에 성립하는 말이 아니다. 과거를 부정하고 미래를 향하여 역사를 만들 수 있는 존재이기 때문이다. 인간을 지배하고 결정하는 것은 과거가 아니라 현재이며 미래인 것이다. 우리는 미래에의 계획과 비전에 따라서 현재를 경영한다. 그러므로 오늘의 민족 자아의 정립과정으로서의 국학여구는 우리 앞에 놓여 있는 현재상황, 그리고 미래에의 비전을 향해서 이루어져야 한다.

역사는 반복하는 것인가? 해방 이전의 우리 사회·문화의 상황이 오늘에 비교해서 얼마나 다른 세계였던가를 누구보다도 더 잘 이해하는 분들은 그 시대를 연구하는 오늘의 국학대가일 텐데, 그 이전의 사회이념, 시대정신을 가지고 어떻게 오늘 우리의 자아를 정립하고 미래를 설계하겠다는 것인지 이해할 수 없다. 해방 후 30여 년이라는 세월은 우리가 서양의 사상과 문물을 수입·수용·변형시키기에는 너무나 짧은 기간이라고 볼 수 있다. 이제 와서 반문화(反文化)의 기수들 또는 서양의 이론가들이 그들의 과학문명을 비판한다고 해서 우리가 재래의 동양문명의 순수한 전통 속에 안주할 수 있다고 생각하는 사람은 없는가?

모든 분야의 전문가들이 국학 정립에 공헌할 수 있다고 하는 말은 그럴듯한 암시이다. 국학이 어떤 특정 분야에 국한된 문제라고 생각할 때 우리나라의 국학은 발전할 수 없다. 국학은 대단히 복잡하게 얽혀 있는 과제들을 지니고 있다. 그 과제들은 관점을 달리하는 현대와 미래 연구가들 사이의 논의와 논쟁을 거쳐서 풀려 갈 수 있는 것이다. 일부계층의 과거 문헌자료에 대한 전문지식을 가지고 국학의 기초개념들과 그 체계구성을 한다는 것은 가능하지 않을 뿐만 아니라 한국학의 장래를 위해서 바람직하지 않은 것이다.

그러나 무엇보다도 한국학과 한국사상의 기초개념 정의와 체계구성 이전에 선결되어야 할, 또는 적어도 전제되어야 할 문제가 있다. 그것은 동서사상과 문화의 보편성과 특수성의 문제이다. 여태까지 많은 국학연구가들은 우리나라의 사회와 문화, 역사와 사상이 세계의 역사, 문화, 사상에 비할 때 어떤 특수성과 보편성이 있는 것인지 검토하지 않았다. 그 보편성과 특수성의 의미 또는 관계가 논리적으로 또는 인식론적으로 이해되지 않는다면(이것은 수천 년의 서양철학사 가운데서도 논쟁점이 되어 왔다), 이른바 국학이라는 것이 어떻게 한 독자적 영역이 되는 것인지 도대체 국학 또는 한국사상 존립의 근거조차 알 수 없는 것이다.

3

우리는 통속적으로 '과학'이라고 불리는 학문세계를 크게 갈라서, 한편으로는 수학이나 논리학과 같이 순수형식의 세계가 지니는 일반법칙성을 탐구하는 학문영역을 두고, 다른 한편에는 자연과학, 인문사회과학과 같이 다양한 관찰경험 세계들이 지닌 일반법칙성을 찾아 세우려는 영역을 둔다.

순수형식과학의 법칙이 성립함에 있어서 구체적 관찰과 경험의 내용이 배제되거나 중요하게 작용하지 않는 데 반하여 물리과학, 생물과학, 사회과학 그리고 특히 역사와 문학의 영역에 이르면 관찰과 경험의 구체적 내용이 그 학문의 보편 일반적 성격을 크게 제약하는 것을 발견한다. 말하자면 순수형식과학으로부터 물리과학, 생물과학, 인문과학의 순으로 멀어질수록 그 과학의 대상에서 추상적 단순성이 사라지고 복합적 구체성이 증대함을 볼 수 있고, 그 과학이론의 보편성을 지역적, 역사적 특수성이 점차적으로 더 제약하는 것을 발견한다.

그 밖에 어떤 과학의 영역들이 존재하는가? 순수형식의 과학으로부터 멀어질수록, 그리하여 역사학과 문학의 세계에 이르면 보편성은 찾기 어렵고 지역적, 역사적 구체성 이른바 특수성이라고 하는 한계에 부딪치게 된다. 그럼에도 우리는 역사학과 문학의 대상으로서 인식될 수 있고 공감할 수 있는 어떤 일반적 진리를 추구한다고 생각한다.

그러나 일반적, 보편적 이론을 통해서는 이해되거나 실현될 수 없는 지역적, 역사적 특수성 또는 고유성의 존재를 주장하려는 학문의 추세가 한국을 비롯한 제3세계 나라들 가운데서 일어나는 것도 무시할 수 없다. 현대과학 내지 학문은 우리들의 생활세계 또는 역사와는 다른 체험을 지닌 서양사람들에 의해서 발생하고 발전해 온 것이므로 그것이 우리들의 생활감각, 세계이해를 표현하는 것으로 볼 수 없다고 생각하는 경향이 있다.

이는 자신이 처한 특수시대와 상황을 소화하고 이에 따라 기존의 이론을 폐기하고 개혁해 가는 지양(止揚)의 전통이 없는 우리들이 만들어낸 속단인지도 모른다. 왜냐하면 서양사람들도 그들의 이론 체계들이 그들 각기의 다양한 시대감각과 세계이해를 제대로 표현해 주지 못하기 때문에 배제하거나 개조해야 한다고 역설하는 때가 많기 때문이다. 말하자면 발전하는 과학과 학문 주변에는 언제나 새로이 관찰되고 이론화되어야 할 잉여지대가 존재한다. 그러므로 이해되고 이론화되기를 기다리는 무수한 사실들이 아직도 우리들의 이론체계들 밖에서 예외와 특수성이라는 고아—'국학'이라는 이름을 가지고—의 신세를 면치 못하고 있는 것이라고 볼 수 있다.

4

우리가 처해 있는 현실은 동서와 남북으로부터 밀려오는 여러 가지 흐름들이 서로 부딪쳐서 일어나는 혼란의 소용돌이라고 볼 수 있다. 말하자면 바로 여기서 동서의 서로 다른 문화와 사상이 교차하고 남북의 이질적 사회체제가 대결하고 있다. 바로 이 교차와 대결의 마당에서 몇 백 년, 몇 천 년을 이어져 오던 역사는 단절되고 이제 전통이나 관례로서는 뚫을 수 없는 새로운 시대 앞에서 우리는 진통하고 있다.

이 단절과 갈등의 역사적 상황이 자아내는 특수성은 우리의 정통 사관(史觀)으로 보거나 세계사적 주류에서 보거나 간에 이해하기 어려운 잉여의 현상들에 속하는 것이다. 어째서 우리는 이 단절과 잉여의 체험을 보다 높은 차원으로 지양하여 새로운 운명개척의 계기로 삼을 수 없는가?

지금 한국인이 지닌 정체의 바탕을 찾으려면 한 부분은 우리나라 과거 역사에서, 한 부분은 서양사의 주류에서, 또 한 부분은 우리 민족 특유의 분단모순의 조건에서 출발하지 않을 수 없다. 이 혼합과 갈등 가운데서 방황하는 오늘의 우리 정체는 첫째로 근세조선의 전통으로부터 단절되어 있다. 지금 누구도 오늘 한국인의 현실체험과 사상이 근세조선의 유교이념을 바탕으로 이루어진다고 말할 수 없다. 과거의 우리가 가지고 있었던 불교나 유교나 도교나 그 밖의 어떤 사상도 이제는 한국의 경제, 문화, 교육을 좌우하는 근본원리는 아니다. 지금 아무리 전통과 주체성의 회복을 강조하더라도 되돌아갈 수 없도록 한국인의 현실이 변질되었음을 의미한다. 둘째로 한국인이 지녀온 사상과 자아, 말하자면 그 정체는 서양문명이 이끄는 세계사적 주류의 급작스런 침입으로부터 충격을 받았다. 그러나 우리는 현대세계의 문명과 그 사조를 피상적으로 흡수·추종해 왔다. 그렇기 때문에 우리는 아직도 과학기술의 문명을 받아들이면서 전통도덕과 정신은 유지할 수 있다고 생각하는 모순 속에 있다. 그러나 이것은 과학기술과 그 산업의 깊은 바탕에 깔려 있는 사고 및 생존방식이 우리 전통의 도덕 및 생활과 양립할 수 없는 것임을 아직도 깨닫지 못하기 때문이다.

5

이제 문제는 오늘의 한국인이 이러한 역사적 단절과 소외의 체험 또는 그 체험의 특수성을 어떻게 극복하며 지양시키려고 하는가 하는 태도와 방법에 있다. 여기서 우리는 단절과 소외의 체험과 그 특수성을 해소하는 일반적 방법으로서 가능한 다음 세 가지를 구분해 볼 수 있다. 첫째는 원형보존(原形保存)의 전개방법이다. 전통이나 관례에 내포된 공약수적 개념과 척도에서 벗어나는 특수한 단절의 현실이 다가올 때 이를 무의미한 것으로 배격하는 것이다. 또는 전통이나 관례에 이미 주어진 원형개념과 척도로써 어떠한 사상과 현실의 문제도 해결할 수 있다고 고집하는 태도이다.

과거에 동아시아사람들은 청소년의 성장과정을 어떻게 가르쳤던가? 영세불후의 성현의 말씀 또는 스승과 부모의 가르침에 순종하여 행동하고 생각하며 자아를 형성해 가도록 하였다. 옛날 성현들은 완전한 모범이었다. 그러므로 그들의 가르침을 능가해서 일가견(一家見)을 펴거나 독자의 개성을 실현하는 태도는 강조되지 않았다. 과거에 세워진 사상의 모형개념과 척도가 뒤에 오는 사람들의 체험과 개성에 의해서 쉽 없이 바뀌고 변형될 수 있다는 태도와 방법이 그들의 사상사 전개에 있어서 줄거리를 이루지 못하였다.

도대체 이들에게는 시초에 완전한 모형이 주어졌기 때문에 이를 탈피한다는 것은 불가능한 것이었다. 따라서 시초에 주어진 모형이 언제나 역사전개의 중심적 역할을 해 왔다. 마찬가지로 동아시아 세계에서 중국이 중심에 강자로 군림해 있어서 약자인 주변국들은 그들 자신의 독자적 문화 사상사를 만들어낼 수 있는 기회를 가질 수 없었다. 이렇게 중국 사상사 자체의 전개과정을 보거나 동아시아 전체 문화사의 전개과정을 바라볼 때 다 같이 중심유도의 논리에 호소하는 것을 알 수 있다.

우리들이 수천 년 동안 한문문화와 그 사상을 탈피할 수 없었다는 역사적 처지를 무엇으로 설명할 수 있는가? 1446년에 한글을 만들어 퍼뜨린 이후에도 독자적 한글문화와 사상을 적극적으로 추진

하지 못한 정신자세는 어디에 얽매여 있었던 것인가? 한 나라의 독자적인 말과 글을 떠나서는 그 나라 고유의 사상과 문화가 이루어질 수 없다는 오늘의 상식에서 볼 때, 과연 한국의 과거 사상사가 정말로 한국인의 것이었는지 질문해야 한다. 그것은 넓은 기층민중의 체험에 바탕을 둔 말이나 사상의 역사가 아니었다.

단절의 충격에 대한 둘째의 반응은 대치해 있는 양자(兩者)를 혼합 · 절충 · 종합하려는 태도이다. 어느 한편에도 극단으로 치우치기를 꺼려하는 조화사상의 소유자로서 가지는 당연한 태도인 것 같다. 중국인을 비롯한 동아시아사람들은 옛날부터 반(反)과 중(中)의 논리를 존중해 왔다. 자연의 질서와 인간 문명에 관한 사상의 원천으로서 『역』(易)과 노자의 『도덕경』이나 유가의 『중용』은 다 같이 도(道)가 극에서 극으로, 다시 이 극에서 저 극에로 돌아가는 반복의 운동을 한다고 전제했기 때문에 어떤 극단으로도 지나치지 않는 '가운데'의 자리를 지키는 것이 지혜라고 생각하였다. 이러한 논리에 의하면 최고의 지혜는 시중(時中)과 조화에 있다. 역시 극단의 실수나 주변의 예외를 중심변혁의 발전적 계기로 인식하지 못한 중심유도(中心誘導)의 논리에서 나온 발상이라고 할 수 있다.

이러한 절충과 조화에 바탕을 두었기 때문에 그들은 서양문명으로부터 도전이 왔을 때 중체서용(中體西用)이니 동도서기(東道西器)니를 주장하였다. 그러나 극을 피하고 중(中)의 자리를 취한다는 것은 흔히 어떤 사물에 대해서도 본질을 철저히 파악하지 못하기 때문에 양편을 절충하여 큰 실수를 면하자는 적당주의 태도일 수도 있다. 동양의 정신문명은 뼈대이므로 그대로 간직하고 서양의 과학문명은 응용의 수단으로 받아들여야 한다고 하는 절충론은 다음과 같은 모순들을 안고 있다. 하나는 서양의 과학문명이 물질주의에 의한 것이 아니라, 이미 논한 바와 같이 주관과 독단의 일상세계를 탈피하고 초월하려는 정신(객관정신, 자유정신)에서 이루어진 먼 결과라는 점이다. 그리고 만약 한국인이 바라는 것은 그러한 과학의 정신이 아니라 그것이 응용되어 만들어진 실제적 기술과 그 산물이라고 한다면 이것이야말로 오늘의 물질주의, 현실주의가 한국인의 사상 자체로부터 조성된 것임을 드러내는 것이라고 하겠다. 또 한편으로 근본이 되는 것(도덕정신)과 응용된 것(과학기술)을 이렇게 각각 동서문명의 전체적 틀에서 분리시켜 결합할 수 있다고 하는, 흔히 떠도는 발상 자체가 새로운 역사를 창조하지 못하고 다만 문화적, 사상적 혼란을 가져 오게 하는 것이다.

앞에 언급한 원형보존의 전개방식이나 혼합과 절충의 방식은 다 같이 단절과 소외에서 오는 특수성과 잉여성 또는 극단과 주변을 개혁의 계기로서 인식하지 못한 데서 고착된 것이다.

우리들이 수백 년 동안 답습해 온 과거라고 해서 그것을 반드시 한국사람들 자신의 처지가 반영된 뚜렷한 주체와 자아의 표현이라고 보기 어렵다는 점을 앞에서 논하였다. 중국을 가운데로 한 동아시아 세계는 중심유도의 체제에 종속되어 있었다. 그렇기 때문에 주변에 속한 나라와 사람들이 자기들의 특수한 처지를 가지고 중심의 체제를 바꿈으로써 문화나 사상사 전체에 뚜렷한 공헌을 할 수 있는 여지가 없었던 것이다.

해방 이후 한국인이 다시금 다른 외래문화와 사상을 서양세계로부터 받아들이고 있지만, 역시 과거 한국인의 생존과 사고방식을 지배해 온 중심유도의 논리를 벗어나지 못하기 때문에 자신의 특수 주변적 처지를 뚜렷이 반영하는 독자적 문화와 사상을 오늘도 만들어 내지 못하고 있다. 그래서 우리는 흔히 전통으로의 복귀 또는 혼합이나 절충 또는 배타주의와 같은 창조적이 아닌 역사관을 갖게 되는 것이다. 지금 한국인은 서양으로부터 온 과학과 철학을 연구한다고 하면서도 과거에 한문문화의 전통에 얽매이듯이 다만 거기에 예속되어 있다. 이렇게 오늘까지 계속되는 문화·사상의 식민주의에서 벗어나려면 이 오래된 중심유도의 논리에서 벗어나야 한다. 그런데 프랑스, 영국, 독일은 비록 그 문화적 원천은 고대 그리스와 로마와 히브리 사상에 두면서도 각각 그들 자신의 특수상황과 체험에서 우러난 생각을 가지고 독자의 전통과 사상사를 만들어내고 있다. 이와 같이 주변유도의 논리로써 이끌어져 온 서구 문명권에서는 예외와 주변의 존재들이 역사발전과 중심변혁의 중요한 공헌을 해 왔다.

6

결론으로 다음과 같이 요약할 수 있다. 우리의 역사는 지금 전통과 현대문명의 조류와 민족분열이 교차하는 삼중의 단층으로 엮어져 가고 있다. 이 단층혼합의 상황에 대한 우리의 인식은 극히 피상적이어서 우리의 정체와 자아가 때로는 전통에의 복귀, 때로는 혼합과 절충, 때로는 임기응변으로 표류하고 있다. 이렇게 표류한다면 민족의 정체와 자아는 어디에도 뿌리를 내릴 수 없을 것이다.

오늘 우리의 정신적 상황은 어떤 전환의 결단을 요청하고 있음에 틀림없다. 그러나 고려시대의 불교이념에서 조선시대의 유교이념에로 넘어왔듯이 이제 또 하나의 그럴듯한 대안, 말하자면 어떤 현대사조의 체계를 그것이 사회주의든지 자본주의든지 간에 대립하는 것들의 그러한 단순한 전회(轉回)로서는 대응할 수 없는 시대, 곧 지양과 창조가 요구되는 시대에 우리는 들어와 있다. 우리는 재래의 한국사 전개의 방법, 중심유도의 논리로서는 적응할 수 없는 새로운 생존의 논리가 강요된 상황에 놓여 있다. 오늘의 세계사적 상황에서 우리의 특수한 처지를 고려할 때 요청되는 생존과 사유의 태도는 주변유도의 논리라고 생각된다. 주변유도의 논리에 의해서만 비로소 주변자로서의 우리 민족의 불우한 처지가 세계사의 발전과 변혁에 창조적으로 기여할 수 있는 길이 열릴 수 있기 때문이다.

제3부

서양 철학사론—논리적 탐구의 한계

1. 옛날 그리스 비극의 사족으로서의 서양 철학사

서양철학이나 서양학을 하고 있는 동양사람은 그의 고유한 체질과 정신을 지킬 수 있는가? 그는 서양학을 함으로써 동양사람임을 그치는가? 그가 서양학을 하면서 동양의 전통과 가지는 관계는 어떤 것인가? 서양에 유학을 하고 서양철학을 한다고 해서 반드시 서양사람이 되지도 않고 서양의 체질이나 정신을 자기화하지도 못하는 것을 보면 철학이나 학문이 사람을 바꾸고 그 행위에 영향을 주는 데 한계가 있는 것 같다. 그렇다면 무엇을 위하여 우리는 서양학이나 서양철학을 공부하는가?

자신이 놓여 있는 동양의 처지로부터 벗어나려는 데에 그 뜻이 있지 않을까? 자기를 묶고 있는 전통의 둑을 넘어 다른 새로운 세계를 바라보려는 것이다. 다른 새로운 세계를 보면서 자신이 지닌 시야의 한계와 체질이 불가피하게 하는 정신의 편협함을 깨치고 그 밖으로 나아갈 길을 찾으려는 데에 그 뜻이 있다. 20세기에 좌절한 동양의 지식인이 취한 서양문화와 그 정신에의 흠모나 동경은 기실 자기로부터의 탈출과 변신을 찾았던 그의 치열한 의식행위의 발로였던 것으로 보인다. 말하자면 자기로부터의 탈출과 변신의 계기로서 타자를 바라보았던 것이다. 그와 유사한 자기를 추구하기 위하여 타자를 보는 것이 아니라 그와 함께 다름으로서 자기를 탈피하고 변신하기 위하여 타자를 바라보는 눈에 비친 서양 철학사와 그 정신은 어떤 것인가?

1. 타자와의 만남인 철학사의 마디

1.1 운명에 도전하는 그리스의 이성

미개(未開)상태의 집단에서 강조되는 최고의 덕은 누구나 다른 사람과 비슷하게 되는 것이라고 역사 심리학자 바르부는 말한다.[1] 집단에 수렴되지 않는 개인적인 행위나 관념을 허용하는 것은 어느 정도 발전된 민주주의적 삶의 방식이 선행하지 않고는 불가능한 일일 뿐만 아니라 이러한 미개상태에서는 어린아이의 경우처럼, 자신이 다른 사람과 구별해서 가질 수 있는 개인적인 감정이나 관념에 대한 의식이 있는지도 의문스러운 것이다. 예를 들면 자신의 충동적인 감정이나 관념이 본인의 의사와는 관계없이 마치 외부로부터 뜻밖에 들어올 수 있는 것처럼 믿는 주술적인 관습이 지배적인 데서 판단과 의식의 주체가 개인에게 이루어지기를 기대하기는 어려운 것이다. 그래서 옛날 그리스 문학사에 나타나는 최초의 시인 호메로스가 그의 작품에 그린 사람들은 자신들의 행동의 동기가 자신 속에 있다고 느끼지 않고 오히려 신들에 의해서 주어지는 것이라고 생각한다.[2]

1) 제베데이 바르부, 『歷史心理學』, 임철규 역 (서울: 창작과 비평사, 1983), 113쪽.
2) 같은 책, 111쪽.

호메로스의 주인공들은 아직도 의식의 주체가 지닐 수 있는 자기 행동의 자발성을 자각하지 못하고 있는 것이다. 그들은 자기의 결단과 행동의 근원이 자신 밖의 신의 손아귀에 놓여 있다고 생각한다. 물론 이러한 경향은 호메로스의 서사시에서만 나타나는 것이 아니라 이런 저런 신들의 이야기를 가진 모든 민족의 미개발상태에서 발견되는 것이다. 인류는 그의 결단과 행동의 자발성을 자기 안에서 의식하고 발견하기 전에 그의 피할 수 없는 운명과 고통의 원인을 초자연적인 혹은 개인을 넘어서는 존재에다가 돌렸던 것 같다.

인간의 숙고된 결단과 행동의 노력에도 불구하고 결국 다가오고야 마는 비인격적이고 무자비한 운명과 심판의 질서는 옛날 그리스의 자연 철학자들에게도 비극작가들에게도 받아들여지고 있었다. 그들은 자연에서도 신들의 행동에서도 인간의 삶에서도 그러한 운명과 심판의 절대적인 질서를 보았다. 개인적으로 가진 감정과 관념, 그리고 그의 결단과 행동이 그 자신의 운명에 대하여 무력한 물거품에 지나지 않는다면, 그는 역시 그의 의지의 노력으로서는 어찌할 수 없는 초인적인 섭리 또는 자연의 심판에 예속해 있는 것이라고 볼 수밖에 없을 것이다. 비극작가들은 이러한 절대적인 섭리의 지배로부터 벗어나려는 독립적인 의사와 결단의 소유자가 그 도전의 오만(hybris)으로 인하여 벌을 받게 되는 운명의 필연적 과정들을 그리고 있다.

그러나 비극작가들은 다만 운명의 필연적인 과정을 그리는 데 그치는 것이 아니라 그 자신의 의사와 결단으로 운명과 대결하는 비극의 주인공을 등장시킴으로써 서양 철학사에 있어서 처음으로 인격 주체를 내세우는 개인주의자가 된다. 비인격적이고 무자비한 운명의 힘에 대결하여 자기의 의사와 결단을 행동으로 옮기는 비극의 영웅들이 어떻게 등장할 수 있었는가? 여태까지 잠자던 의식이 개별화된 자아의 것으로 깨어나 우주적인 질서에 대결하여 자신을 분리시킴으로써 결국 보복을 받게 되는 인격 주체로 나타난다. 운명이 주어지는 대로 겪을 수밖에 없었던 자기 운명에 대결하는 능동적인 자아로 독립하는 것이다.

비극작가들은 그 이전의 서사시인이나 서정시인과는 달리 사건의 진실한 묘사에 관심이 있는 것이 아니라 운명의 사자(使者)와 신들이 판을 치던 무대에 독자적인 존재로 등장하여 고뇌하고 판단하는 인물들의 행동을 추적한다.[3)]

인간의 내적 감정이나 마음의 세계를 찾았다고 하는 서정시인들조차도 운명의 기로에서 책임 있는 결단과 사려 깊은 행동에 도달하기 위한 깊은 내면의 갈등이나 투쟁의 모습을 보여주지는 못한다. 서정시인 아르킬로코스는 그의 좌절한 마음을 다만 이렇게 기록하고 있다.

> 마음이여
> 절망으로 흐트러진 마음이여
> 일어서 다오.
> 적을 향하여
> 네 가슴을 내밀고
> 공격으로부터 몸을 지키며
> 한 치도 뒤로 물러나지 말아 다오.[4)]

---

3) Bruno Snell, ***The Discovery of Mind*** (N. Y.: Dover Publications, 1982), 99쪽.

4) Michael Grant, ed., ***Greek Literature*** (Penguin Books, 1986), 76쪽.

그러나 비극시인 아이스킬로스나 소포클레스의 영웅은 그의 문제 해결을 위하여 의지할 수 있는 것이 그 자신의 통찰과 결단밖에 없음을 깨닫는다. 그는 자아를 둘러싸고 있는 비아(非我)의 세계를 향하여 자신의 결단과 행동으로써 대결하고 싸울 수밖에 없다. 비극의 영웅들은 숙명의 대결자인 비아의 세계로 둘러싸여 차츰 고독해진다. 그럴수록 그들은 자아의 의식을 확대하고 독자적인 결단과 행동의 가능성을 찾게 되는 것이다. 그들의 의사와 결단 그리고 행동은 더 이상 전통적인 도덕이나 관습 혹은 어떤 외적인 권위와 힘에 호소할 수 없게 되는 것이다. 이 비극의 영웅들은 충동적인 감정이나 행동의 근원이 그들 자신의 마음 가운데에 있음을 자각하지 못한 호메로스의 영웅들과는 다르다. 그럼에도 이 비극의 영웅들의 결단과 행동은 아직도 보다 확고한 인간적인 바탕 위에 서서 닥쳐오는 운명의 지배자로 군림할 수 있었던 것은 아니다.

신과 인간 그리고 자연의 지배자인 운명의 질서를 절대의 지위에서 다만 이런 저런 합의와 결정, 말하자면 규약의 바탕으로 끌어내 린 것은 소피스트들이었다. 소피스트들은, 같은 시대의 비극작가 에우리피데스와 함께, 의사와 행위의 결단에 따르는 갈등과 운명적인 투쟁이 흔들리는 내면의 마음에서 일어나고 있음을 알린다. 그들의 마음은 의존할 만한 어떤 외적인 질서나 권위를 가지지 않는 '정글'과 같아졌다. 그들은 전통적인 도덕과 관습, 그리고 초월적인 운명 질서마저도 모두 부숴 버린 것이다. 인간의 마음을 덮친 이러한 무정부상태는 그 시대에 일어난 역사적인 변화와 함께 다가왔다. 몇 차례에 걸친 페르시아와의 전쟁, 식민지의 확장, 무역과 여행의 증대, 절대가치와 질서에 도전하는 이런 시대의 변화들이 비극작가와 소피스트들로 하여금 그들을 하나로 묶어주던 전통의 끈을 끊어버리도록 이끌어 준 것이다. 이들은 신들과 자연의 어두운 운명의 시대에 자유로운 의사와 결단 그리고 행동의 주체로서의 인격을 끌어들였다.

그러나 결단과 행동의 인격 주체가 어두운 운명의 질서 위에 군림할 때 그들의 역할은 끝나는 것이다. 소크라테스와 플라톤이 말하는 인격의 주체가 지닌 지식의 방법인 변증법 앞에는 어떤 운명의 어두운 그림자도 내려앉을 수 없다. 이 지식의 변증법을 적절히 발휘하기만 하면 어떤 비극적인 재난이나 갈등도 피할 수 있다는 낙관주의를 이들은 제시한다. 지적(知的) 오류와 함께 도덕적 실패도, 이들에 의하면, 이성의 결핍으로 인한 그릇된 지식으로부터 오기 때문이다. 특히 플라톤은 보편적 지식의 가능성으로부터 하나의 이념 공동체인 사회를 이끌어 낸다. 그는 이미 돌이킬 수 없이 해체되어 가는 전통적인 도덕과 사회질서를 다시 찾을 수 있는 길로 돌아가려고 하는 것이다.

그러나 그의 철학적 비전은 해체되어 가는 그리스사회의 실상을 외면한 것이었다. 그리하여 한낱 유토피아 이론에 그치고 만다. 사실 그리스 전통사회의 몰락으로부터 헬레니즘과 로마 제정시대로 이행하는 과정에서 비극작가들과 소피스트들이 일으킨 결단과 행동의 인격 주체들이 그들을 묶고 있던 공동체의 끈을 모두 풀어헤치고 세상 밖으로 나와서 개인주의 시대가 활짝 피게 된다. 아리스토텔레스에게서조차 플라톤의 보편주의에 바탕을 둔 유토피아 사회에의 열망을 찾을 수 없고 오히려 명상하는 삶을 높이 평가함으로써 해체되어 가는 시대를 현실주의자답게 반영하고 있다. 사람들은 이제, 스토아 학파나 에피쿠로스 학파가 대변하듯이, 도덕이나 이념 공동체의 구성원으로서가 아니라 각기 자유로운 개체로, 사사로운 자기 세계의 주인으로 돌아가기를 원하는 것이다. 당시 그리스의 철학자들은 모두 고향을 떠나 로마로 가는 '비자'를 받고 부유한 원로원 의원댁의 가정교사로 들어가기를 바랐었다는[5] 보고는 비극작가들로 시작된 자아 표현을 향한 절규가 불러온 그리스철학과 사회의 마지막 해체과정을 실감나게 하는 슬픈 이야기인 것이다.

그리스의 도덕과 사회질서는 운명의 능동적인 주체로서의 개인의 자유가 증대함에 반비례로 점차 해체되어 갔다. 플라톤은 소피스트와 소크라테스가 살던 활기찬 계몽시대를 지나 이미 환멸을 심각하게 느끼며 과거를 반추하는 시대에 살고 있다.[6] 그러나 플라톤은 개인적인 자족과 독립을 삶의 최고지표로 여기며 자신의 어떤 개념정의도 제의하기를 거부했던 소크라테스보다도 오히려 더, 와해되어 가는 시대에 저항하며 반(反)시대적인 그의 유토피아 철학을 하나의 '에피소드'로 남기고 있는 것이다. 그러므로 플라톤 철학은 그 이전으로부터 그 이후로 이어지는 해체시대의 큰 흐름 가운데에 끼어든 막간의 이야기로서 이해될 수 있다.

1.2 유럽에 나타난 제2의 계몽시대

소크라테스와 그의 정신을 잇는 스토아 학파가 보편개념을 찾고 보편진리에 호소한다 하더라도 그들은 플라톤처럼 시대의 흐름을 거슬러서 공동체의 비전을 역설하는 일은 없다. 그들은 어떤 사회체

5) John Herman Randall, Jr., ***Hellenistic Ways of Deliverance and the Making of the Christian Synthesis*** (N. Y.: Columbia University Press, 1970), 80쪽.

6) W. K. C. Guthrie, ***A History of Greek Philosophy***, Vol. III (London: Cambridge University Press, 1969), xii쪽.

제에 의해서 결속된 구성원으로서가 아니라 해체시대에 호응하는 개인주의자로서, 독립된 인격개체로서 도덕과 정의를 말하고 있다. 그러나 한 집단을 이끌어 가는 유토피아적 공동체든지 그들을 묶어 주는 하나의 지배적인 사회체제가 사라져 갈 때 그들의 도덕적 의식은 분열되고 선택의 기로에서 방황하게 된다. 그들은 각기 고립되어 혼자의 의사와 결단으로 행동해야 한다. 이것은 많은 사람들에게 견딜 수 없는 불안과 허무를 가져다준다. 로마 제정시대에 퍼져 나간 예수의 메시지는 아마도 해체시대의 극단에서 나타난 이러한 불안과 허무를 해결해 주는 구원의 복음이었을 것이다.

알 수 없는 운명의 고삐로부터 풀려 난 개인이 인격 주체로서 독립을 찾고 자아의 주인이 되었을 때 피할 수 없는 문제가 새로이 다가온다. 자아의 완전한 해방은 자아의 상실과 무의미를 가져 오는 것이다. 이렇게 해체의 시대가 극에 달했을 때 로마의 강력한 통치체제가 형성되고 구원의 매개자로 등장한 예수의 메시지가 처음에는 교부 철학자들에 의해서, 다음에는 스콜라 철학자들에 의해서 천국의 비전과 정의의 이념으로 체계화되는 것을 보면서, 군림하는 체제와 해방된 개인, 유토피아의 비전과 상실된 자아가 교차하는 가운데 엮어지는 역사의 반동(反動) 형태에 유의하지 않을 수 없다.

그리하여 중세유럽의 인간은 다시금, 얽매인 운명에 도전하며 개인의 독립과 해방을 추구하던 비극작가, 소피스트, 소크라테스의 시대흐름을 거슬러서 그 이전의 신화시대로 되돌아가는 감을 준다. 그들은 오직 자신을 종족, 가족, 조합, 교단 또는 사회의 구성원으로서, 말하자면 자신을 어떤 보편적인 카테고리를 형성하는 구성원으로서 의식하도록 길들여지고 있다.[7] 예를 들면 중세의 한 사람은 자기 자신을 어느 지방에 있는 농토의, 또는 어느 교단에 속한 어느 누구라고 소개하는 것이다.

전통사회의 체제와 운명의 고삐로부터 풀려 난 인간은 어째서 다시금 자기를 묶어 줄 수 있는 체제와 고삐를 찾아 나서는 것일까? 자유를 빼앗으며 구속하는 전통과 운명의 사슬을 끊어 버렸던 소포클레스와 프로타고라스와 소크라테스가 지녔던 자유인의 위엄과 대담성을 왜 아우구스티누스와 아퀴나스는 잃었는가? 어째서 지금까지 철학사는 소포클레스, 프로타고라스, 소크라테스의 해체와 유보(留保)에서보다는 플라톤과 아퀴나스와 헤겔의 증명과 확신에서 비전의 성숙함을 찾는가? 철학자가 추구하는 궁극적인 대상은 증명될 수 있는 것인가? 체계에 담겨지는 것인가?

그러나 증명될 수 없는 것이 진리이며 체계에 담겨질 수 없는 것이 현실이라면, 증명과 확신의 체계로 이른바 시대의 정상(頂上)을 성취한 플라톤, 아퀴나스, 헤겔은 다만 '에피소드'의 철학자일 뿐이다. 사실 철학사의 흐름에서 그들의 증명과 체계는 순간의 승리일 뿐, 그 정상의 구름 밑을 맴도는 이런 저런 이야기로 끊임없이 깨지며 흩어져 간다. 모든 철학의 증명과 체계가 깨지며 흩어져 가는 것이다. 이 해체의 과정에 기여한 수많은 철학자와 비철학자가 있었지만, 그들의 시대를 체계성립의 시대보다 성숙한 발전의 단계로 이해한 철학사가(哲學史家)는 없었다. 그러나 플라톤과 아퀴나스와 헤겔을 '에피소드'의 철학자로 본다면, 프로타고라스와 흄과 니체는 보다 지속적인 해체시대의 흐름 가운데서 가장 왕성한 철학적 비전을 성취한 자들이다.

7) 제베데이 바르부, 같은 책, 112쪽.

따라서 중세유럽의 체제와 권위를 정치, 종교, 철학의 바탕에서 밀어낸 마키아벨리와 루터, 베이컨과 데카르트, 로크와 볼테르는 흄에게서 매듭짓는 해체시대의 예비자들이다.

종교개혁가로서 루터의 신앙은 중세 스콜라 신학의 체계를 무너뜨린 주역인 오캄의 유명론의 바탕에서 이해될 수 있다.[8] 인간이 그 자신의 이성과 의지로써 신의 구원에 이른다는 것은 불가능하다고 그들은 말한다. 루터에 따르면, 인간은 그의 성취로써가 아니라 신에 대한 믿음으로써만 구원받을 수 있다. 그런데 믿음에 대하여 루터가 새로이 발견한 것은 사회적으로, 도덕적으로, 종교적으로 얻은 이런 저런 자격이 박탈된 하나의 외로운 개체로서 신 앞에서는 경험이다.

인간은 다시금, 옛날 그리스로 돌아가 소포클레스와 프로타고라스의 망령들로 되살아난 것처럼, 우주 안에 하나밖에 없는 자유로운 단독자로 결단하고 행동하지 않을 수 없게 된 것이다. 말하자면 그는 전통적으로 그에게 주어져 온 이런 저런 사회, 도덕, 종교의 체계와 규정으로부터 해방되는 시대를 다시 맞고 있다. 모든 사람은 각기 자기 자신의 주인이라는 생각이 마키아벨리, 홉스, 데카르트, 로크, 라이프니츠, 흄, 칸트와 같은 시대의 대변자들의 마음을 관통하고 있다. 인간은 이제 중세의 봉건체제에서처럼 외부적으로 가해진 어떤 사회 · 도덕 · 종교적 권위 밑에서 생각하고 행동하는 것이 아니다.

마키아벨리와 홉스가 말하는 새로운 정치질서는 오직 자기 자신의 생존과 명예를 위해서 행동하는 인간을 기본전제로 하고 있다. 그들에 따르면 도덕, 사회, 정치를 구성하는 단위요소는 이런 저런

8) Oberman, Heiko Augustinus, ***The Harvest of Medieval Theology*** (North Carolina: Labyrinth Press, 1983).

욕망을 가진 인간 개체들이다. 욕망을 가진 인간 개체들은 플라톤이나 아퀴나스나 헤겔의 사상에서처럼 어떤 전체를 대변하는 이념과 체제에 감화되거나 동화되는 예속의 존재가 아니다.

그들의 이러한 체제질서의 분해와 구성방법의 정신은 이 시대에 발견된 논리분석의 태도에 그대로 반영되고 있다. 베이컨, 갈릴레이, 데카르트, 라이프니츠의 논리적 분석은 예외 없이, 분해된 요소들을 전제로 해서 전체 구성을 꾀한다. 말하자면 분해요소들이 각기 지닌 개체성을 떠나서, 전체라는 것은 그 자체의 어떤 초월적인 질서나 지위도 갖지 않는 것이다. 무인도에 고립되어 오직 혼자의 힘으로써 자신의 세계를 개척해 가는 '로빈슨 크루소'의 이야기는 참으로 이 시대 사상가들의 성경이라고 할 만하다.[9]

물론 이 시대의 사상가들의 한결같은 방향을 보면서도, 그들이 해체의 과정에서 던져져 오는 어떤 비전을 찾았다고는 보기 어려운 점이 있다. 그들은 모두 구(舊)시대의 질서와 그 권위를 해체시켜 개인과 개체들에게 고유한 독립과 자율성을 돌려주는 데 급급하다.

이 개인주의의 시대를 "미쳐 날뛰는 자아와 사견(私見)의 시대", "낡은 초자아의 붕괴로 생긴 불안과 무정부상태"[10]로 묘사할 수도 있다. 그러나 이 해체시대의 이야기를 들으면서 진리와 선(善)이라고 하는 것에 대한, 인간과 역사의 현실에 대한, 세상에 대한 보다 대담하고 집착하지 않는 비전을 잡을 수도 있는 것이다. 이러한 시대는 또한 철학자를 포함한 모든 사람들이 버리기 어려워하는 꿈과 하구를 깨치고 밖으로 나가도록 풀어 주는 것이다. 사람은 반드시 그

9) A. MacIntyre, ***A Short History of Ethics*** (N. Y.: The Macmillan Co., 1966), 151쪽.
10) 제베데이 바르부, 같은 책, 236쪽.

가 철학자든지 상식인이든지 간에 그 자신을 묶어서 어떤 방향으로 몰고 갈 이런 저런 체계의 비전을 바라는 것이라고 단정할 수 없다. 프로타고라스와 소크라테스, 볼테르와 흄이 열어주는 해체와 부정의 비전이 오히려 우리로 하여금 더욱 넓은 세계를 깨쳐 나가도록 자유에의 길을 이끄는 것이다. 이것은 마치 기득(旣得)의 방향감에 의존해서 외곬으로만 달리던 말이, 가려진 덮개가 걷혔을 때 기득의 비전 밖에 놓인 다른 세계, '타자'라는 진리의 광야로 뛰어가는 놀라운 발견의 순간을 가리킨다. 이렇게 활기찬 옛날 그리스와 근세유럽의 계몽시대를 다만 "방향을 상실한 인간"[11]의 시대로 간주하는 것은 증명과 체계의 비전만을 높이 보는 전통적 사가(史家)들의 편협한 시각이다.

그럼에도 사실상 계몽시대의 주역들은 언제나 구체제와 질서의 해체과정에서 다만 개인의 양도할 수 없는 위엄과 자율을 찾는 데 골몰했을 뿐, 그 위엄과 자율을 찾은 개체들 위로 덮쳐 오는 '타자'의 어두운 그림자를 외면하고 말았다. 그리고 이것이 바로 니체가 개탄할 만한, 옛날 그리스 비극시대 이후 줄곧 활력을 잃어간 서양 철학사의 한 창백하게 퇴색한 주지주의(主知主義)의 단면이라고 말할 수 있다. 이렇게 보면 옛날 그리스 계몽시대의 주역인 소피스트도 소크라테스도, 유럽에 나타난 제2의 계몽시대의 정상에 오른 볼테르도 흄도, 참으로 계몽시대가 약속하는 최상의 비전, 말하자면 개인주의와 그 이성의 세계 너머로 덮쳐 오는 타자와의 만남을 이루지 못한 것이다.

---

11) 같은 책, 236쪽.

1.3 20세기와 해체시대론

중세의 봉건체제와 권위가 해체되어 가는 마당에서 그들은 무엇을 발견하였는가? 옛날 그리스에서처럼 근세유럽의 계몽시대에서도 그들은 개인 혹은 자아의 독립과 자율성을 찾았다. 그리고 그것이 그들의 구시대 해체의 목표인 것처럼 보였다. 그들에게는 개인과 그의 자아란 다만 지나간 시대로부터 부서져 내린 잔해가 아니라 지상에서 불합리와 모순의 세력을 제거하며 유토피아를 찾는 데에 가장 확실한 기초처럼 생각되었던 것이다. 교황의 권위에 도전하는 루터에게도, 개인 주권의 자율적 양도로 절대군주론을 제의하는 홉스에게도, 관찰과 실험에 의한 자연정복을 외치는 베이컨에게도, 스콜라철학을 제치고 자아 의식에서 가장 확실한 판단의 기초를 찾은 데카르트에게도 개인과 자아는 다가오는 시대의 주인이었다. 그는 다시금 자기의 환경과 운명의 주인으로 군림한 것이다.

이제 자기를 대신해서 자기의 운명을 결정할 수 있는 자는 없다. 그는 그 자신의 법률이며 기준이다. 그는 그 대상 전체, 말하자면 세계에 대하여 칸트가 말하는 입법자가 된다. 그러나 칸트는 아직도 그의 선험적인 자아의 대상이 될 수 없는 영원한 물자체(Ding-an-sich)라는 세계가 있음을 시인한다. 헤겔은 더욱 큰 자아, 절대자아의 성취를 위하여 칸트를 비판한다. 그리하여 그의 이성이 대상으로 하지 않는 세계는 없다. 세계는 다름 아닌 모든 것 말하자면 전체를 이미 그 안에 지니고 있는 절대자아 혹은 이성의 실현이다. 데카르트의 자아는 한 개체로서 싹트기 시작하여 헤겔에게서 전체를 통일하여 가지는, 그래서 자기 자신밖에는 어떤 것도 있을 수 없는 절대자아가 된 것이다. 체제와 권위에 대결하는 반항아로 등장한 개체와 자아는 다시 그의 권위를 양보할 수 없는 아집의 자아, 절대자로 둔

갑해 버린 것이다.

그런데 문제는 한 개체로서의 자아도 절대의 자아도 똑같이 전체를 통일하는 자아로서 등장한다는 점이다. 말하자면 자아로서 태어난 자는 누구든지 대상 전체를 향하여 통일하는 주체로 군림하는 것이다. 그리하여 제2의 계몽시대에 더욱 두드러지게 된 경향은, 전체를 통일하는 자아가 의견과 지식의 주체로서 극대화한다는 점이며, 그에 따르는 결단과 행동 주체 간의 대립과 투쟁이 격화될 수밖에 없다는 점이다.

자아를 중심으로 극대화해 나가는 길을 가로막는 타자에게 어떤 자격을 줄 수 있는가? 대상으로 주 세계를 그의 의식에 소속된 하나의 장(場)으로 통일하지 않는 자아가 있는가? 개체로서의 자아조차 전체를 통일하는 활동으로서밖에 존재할 수 없다면 극대화된 자아는, 헤겔의 절대자처럼, 그 자신밖에 어떤 타자도 허용하지 않는 존재로 나서게 된다.

절대의 체제와 권위에 대결하여 독립과 자율을 찾았던 개인과 자아는 그의 발전과정에서 드디어 자신을 절대화하는 결과를 가져온 것이다. 천국과 지옥이, 신의 섭리와 자연의 법칙이 모두 자아의 마음 가운데서 실현되거나 이해되는 것으로 끝나 버린 것이다. 자아는 그 자신의 마음 가운데서 세계를 실현하고 이해하는 것인가? 그러나 자아를 향하여 밀려오는 대상, 타자의 세계를 참으로 자아의 전체 통일의 기능에 굴복시킬 수 있는가? 그에게 닥쳐오는, 근원을 알 수 는 운명의 명령을 자아 의식의 확대와 세계통합의 기능으로 굴복시킬 수 있는가? 세계에 펼쳐지는 운명의 최후의 관리자는 자아 자신인가? 아니면, 자아의 존재와는 독립적으로 행동하는 자아 아닌 다른 것인가? 결코 자아와 그 이성의 통합기능이 접근할 수 없는 타자는 없는가? 데카르트로부터 헤겔에 이르기까지 철학적 자아는 이러한 타자와의 만남에 성공하였는가?

헤겔의 극대화한 절대자아의 붕괴로 시작된 20세기의 철학사, 예를 들면 니체와 키르케고르에서 싹튼 실존주의의 흐름이나 모리츠 슐리크와 한스 라이헨바흐 등을 비롯한 실증주의의 운동은 이러한 타자와의 만남을 시도하는 시대적인 자각과 전략으로 이해된다. 20세기의 이러한 철학사조는 운명에 도전하는 옛날 그리스의 비극작가들에 의해서 점화(點火)된 자아와 이성의 세계정복 또는 실현운동이 어떤 반성, 말하자면 파국의 단계에 이르렀음을 알리는 신호로서 받아들일 수 있다. 그것은 자아와 이성의 진리가 19세기의 헤겔에게서 완성된 다음 20세기 초에 역사상 최대 규모의 전쟁을 두 차례나 치르는 파국을 체험하면서 시인할 수밖에 없는 시대반성의 사조였던 것이다. 과연 세계사는 자아와 이성의 자기 실현의 과정인가? 아니면, 자아와 이성의 통일과 조화기능으로써는 감당할 수 없는 파국이 자아와 이성 저편의 세계로부터 다가올 수밖에 없는 것인가? 역사의 가장 비극적인 해체시대가 자아와 이성이 가장 성숙해 버린 다음에 시작되는 이유는 무엇인가?

그것은 옛날 그리스의 비극적 비전에서 알 수 있는 것처럼 자아와 이성이 그의 한계를 넘어 타자의 영역을 집어삼키는 오만(hybris)에 빠질 때 보복을 받는 것이기 때문이다. 19세기에 이르러 서양적 자아와 이성의 정복대상이 된 것은 숲속에 잠자는 아프리카와 장구한 역사를 회고하는 아시아였다. 지금도 아프리카와 아시아는 끝없이 확대하는 서양적 자아와 이성의 부분으로 전락하는 인상을 준다. 그러나 이제 서양의 타자정복의 길이 벽에 부딪치고 있다. 아프리카, 아시아적 자아와 이성도 세계를 대상으로 깨어났기 때문이다.

서양의 과학과 철학을 하는 우리는 지금 자신을 다만 부분으로 전락시킨 바로 그 서양적 자아와 이성을 자기화함으로써 타자로서의 서양을 자신의 부분으로 역전(逆轉)시키려는 의도를 가진 것인가? 우리의 20세기 파국은 그렇게 해서 회복될 것인가? 그러나 그러한 타자 자기화의 길은 서양적 비극의 근대적 악순환을 반복하게 하는 싸움이다. 그것은 헤겔처럼 파국이나 비극이 다만 자아와 자아, 이성과 이성의 대결에서 유래하는 것으로 좁혀 이해하는 데서 일어나는 싸움이다. 그것은 서양적 자아와 이성이 본래 파르메니데스로부터 헤겔에 이르기까지 그의 대상으로서 존재 밖의 타자 세계를 받아들일 수 없는 폐쇄적 전통을 지니기 때문이다. 플라톤도 아우구스티누스도 맑스도 부정과 악(惡)과 모순을 다만 근본적으로 선(善)한 존재의 결여 때문에 또는 존재 내적으로 파생되는 것이라고 여긴다.

우리에게 한없는 모욕을 가져다 준 20세기 동양의 파국은 어디서 유래하는 것인가? 타자에 의해서 파국을 맞은 자에게 파국은 다만 자체 내적으로 파생된 사건이 아니다. 그는 그 자신을 부분으로 삼켜 버린 타자를 타자로서 받아들일 수밖에 없는 것이다. 그 자신을 끊임없이 부분으로 만드는 타자를 자기화하지 않고 타자로서 받아들이는 이유는, 존재함이 다만 존재함으로 한정되어 있지 않고 존재하지 않음이라는 시원적(始原的) 사태에 의해서 한정되어 있다는 개방의 논리를 취하기 때문이다.

그 자신을 부분으로 만드는 타자를 끝없이 자기화하려는 서양인의 노력은 있음을 있음으로서만 이해하려는, 자아를 자아로서만 유지하는, 그리고 세계에 대한 경험을 자기 동일적으로 제한하려는 폐쇄적 논리와 존재론에 바탕을 두고 있는 것이다. 누가 더 기막힌 경험을 하였는가? 누가 존재의 더 깊은 곳을 보았는가? 충격과 파국을 겪는 자에게 깨침과 깨달음이, 눈부신 빛이, 충격과 파국을 만나지 않으려는 존재와 자아의 굳은 껍질을 부수고 밀려들어오는 것이다. 이것이 존재의 뜻하지 않은 반전(反轉)과 허무(虛無)를 수없이 체험한 민족에게, 한(恨)을 체질화한 우리에게 지금 다가오는 보다 성숙한 해체시대의 비전이다. 충격과 파국을 피할 수 있는 자에게, 자아가 통치하는 만족스러운 삶을 끝없이 지속하는 자에게, 자신이 그리는 자기 동일성의 환상밖에 어떤 진실이 다가올 수 있는가?

'동양에는 왜 비극이 없는가?'라고 문학가들은 시비를 벌여 왔다. 개인이 인격 주체로서 그의 단독적 의사와 결단을 행동에 옮기는 과정에서 부딪치는 갈등과 투쟁 그리고 숙명적인 파멸이 없다는 점에서 동양에는 비극이 없다. 그러나 존재와 자아 자체가 이미 겪은, 그리고 특히 그의 20세기 역사가 겪은 바와 같은, 반전과 허무 그리고 한(恨)의 체험을 비극적이 아니라고 하는 것은 숙명적인 파멸에 임하는 동서(東西) 기질의 차이에서 야스퍼스가 그렇게 하듯이,[12] 서양적인 전통을 전제로 하는 것일 뿐이다.

'서양에는 비극이 있는가?' 적어도 니체나 키에르케고르의 실존사상에 이르기까지 서양 철학사에는 비극이 없다. 그들의 역사에 나타난 철학적 자아는 언제나 성공적으로 타자를 매개하고 통일하는 주체로서 극대화하기 때문이다. 그들은, 파르메니데스와 플라톤에서, 데카르트에서 헤겔에 이르기까지 자아와 이성의 타자매개가 근본적으로 실패할 수밖에 없다는, 그래서 파국이나 비극을 피할 수 없

12) K. Jaspers, "The Tragic: Awareness; Basic Characteristics; Fundamental Interpretations", ***Tragedy***, eds. L. Michel & R. Sewall (Englewood Cliffs, N. Y.: Prentice-Hall, 1963), 6~66쪽.

다는 결론을 내리는 일이 없다. 타자 자기화에 대한 이러한 서양철학의 지극히 관념적인 낙관주의 전통 가운데서 19세기 헤겔에 의하여 절대자아의 철학체계가 완성되었고, 20세기 역사의 비극적 현실 앞에서 파산되고 만 것이다.

이렇게 보면, 수천 년 철학사의 전통으로 내려온 체계와 그의 합리성이 여지없이 깨어져 간 20세기 동·서양의 쓰라린 체험은 서로 유사하면서 대조적인 것이다. 말하자면 니체, 키르케고르, 사르트르의 실존사상에서뿐만 아니라 러셀, 슐리크, 비트겐슈타인, 포퍼의 실증주의와 논리분석에서도 이성과 그의 본질파악에 의한 존재 및 가치매개의 가능성을 배격한 것은 타자 자기화의 서양적 체계와 합리성에 대한 종말을 고한 것이라고 볼 수밖에 없다.

그러나 20세기 서양 철학사의 흐름은 참으로 외적인 타자, 타자의 전통에 의해서 송두리째 끊기거나 충격받은 것이 아니다. 그 흐름은 우리의 흐름과는 달리 아직도 그들의 전통적 문제의 장(場)에 머물러 있고 전통의 합리성을 줄기로 하고 있다. 따라서 그들은 여전히 파르메니데스, 플라톤, 플로티누스에서 헤겔로 이어져 온 존재와 사유를 잡고 그의 타자인 '존재 아님'과 그 '불합리'에 대하여 폐쇄적인 존재론과 합리성을 버리지 않은 상태에 있다. 말하자면 존재와 자아와 이성의 질서 자체가 그의 타자인 '존재 아님', '불가해'(不可解), '애매성'에 의해서 뿌리 뽑히는 비극의 비전을 그들의 존재론과 합리성의 역사에서 실현하고 이해한 일은 없다.

2. 가장 높은 진리에의 길인 비극

인류는 지상에 출현하여 지금까지 자기 아닌 세력과의 끊임없는 대결과 타협의 역사를 이루어 왔다. 모든 존재하는 자는 그의 타자성과 얽혀 싸우면서 사라져 간다. 역사는 인류 생존을 위협하는 타자의 영역을 위축시켜 정복해 가는 끝없는 과정처럼 보인다. 20세기는 그의 발전한 사상과 기술로써 원시상태에서보다 타자의 영역을 줄이고 누르는 데 유력한 의식의 지평과 행동의 전략을 발견하였는가? 존재계는 그에 대결하는 근본적인 타자성을 자기화할 수 있는가? 아니면, 그 존재의 영역 밖으로 완전히 축출할 수 있는가? 이것은 인류 그리고 철학자 자신의 사활(死活)이 걸려 있는 문제여서 가장 오랜 논쟁의 역사를 가지지 않을 수 없는 것이다.

그러므로 그리스 철학사가 프랜시스 콘퍼드(F. Cornford)가 말하듯이 종교적, 철학적 탐구의 대상이 되는 것은 그 역사의 시초부터 "우리 아닌 어떤 것"(something not ourselves)이다. 그것은 "밖으로부터 제재를 가해 오는 도덕적 힘이 지닌 부정적인 모습을 띠고 있다. 그리고 그 힘은, 우주에 투사되어 운명(Moira)과 정의(Dike)가 결합된 최고의 세력개념으로 사람과 신들 위에 세워지는 것이다."[13] 원시적인 단계에서조차 종교의 믿음과 철학사상은 단지 개인의 머리에서 생각해 낸 사사로운 것이 아니라 '밖으로부터 닥쳐오는' 어떤 것을 가리키고 있다.

옛날 그리스의 신화에서 그리고 이른바 자연 철학자들의 우주론

13) F. M. Cornford, ***From Religion to Philosophy*** (Sussex: The Harvester Press, 1980), 124쪽.

에서 운명과 그에 따라 집행되는 정의의 사상을 발견한다. 아낙시만드로스는 자연에서 집행되는 운명과 그 정의의 이야기를 한 최초의 존재론자다. 그는, 현상계로 들어오는 모든 한정된 자는 무한정자를 떠남으로써 저지른 배신 때문에 그리고 한정자들 사이에서 일어나는 정의롭지 못한 상호침해 때문에 다시 사라질 수밖에 없는 벌을 받는다고 한다. 헤라클레이토스는 모든 현상에 영원함이 없다고 함으로써 아낙시만드로스의 운명과 정의개념을 이어간다. 파르메니데스는 오히려 참 존재의 영원함을 증명함으로써 아낙시만드로스와 헤라클레이토스가 말하는 현상계에 드러난 한정자의 덧없는 운명을 다시 확인한다.

이는 그리스의 신들이 그들에게 주어진 각기 분수의 한계선을 넘을 때 벌을 받게 되는 운명의 질서를 존재론의 영역으로 옮긴 것에 지나지 않는다. 그러나 이 최초의 그리스 철학자들이 신들의 이야기를 떠나 존재의 운명론에 새로이 끌어들인 것은 무엇인가? 신들은 각기 자기에게 배당된 운명의 영역을 벗어나지 않는 한, 사사로운 동기에 의해서 자의적으로 행동할 수 있었다. 그리고 그들에게는 죽음이라는 극한적인 운명이 내려져 있지 않았다. 그러나 자연에 존재하는 자에게 닥쳐오는 운명은 그런 자의적인 행동과 죽지 않음이라는 조건을 허용하지 않는다. 그에게 새로이 주어진 운명은, 파르메니데스의 존재와 사유의 동일성에서 더욱 분명해지는 것처럼, '피할 수 없음'(필연성)에 대한 증명에 바탕을 둔다.

그는 "있는 것은 생각될 수 있거나 알려질 수 있다. 그런데 있지 않은 것은 생각될 수도 없고 알려질 수도 없다"라고 하는 명백한 논거에 따라서 현상계에 명멸(明滅)하는 이런 저런 감각들이 겪는 비(非)존재성이라는 착각과 허구로서의 운명을 피할 수 없는 것으로 증명한다. '그렇게 될 수밖에 없음'이라는 필연의 증명이 사유에 의해서 이루어지며 그것이 존재에 관한 진리를 구성한다.

사유의 증명(무모순성 또는 자기 동일성)을 바탕으로 하여 존재에 관한 진리를 결정한다는 것은 무엇을 의미하는가? 존재의 진리 또는 존재의 필연적인 운명이 사유의 증명논리로써 파악된다는 것이다. 이는 존재의 타자성을 사유의 매개로써 자기화하려는 집요한 서양 철학사에 있어서의 체계와 합리성이, 니체가 가리킨 소크라테스와 플라톤에게서가 아니라,[14] 이미 파르메니데스에게서 완성되었음을 의미한다. 소크라테스와 플라톤은 이렇게 세워진 타자 자기화의 관념적 경향을 따라 그들의 보편개념과 형상들의 위계질서로써 존재의 운명적인 질서(필연성)를 구성하고 있는 것이다.[15] 그러면서도 소크라테스는 불가지론적인 반어법(反語法)으로, 플라톤은 선(善)의 이데아에 관한 한 신화와 비유로 말함으로써 타자성의 완전한 내면화(內面化)를 헤겔에게 미루고 있다.

사실 존재의 타자성을 자기화하는 서양의 논리적인 전통을 과감하게 정착시킨 자는 소피스트들이었다. 그들은 서로 반대를 일삼는 논쟁으로써, 무엇이든지간에 그의 타당성을 세워주는 것은 논증, 논리적인 증명이라는 것을 일깨워 주었다. 그들에게는 존재와 대상 자체가 무엇이냐 하는 것은 중요하지가 않다. '피할 수 없이' 받아들여야 하는 논증이 바로 존재의 진리를 결정하는 것이다. 이것이야말로

---

14) F. Nietzsche, ***The Birth of Tragedy***, trans. W. Kaufmann (N. Y.: Vintage Books, 1967), 14장. 니체는 파르메니데스의 존재론이 추상적인 논리주의에 빠져 있음을 지적한다(F. Nietzsche, ***Philosophy in the Tragic Age of the Greeks***, trans. M. Cowan (South Bend, Indiana: Gateway editions, 1962), 11, 12장.)

15) F. M. Cornford, 위의 책, 260쪽.

실제적이고 도덕주의적인 동양의 철학자 그 가운데서도 중국의 사상가들에게는 일고(一顧)의 여지도 없는, 진리와 존재 타자성에 대한 지독한 사유화(私有化)였다. 그러나 이처럼 논증으로써 주어진 필연성을 다만 사유의 주관적 사태가 아닌 존재의 진리 자체로 간주하는 것은 파르메니데스에게서 이미 세워진 전통이고 다시 소크라테스와 플라톤의 진리와 존재의 사상으로 나아가, 존재의 걷잡을 수 없는 운명을 논리적 이성으로 길들이는 서양 철학사의 큰 흐름에 뿌리를 내리는 것이다.

존재의 운명적인 타자성에 대한 서양이 자부하는 인간 자유정신의 승리는 결국, 19세기 헤겔이 보여준 것처럼, 타자를 포함한 전체를 자아를 중심으로 통일하는 변증적 형식으로써 이루어진다. 숙명적인 타자를 내면화해서 전체를 길들이고 통일하는 주체인 서양적 자아는, 무모순과 동일률을 지지한 파르메니데스에게서도, 모순율을 배제하는 것처럼 선언한 헤겔에게서도 '전제 내적 연역'이라고 하는 똑같은 논리형식을 바탕으로 생각한다. '전제 내재성의 추리', 이것이 전체를 통일하는 자아의 사유형식이다. 그러나 이 사유형식이 존재의 숙명적 타자성을 길들이고 정복하는 데 성공하였는가? 어떤 반전(反轉)과 파멸에 부딪쳐서도 이미 주어진 전체의 자기 동일성을 유지하며 회복하는 집념에 찬 자아는 언제까지 지탱할 수 있는가?

악과 모순과 현실을 이념과 이성과 선에 대결하는 숙명적 타자성으로서가 아니라 이념과 이성과 선 자체의 결여 또는 부재상태로서 이해하는 서양적 존재론, 합리성, 도덕은 그 폐쇄성에서 오는 강약점을 드러낸다. 악과 모순의 현실이 판을 칠 때 그 책임을 이념과 선의 담지자(擔持者)인 자아 자신이 질 수밖에 없음으로 해서 죄의식을 바탕으로 하는 높은 도덕성을 발전시키게 된다. 소크라테스는 그 가장 모범적인 철학자로서 높은 도덕의식을 추구하는 서양의 정신사에 있어 사라지지 않는 큰 별과 같다.

그러나 인간의 자격으로서는 책임질 수 없는, 타자 자기화의 길에서 모두 똑같이 인간이기 때문에 공유하며 부딪치는 숙명의 타자, 말하자면 자아 또는 존재 자체의 내재성이 접근할 수 없는 초월의 타자성이 문제다. 자아와 존재 자체의 내면성을 확대함으로써, 끝없는 의문을 던짐으로써 어둠 속에 잠긴 타자로 하여금 응답해 오도록 할 수 있는가? 인간이 그의 내면성의 확대를 위하여 타자의 내면성을 자기화할 수 있는 것인가? 나의 생명의 지속을 위하여 나와 똑같이 지속을 시도하는 타자의 생명을 먹을 수 있는 것인가? 자연에 존재하는 모든 것은 왜 강약 또는 약육강식의 사슬로 묶여 있는가? 존재하는 모든 것이 언제나 그 자신을 지탱하려고 해도 왜 끊임없이 사라져 가는가? 그것이 모두 존재 자체가 스스로 지어내는 내재성의 유희인가?

초월의 타자성에 대한 의문은 어떤 응답도 가져올 수 없는 것이다. 이것이 인간이 지탱하려는 그의 내면성의 한계이며 응답 없는 타자를 대면하는 외로운 인간의 비극이다. 인간은 비극에서, 그의 한계 밖으로부터 다가오는 가장 신적(神的)인 힘에 부딪친다. 우리는 증명할 수 있는 것만을 증명할 수 있다. 말하자면 자아나 존재 자체가 내면화할 수 있는 이른바 타자에 대해서만 응답하거나 증명할 수 있다. 의문에 대한 해답과 증명은 자아 또는 존재 자체의 내면화된 정보(情報)에 대한 전제 또는 가정에 달려 있는 것이다. 철학자들은 자신이 얻으려고 하는 해답과 증명을 이끌어 내는 원천인 전제를 찾는다. 전제에 이미 내재적으로 갖추어져 있지 않은 해답이나 증명은 없기 때문이다. 모든 해답과 증명은 전제 내적 연역에 의한 것이다. 그러나 문제는 그러한 해답과 증명의 가능근거를 갖추고 있는 전제 자체의 필연성을 어떻게 증명할 수 있는가 함이다. 우리의 가능한 필연성은 타자를 내면화하는 자아의 무리한 통일(무모순 또는 동일성)기능에 매달리는 것이다.

그러나 자아의 통일기능이 미치지 않는 초월의 타자에다 존재와 지식의 원천을 두는 서양 철학자들 자신의 예외가 있다. 이것은 타자 자기화에 있어서 자아의 동일성이 한계에 부딪치고 있음을 시인하는 것이다. 플라톤에 있어서 존재와 지식의 원천인 선(善)은 존재와 지식 자체로 동일화될 수 없는 초월의 타자성이다. 플로티누스에게서도 그의 가장 높은 진리인 일자(一者)는 개념으로서 서술할 수 있는 어떤 것도 그리고 존재 자체도 '아니다'.

보편의 진리는 소크라테스와 플라톤에서처럼 개물(個物)에 집착하는 감각지(感覺知)를 깨뜨릴 때 그 너머로 비쳐 오는 개념지(概念知)이다. 그러나 가장 높은 진리는 개념지가 다시 깨어지는 데서 다가오는 것이라고 플라톤과 플로티누스는 시사한다. 개념지는 자아의 사유가 존재 타자성을 내면화하고 동일화하는 데 쓰이는 논리적 질서이다. 따라서 가장 높은 진리는 자아의 타자 내면화 또는 동일화의 기능이 깨어지는 데서 닥쳐오는 어떤 것이다.

개념지란 감각지가 해체되는 충격의 지평에서 일구어 내는 것이라면, 개념지가 해체되는 실망의 지평에 떠도는 무엇이 있는가? 무엇이라고 말할 수 있는가? 아무것도 없고 아무것도 '아니다'. 이러한 파국과 해체의 상태가, 선사(禪師)의 말을 빌리지 않더라도, 한층 높은 인식의 경지가 아닐 수 없다.

존재하는 모든 것에 대하여 근거와 필연성을 보장하는 증명은 최

대한의 전제에 의존한다. 그러나 전제는 언제나 개념적으로 조작되는 동일성에 의해서 추적하는 가설이며 상대적일 수밖에 없다. 그 전제는 타자의 자기화로 이루어진 자아의 동일성에 의존하기 때문이다. 말하자면 어떤 최고의 전제든지 상대적일 수밖에 없는 것은 그 전제가 의존하는 자아의 타자 자기화(내면화)가 초월의 타자에 미치지는 못하기 때문이다.

타자를 자기화하려는 한없는 집념의 자아가 그의 가장 높은 전제인 '절대자아'나 '존재 자체'로서도 초월의 타자에 미치지 못한다면, 그가 다가가려는 초월의 타자인 진리에의 길은 어떤 것인가? 그 진리는 증명해서 보여 줄 수 있는 것이 아니다. 타자를 자기화한 전제에 대한 전제를 가설하며 그 밖의 모든 것을 증명하려는 자에게 결코 주어지지 않는 그 진리는 어떤 것인가? 그 진리는, 오히려 최고전제의 증명을 깨뜨리며 다가오는 잡을 수 없는 것이다. 그것은 거부되는 순간에 깨치는 보다 높은 단계의 진리다. 초월의 타자는 증명되지 않고 반증되는, 타자를 자기화하지 못하고 자기가 타자화는 고통스러운 자아 해체의 순간에 다가오는 것이다.

타자를 자기화하는 자아의 동일성이 무너지지 않고 지탱되는 한, 그것은 그가 타자에게 매긴 진리가 증명되었음을 말해 주는가? 그것은 아직 반증되지 않았을 뿐, 그 밖에 아무것도 말해 주는 것이 아닐지도 모른다. 왜냐하면 모든 증명은 그의 무모순 동일성이 최후의 순간에 만나지 않으면 안 되는 초월의 타자에 부딪쳐서 그의 허구성을 드러낼 것이기 때문이다. 그러므로 보다 높은 진리는 증명으로서 주어지는 것이 아니고 반증과 반전으로서 '부딪치는' 것이다.

아리스토텔레스는 비극의 형식을 논하는 가운데 그러한 사실을 확인하고 있다. "발견은 모름에서 앎으로의 변화이며", "최선의 발견

형식은 반전(περιπέτεια)에 따르는 것이다."[16] 앎이나 발견은 언제나 다름을 확인하는 데서 일어난다. 다름은 해체의 순수한 형식이며 여러 가지 모습으로 나타난다. 절망과 고통은 충격적인 다름으로서 깊은 인상과 인식을 가져다 준다. 그리고 실망은 미궁(迷宮)에 빠진 자신을 깨치는 심각한 다름의 사태이다.

진리는 사람이 만들어 내는 것인가? 증명이나 실험으로써 찾아내는 것인가? 무엇으로 환원시킬 수 있는 어떤 것인가? 아니면, 믿음과 사랑으로 다가갈 수 있는 대상인가? 아니면, 명상이나 직관에 비쳐오는 어떤 것인가? 거부할 수 없는 것으로서, 피할 수 없는 것으로서 다가오는 꼭 그렇게밖에 될 수 없는 진리는 사람의 이런 저런 엮음으로, 만듦으로, 함(actus)으로 이루어지는 것이 아니다. 실은 사람이 의도한 엮음과 만듦과 함이 여지없이 부서지는 비극적인 꼴(형식)에다 의도 밖에서 엮고 만들고 하는 자가 그의 뜻을 남기고 사라져 가는 것이다.[17] 우리는 전쟁이 지나간 재난의 폐허에서 사람이 실현하려는 진리보다 언제나 큰, 비극 아닌 어떤 다른 꼴이나 논리로서도 잡을 수 없는 질서가 있음을 깨닫는다.

그 비극적인 꼴과 논리가 바로 20세기의 서양과 동양이 부딪치는 한 극점, 여기에서 싸우는 우리에게 피할 수 없는 진리로서 다가오고 있다. "나는 모른다는 것을 안다"고 고백한 소크라테스도, "하지 않음으로써 안 함이 없다"는 『도덕경』의 노자도, "행위의 결실을 버

---

16) ***Poetica***, 11장.

17) 비극의 꼴과 논리는, 타자 자기화의 자아가 동일성을 지탱하는 '전제 내재성'의 추론이 아니라 자아의 타자화를 유도하는 '전제 초월성'의 추론형식을 가능하게 하는 것이다.

리는 자는 진리에 이른다"는 힌두의 지혜를 간직한 『바가바드 기타』의 작자도 피할 수 없이 다가오는 그런 진리의 비극적인 꼴을 가르치고 있는 것이다. 이러한 옛날 지혜자의 한결같은 깨침이 또한 자아와 존재 자체의 끝없는 자기 실현을 고집해 온 2,500년 서양 철학사의 큰 흐름에 반성이 있어야 함을 알려 주는 것이다.

2. 탈(脫)스콜라시대의 신과 논리와 경험주의

1. 근세철학의 방법은 새로운 것인가?

역사가들에 의하면 유럽사람들의 세계관이 변화하는 과정에서 일어난 가장 획기적인 사건은 7세기 과학적 세계관의 변혁이라고 한다. 흔히 '과학혁명'이라고 일컬어지는 이 시대적 변화가 새로운 유럽을 만드는 데 끼친 계속적인 공헌에 비하면 13, 16세기에 꽃을 피웠던 '문예부흥'이나 '종교개혁'과 같은 찬란한 문화사의 업적도 일시적인 것에 불과하다고 할 수 있을 정도이다.

그런데 그러한 과학적 세계관의 변혁도 옛날 그리스에서 발달해 온 기하학의 방법이 아니었더라면 불가능했을 것이라는 점도 기억하지 않을 수 없다. 몇 개의 자명하고 기본적인 공리들로부터 연역해낸 명제들의 질서정연한 배열방법은 기하학이라는 체계를 만드는 데뿐만 아니라 자연현상을 설명하기 위한 물리학 또는 역학의 체계구성에도 적용할 수 있었기 때문이다. 사실 코페르니쿠스, 케플러, 갈릴레이가 이끌어 온 과학혁명은 천체 또는 자연의 현상에 대한 새로운 관찰 또는 실험의 내용들을 기하학의 연역적 방법으로 표현한 데서 이루어졌다고 말할 수 있다.

근세철학의 시작은 수학적 실재관과 수학적 분석방법 위에서 이루어지고 있다. 홉스와 데카르트는 (심지어 경험주의자인 로크까지도)

갈릴레이가 보여 준 수학적 실재관 또는 수학적 분석방법(분해와 결합의 방법)에 대한 진지한 추종자들이다. 홉스는 그가 한때 비서의 자격으로 추종했던 철학자 베이컨의 스콜라철학 비판과 경험주의에 동조하고 있었으나 그(베이컨)의 귀납적 절차보다 확실한 과학적 방법을 찾고 있었다.

그는 41세 때 한 신사의 서재에서 우연히 발견한 기하학 교본의 엄밀한 연역적 방법에 놀라움을 느꼈고, 다시 몇 년 후 갈릴레이를 만나 역학에 있어서의 분해와 결합의 방법에 대해서 깊은 감명을 받게 되었다.[1)]

그는 복잡한 명제들의 집합이 몇 개의 단순하고 자명한 명제들로부터 연역되어 나오는 기하학의 방법에서처럼 인간성에 관한 가장 단순하고 기본적인 명제들로부터 그의 정치학의 체계를 유도해 내려고 하였다. 인간성에 관한 단순하고 기본적인 명제들은 사회를 구성하는 요소인 개인들에 관한 관찰로부터 얻어진다. 한 복잡한 사회의 움직임을, 그것을 구성하는 요소 곧 개인적 동기의 움직임으로 분해하는 것은 상상적 가설절차에 의한 것일 뿐이다. 이는 마치 갈릴레이가 한 운동하는 물체의 실제궤적을 상상적으로 분해해서 그 구성요인(실제로는 관찰할 수 없는 좌표 위의 수치)들의 결합에 의해서 설명하는 것과 같다. 이러한 상상적 분해 및 추리에 의해서 홉스는 인간성에 관한 가장 기본적이고 확실한 두 가지의 가설에 도달했다고 한다.[2)] 그 하나의 명제는 사람은 필연적으로 다른 사람들을 누를 힘을 추구하는 끊임없는 투쟁 가운데에 있다는 것이다. 다른 하나의

1) Hobbes, ***Leviathan***, ed. C. B. Macpherson (Penguin Books, 1968), 16~17쪽.

2) 같은 책, 39쪽.

보다 중요한 명제는 "모든 사람은……해로운 것, 무엇보다도 자연이 가져다주는 것 가운데서도 가장 해로운 것, 곧 죽음을 피한다"는 것이다.[3)]

이 두 개의 가설적 명제로부터 연역해 낼 수 있는 명제는 다음과 같은 자연상태에 관한 서술이다.

> 모든 사람들이 두려워할 만한 어떤 공통적 힘이 없이 살아가는 한, 그들은 전쟁이라고 하는 상태에 놓이게 되는 것이 분명하다. 그리고 이 전쟁은 마치 모든 다른 사람에 대한 모든 사람의 전쟁과 같다.[4)]

> 이러한 상태에서 노력은 소용이 없는 것이다. 왜냐하면 노력의 결과는 불확실하기 때문이다. 따라서 이 지구상에 어떤 문화도 있을 수 없다. ……그리고 무엇보다도 곤란한 것은 계속되는 공포와 횡사(橫死)의 위험이다. 인간의 삶은 고독하고 가난하고 불쾌하고 동물적이고 짧을 것이다.[5)]

인간성에 대한 기본가설에 바탕을 둔, 자연권(自然權)의 행사와 자연상태에 대한 연역적 설명은 인간으로 하여금 자기 생명의 보존을 위해서 반성적으로 보다 나은 수단을 추구하도록 한다는 결론에 이른다. 이리하여 자기 생명의 궁극적 안전을 위해서 행사할 수 있는 자연권을 포기할 뿐만 아니라 그 밖의 모든 사람들의 자연권의

---

3) Hobbes, ***Rudiments***, ch. 1, sec. 7, p. 26, quoted in Hobbes, ***op. cit.***, 39쪽.
4) Hobbes, ***op. cit.***, 185쪽.
5) 같은 책, 186쪽.

제약을 보장하는 절대권의 지배를 받아들일 수밖에 없는 것이 필연적 귀결이다. 홉스는 자연현상을 지배하는 법칙들의 질서정연한 체계가 있는 것처럼 인간 사회의 통치관계를 지배하는 원리들이 논리적으로 체계화될 수 있다고 생각하였다.

특히 뉴턴의 역학(力學)은 어떤 신비로운 섭리에 호소하지 않고서도 물리적 우주를 설명하는 완전한 체계로서 여겨졌다. 인간이 펼치는 관념의 세계이거나 사회도덕의 질서이거나 간에 모두 물리적 우주에 대한 관찰과 추리의 방법을 따라서 이해할 수 있다고 믿게 되었다.

영국 계몽철학 발전의 마지막 결론을 끌어낸 흄의 철학적 발전에서 뉴턴 물리학의 영향을 경시할 수 없다. 흄에 의하면, 인간 경험의 기본적 구성요소는 단순한 지각(知覺)들이고, 그 단순한 지각들이 모여 실제세계의 사유와 감정과 습관을 형성하는 과정을 일정한 연상의 법칙이 지배한다. 물질의 영역에서 뉴턴이 이루어 놓은 업적을 흄은 마음의 영역에 실현함으로써 인간에 관한 과학 또는 도덕에 관한 과학을 체계화할 수 있다고 믿었다. 유사(resemblance), 접근(contiguity), 인과(causality)와 같은 연상의 법칙들이 인간 과학의 기본이 됨을 흄은 다음과 같이 역설하였다.

> 마음에 관한 한, '연상의 법칙'들은 우주의 부분들을 결합하거나 우리와 어떤 사람 또는 우리와 우리 밖의 어떤 대상을 연결하는 유일한 고리이다. ……그것들은 실로 우리에게는 우주를 건축하는 시멘트와 같고 모든 마음의 활동들은 대부분이 그것들에 의존하지 않으면 안 된다.[6)]

그런데 흄에 의하면 연상의 법칙들을 지배하는 논리는 증명이나 연역법에 의한 것이 아니다. 그는 라이프니츠 같은 철학자들이 통감했듯이, 고전 논리학은 주로 연역적 증명의 형식에만 "우리의 생활과 행동이 전적으로 의존하고 있는 그리고 거의 모든 철학적 사색에서조차 우리의 지침이 되는 확률과 그 밖의 다른 증거 방식들을 무시해 왔다"고 비판하였다.[7] 카시러(E. Cassirer) 역시 계몽주의 철학자들이 추구한 새로운 지식의 논리는 "스콜라철학의 논리도 아니요 순수한 수학적 개념의 논리도 아니다. 그것은 오히려 '사실의 논리'"라고 하였다.[8] 그들의 논리적 이상(理想)은 연역적 수학의 방법에서가 아니라 자연에 관한 실험과학에서 왔기 때문이다.

흄은 확실성을 추구하는 증명과 연역의 논리를 버리고 다만 인간성에 관한 개연적, 경험적 사실과학을 추구했는가? 흔히 중세시대의 서구문명의 독단과 미신과 권위를 결정적으로 격파할 수 있었던 것은 사변적으로 응용된 공허한 삼단논법을 떠나 실험과 경험의 논리를 바탕으로 한 계몽주의 철학자들의 사상운동 때문이었다고 여겨진다. 그러나 천 년을 두고 성장해 온 기독교문화의 권위와 신앙이 어떻게 경험과 개연(蓋然)의 논리에 굴복하였는가? 인간이 오랫동안 간직해 온 모든 지식과 신념의 세계로부터 확실성을 추출해 버린 흄의 파괴적 힘이 단순히 반복된 경험과 개연의 논리에서 솟아난 것인가? 인류의 지적(知的), 도덕적 유산으로부터 확실성을 박탈함으

---

6) Hume, ***An Abstract of A Treatise of Human Nature, An Inquiry Concerning Human Understanding*** (N. Y.: Liberal Arts Press, 1955), 198쪽.

7) 같은 책, 184쪽.

8) E. Cassirer, ***The Philosophy of the Enlightenment*** (Princeton, N. J. : Priinceton University Press, 1951), 9쪽.

로써 오히려 인간을 해방시킨 계몽 철학자 흄의 파괴적 힘의 논리적 원천을 어디서 찾을 수 있는가?

데카르트와 홉스로부터 흄에 이르기까지 근세 철학자들은 새로운 철학의 바탕이 될 논리학을 찾고 있었다. 흄은 직접관찰과 확률의 논리를 새로운 실험과학의 방법에서 착상했다. 합리주의자 데카르트조차도 스콜라 철학자들의 삼단논법적 증명을 비판하고 직관과 궁극적으로 직관에 바탕을 둔 연역추론을 옹호하였다.[9] 그들이 근대과학에서 얻은 암시는 스콜라 철학자들의 간접증명의 삼단논법과 그것의 사변적 적용을 피하기 위하여 직관 또는 관찰의 증거를 바탕으로 하는 논리를 추구해야 한다는 것이었다. 그러나 데카르트가 스콜라 철학자들의 삼단논법을 배격하거나, 흄이 그 논리의 증명 방법의 비경험성을 비판했을 때, 그들은 과연 스콜라 철학자들의 논리학을 탈피했었는가? 근세철학의 시조라고 불리는 데카르트의 합리주의 철학으로부터 흄의 극단적 경험주의 철학에 이르기까지 이 시대의 두 철학사조는 과연 고전 논리학의 전제로부터 독립하여 각각 그들 고유의 논리에 의존하였는가?

2. 탈(脫)스콜라시대: 신의 섭리와 논리적 질서

한 시대의 고유한 모습 가운데서 핵심을 이루는 것은 그 시대의 논리학임에도 불구하고 한 시대의 논리적 고유성을 순수한 형태로

9) Descartes, ***Rules for the Direction of the Mind*** (Liberal Arts Press, 1961), 10~12쪽. 여기서 데카르트는 연역(deduction)이 직관(intuition)에 의존함을 논하고 있다.

파악하는 것은 쉬운 일이 아니다. 그 대안으로 우리는 논리학으로부터 멀리 떨어진 구체적 표현들 가운데서 그 시대의 핵심 되는 정신 또는 논리를 파악하려고 한다. 따라서 흄의 경험주의에서 극치를 이룬 영국 계몽주의 철학의 발전을 지배한 논리와 정신이 무엇인지를 밝히기 위하여 그들의 사회와 도덕방면에 관한 사상의 근원을 돌이켜보는 것이 바람직하다.

매킨타이어(A. MacIntyre)는 서구의 고전 윤리학의 역사 가운데서 도덕적 규범을 정당화하는 세 가지 길이 있었다고 말한다.[10] 첫째로, 플라톤이나 아리스토텔레스에서처럼 규범의 정당성은 인간의 욕구와 성향이 일정한 가치를 지향하도록 훈련하고 이끄는 데서 주어진다고 보는 것이다. 둘째로, 기독교에서처럼 신(神)의 계명을 지킬 때는 보상이 주어지고 어길 때는 벌이 주어진다는 것이다. 셋째로, 옛날 그리스의 소피스트와 홉스에서처럼 정당성은 우리가 현실적으로 원하는 것을 보다 많이 가져다 줄 행위에서 찾아진다는 것이다. 이 마지막의 경향이 홉스로 시작해서 벤담의 공리주의에 이르는 영국 계몽주의 사회사상의 발전과정에서 확고하게 되었다.

이 철학에서 인간성은 이미 결정되어 있는 것이고, 인간이 필요로 하는 것과 그것을 공급하기 위한 수단이 행위의 기준이 된다.[11] 따라서 이러한 필요를 실현하려는 개인의지들의 대결장소가 바로 사회이다. 여기서 새로운 시대의 존재, 곧 '개인'(individual)이 출현하게 된 것이다. 이는 권위와 권리 등 가치를 배분하고 계층들 사이의 차등적 관계를 규정해 주던 중세시대의 사회적 유대가 무너지면서 이

10) A. MacIntyre, ***A Short History of Ethics*** (N. Y.: The Macmillan Co., 1966), 148쪽.
11) 같은 책, 150쪽.

루어진 자연스러운 전환이라고 볼 수 있다.

그러나 계몽주의 시대의 철학, 특히 그 사회계약의 사상을 통해서 부각된 '개인'의 출현이 17, 18세기에 비로소 이루어진 것이라고는 볼 수 없다. 개인의 출현은 이미 16세기 초에 신앙선택의 주체성을 내세운 루터와 세속적 힘의 정치이론을 편 마키아벨리 가운데서도 확인할 수 있기 때문이다.[12] 사실 역사적으로 말하면, 중세시대의 철학과 문명의 관계를 논하는 드 불프(M. de Wulf)가 밝히듯이, 그 시대의 봉건적 사회체제로부터 개인의 독립과 충족성이 유래하였으며 그러한 개인의 존재가 후기 스콜라철학의 형이상학, 이른바 유명론(唯名論) 가운데에 자리를 잡게 된 것이다.[13]

봉건체제 아래서 사람들은 계약에 의해서 군주(overlord)와의 관계를 맺었고 이 관습은 개인의 가치에 대한 기독교의 가르침, 그리고 로마 법률의 자연권 사상과 합세하였다. 이리하여 군주와 제후, 주인과 노예 사이와 같은 모든 사회적 관계들은 다만 세속적 약속에 불과하다고 하는 생각에 도달하게 되었다. 이러한 변화가 진전되어 또는 개체 초월의 실재는 거부되었고 오직 개체만이 실재하는 것이라고 하는 스콜라시대 철학의 마지막 귀결에 이르게 된 것이다.

봉건체제로부터 개인이 해방되는 사조의 전환시대에 태어난 철학자 오캄(W. Ockham)이 경험적 개체의 실재를 전제하는 유명론의 대변자로 등장한 것은 자연스러운 일이다. 그러나 질송(E. Gilson), 드 불프 같은 권위 있는 중세 철학사가들은 흔히 오캄이 유명론적 또는

12) 같은 책, 121쪽과 다음.

13) M. de Wulf, ***Philosophy and Civilization in the Middle Ages*** (Princeton, N. J.: Princeton University Press, 1922), 54쪽과 다음.

경험론적 분석을 통해서 스콜라시대의 신앙과 신학을 파멸시켰다고 설명한다. 질송은 『중세시대에서의 계시와 이성』에서 오캄에 대하여 다음과 같이 말한다.

> 하늘과 땅을 창조한 신이 참으로 존재함 직하다. 그리고 신이 인간에게 영혼을 주었고, 그 영혼은 비물질적 실체이므로 불멸한다는 사실 역시 그럴 법한 것이다. 오캄은 이러한 명제들이 가능한 것일 뿐만 아니라 그 반대의 경우보다 분명히 더 가능한 것이라고 간주한다. 그러나 오캄에 의하면 이 명제들 가운데 어떤 것도 철학으로 증명될 수 있는 것이 아니다. 그리고……그것들은 신학에서도 증명될 수 없는 것이다.[14)]

말하자면 오캄에 이르러 어떤 신의 계시내용도 철학적 이성으로 증명할 수 없다는 것을 확신하게 된 것이다. 아우구스티누스에서 토마스 아퀴나스에 이르기까지 계시와 신앙은 가능한 한, 철학적 이성으로부터 울려오는 증명의 소리를 찾으려 하였다. 그러나 질송을 비롯한 철학사가들의 설명에서처럼 철학적 이성이 계시와 신앙에 바탕을 주는 일을 포기함으로써 스콜라시대의 신학이 붕괴되는 결과를 가져온 것이라고 한다.

오캄은 철학적 이성(그의 유명론 또는 경험주의)으로 계시와 신앙을 증명할 수 없다고 하는 이유로부터 계시와 신앙을 포기하는 결론을 가져 왔던가? 만약 오캄이 계시와 신앙을 버리지 않은 경건한 신학

---

14) E. Gilson, ***Reason and Revelation in the Middle Ages*** (N. Y.: Charles Scribner's Sons, 1938), 87쪽.

자로 머물러 있었던 것이 사실이라면 그가 유명론자 또는 경험주의자가 될 이유는 무엇인가?

12세기 마지막으로부터 아리스토텔레스를 비롯한 그리스 철학자들의 형이상학에 관한 저술들과 그것들에 대한 아랍인들의 주석서들이 이슬람 문명권으로부터 서구지역에 수입되어 라틴말로 번역되기 시작하였다. 그리스와 이슬람지역에서 유래된 이 새로운 사상체계는 계시나 신앙에 호소하지 않고 자연의 인식능력, 말하자면 경험 또는 이성에 주어지는 증거 이외의 어떤 다른 증거도 인정하지 않는 것이다. 이러한 새로운 증거방법은 당시의 신학자들에게 닥쳐온 하나의 큰 도전이 아닐 수 없었을 것이다. 1210년 그리고 1215년에 파리대학에서는 이 외래(外來)의 저술들 가운데서 논리학에 관한 저술 이외의 것에 대해서 학생들이 읽는 것을 금지하였고 교수들이 강의할 수도 없었다.[15)]

그러나 금지된 책일수록 더 읽히기 때문에 결국 신학자들은 그들의 신학 또는 신앙을 옹호하기 위하여 이 외래의 형이상학을 검토하고 연구하지 않으면 안 되었다. 그리하여 신학자들이 선택할 수 있었던 길은 그리스와 이슬람 철학자들의 형이상학체계를 엄밀하게 검토해 볼 때 논리적으로 타당성도 없고 철학적으로 증명할 수도 없다는 것을 보여 주는 것이었다.[16)] 그리고 이들은 여기서 한걸음 더 나아가 자연적 인식능력에 의한다면 계시와 신앙에 관한 신학적 교리도 증명될 수 있거나 반증(反證)될 수 있는 것이 아니라고 주장하

---

15) E. A. Moody, ***Studies in Medieval Philosophy, Science, and Logic*** (Berkeley: The University of California Press, 1975), 295쪽.

16) 같은 책, 296쪽.

게 되었다. 따라서 이 외래의 철학사조의 영향 하에서 이루어진 변화는, 신학적 교리가 철학적 이론에 호소할 필요가 없고, 또 철학적 이성은 신학적 영역에 속하는 문제에 어떤 해답도 줄 자격이 없다는 생각으로 전개된 것이다.

따라서 14세기 초에 등장한 오캄의 유명론, 유명론적 분석에 의한 형이상학적 보편자의 비판은 12세기 말로부터 전개된 신학과 철학 사이의 관계에서 볼 때 별로 새로운 것은 아니다. 다만 그가 신앙에 철저한 신학도로서, 신학적 주장에 혼용되기 쉬운 형이상학적 개념을 비판하기 위하여 동원한 그의 논리적 경험분석의 방법이 명쾌하다는 데 그의 공헌이 있는 것으로 보인다. 오캄과 그의 시대사상을 이해하기 위해서 우리는 그가 철학자이기 전에 일생을 기독교적 신앙에 헌신한 신학자였다는 것을 기억할 필요가 있다. 그는 이 세상에서 자기 스스로 존재할 수 있는 유일 절대자는 신(神)이라고 믿는다. 신만이 절대적으로 자유롭고 독립적이기 때문에 피조물의 세계는 의존적이고 우연적인 존재들일 수밖에 없다. 그러니까 이 세상에 존재하는 어떤 것도 그것이 필연적으로 그렇게 존재해야 할 어떤 이유도 갖고 있지 않다. 따라서 세계에 존재하는 것들에 대하여 알려고 할 때 우리는 그 대상(피조물) 하나하나가 어떻게 존재하는지를 일일이 관찰하지 않으면 안 된다.

오캄의 세계이해는 신의 무한한 능력과 피조물들의 의존성 또는 우연성으로 이루어지는 이중구조(二重構造)를 지닌다. 신은 어떤 것도 만들거나 가능하게 할 수 있다.[17] 따라서 피조물들에게 일어날 수

17) Ockham, ***Philosophical Writings***, trans. and introduction by Ph. Boehner (Indianapolis: The Bobbs-Merill Co., 1964), xix~xx쪽.

있는 어떤 사건은 다른 피조물들의 힘에 의존하지 않고서도, 오직 신의 능력과 결단만으로 만들어질 수 있다. 신은 어떤 사건을 세계 안에 일으키기 위하여 그 원인으로서 세계 안의 피조물들의 운동에 의존할 필요가 없다. 이것을 일반화해서 극적으로 표현하면, 신은 실체 없이 속성을 만들 수도 있고 속성 없이 실체를 만들 수도 있다.[18] 말하자면 만들어진 모든 존재는 전적으로 신의 섭리에 의존해 있기 때문에 그 만들어진 존재들 사이에 어떤 필연적 관계가 있다고 상상할 이유가 없다. 피조물들 사이에 이루어지는 모든 질서는 신의 선택에 의존하고 있다.

그래서 현상에 의해서 실체를 추적한다거나 하나의 현상에서 다른 현상을 추적한다는 것은 타당성이 없는 추리일 뿐이다. 이러한 추리에 대하여 오캄은 다음과 같이 비판한다.

> 우리들은 어떤 것을 직관적으로 완전하게 알고 있다고 아무리 자주 확인할지라도 결코 그것을 가지고 다른 어떤 것을—그 다른 어떤 것에 대해서도 이미 알고 있지 않다면—알 수는 없다.[19]

인과관계에 관한 예를 든다면 어떤 것의 존재를 주장하는 전건(前件: antecedent)으로부터 다른 어떤 것의 존재를 주장하는 후건(後件: consequent)을 연역해 낸다는 것은 불가능하다는 것이다.

---

18) 같은 책, xx쪽.

19) ***Guillelmi de Ockham Opera Philosophica et Theologica; Opera Thelogica***, vol. I (St. Bonaventure, N.Y.: Franciscan Institute, 1967), 241쪽. J. R. Weinberg, ***Ockham, Descartes, and Hume*** (Madison, Wisconsin: The University of Wisconsin Press, 1977), 55쪽.

관찰의 증거에 의존하는 한, 사물의 변화과정에 대해서 우리가 기껏 말할 수 있는 것은 이전(以前)에 존재하지 않았던 하나의 사물이 존재한다는 것이다.[20] 관찰의 증거에 엄밀하게 의존하는 한, 사물들 사이에 존재한다고 생각되는 변화나 인과와 같은 어떤 관계에 대하여 논리적 추리를 한다는 것은 불가능하다는 것이다.

우리는 신의 무한한 능력과 자유를 전제로 할 때 피조물의 질서에서, 예를 들면 세계의 변화과정이나 인과관계에서 어떤 필연성도 발견할 수 없다는 결론에 도달하지 않을 수 없다. 피조물의 질서는 궁극적으로 신의 무한히 자유로운 섭리방식에 의존하기 때문이다.

그리고 유한한 증거능력에 의존하는 인간 지식의 영역에서 필연적 질서를 발견할 수 없는 것은 당연하다는 설명을 할 수도 있다. 오캄을 비롯한 14세기 스콜라 신학자들은 증거에 대한 엄격한 기준을 가지고 있었다.

그 당시 절대적으로 확실한 '증거'가 될 수 있는 것은, ①의식에 주어진 직접적 소여(所與), ②오직 주어와 술어의 의미에 의존하는 명제들의 자명성, 그리고 ③그런 명제들로부터 연역된 결론들에 국한되어 있었다.[21] 그런데 문제는 형이상학이나 자연과학의 지식이 이렇게 절대적으로 확실한 증거들, 곧 직관적 증거나 논리적 증명으로 성립된 것이 아니라는 데 있다. 일일이 관찰한 직관적 증거들 사이의 우연적 관계를 표시하는 단칭(單稱) 명제들로부터 끌어낸 일반명제들로서 형이상학이나 자연과학이 이루어진다.

하나의 단칭명제로부터 그 명제를 성립시킨 것과 비슷한 다른 경

---

20) J. R. Weinberg, ***Ockham, Descartes, and Hume***, 55쪽.

21) 같은 책 63쪽. Ockham, ***Philosophical Writings***, 6쪽.

우들에 대한 일반명제를 어떻게 끌어낼 수 있는가? "이 나뭇조각은 타고 있다"라는 직접관찰의 명제로부터 "다른 나뭇조각들도 (비슷한 조건하에서 불에 넣으면) 탄다"라고 하는 일반명제에 도달할 수 있는 것은 어떤 근거에서인가? 단칭명제에서 일반명제를 끌어내는 과정에는 어떤 객관적 증거도 논리적 증명도 작용하지 않는다. 다만 비슷한 결과가 비슷한 조건하에서 일어나리라고 하는 자연에 대한 기대, 그리고 자연 밖의 다른 조건, 곧 신의 간섭을 받지 않는다는 가정이 전제될 때에 비로소 이루어지는 추측의 결과이다. 어떤 증거와 증명이 없음에도 불구하고 기대와 가정 위에 선 명제들이 인간 지식의 영역에서 통용되는 이유는 그것(기대와 가정)이 "그 소용(所用)에 의해서 실용적으로 정당화(pragmatically justified by its usefulness)"되기 때문이다.[22] 오캄의 증거에 관한 이론이 적용되는 또 하나의 중요한 영역은 인간 영혼의 구원에 대한 신의 계시의 영역이다. 신으로부터 인간에게 주어지는 계시의 질서에 대한 가정도 결국 어떤 직관적, 논리적 증거 위에서가 아니라 "그 소용에 의해서 실용적으로 정당" 되는 것이라고 한다.[23]

오캄을 비롯한 14세기 신학자들의 추리에서 밝혀지는 중요한 사실은, 형이상학이나 자연과학의 지식을 구성하는 원리나 명제들이 논리적 증명이나 직관적 증거 위에서 도달한 결론이 아니라는 점이다. 신의 계시에 대한 증거나 증명도 우리에게 주어질 수 있는 것이 아니다. 인간의 지식과 신의 계시는 모두 기대와 가정에서 이루어지

22) E. A. Moody, "William of Ockham", ***The Encyclopedia of Philosophy***, vol. 8, ed. P. Edwards (N. Y.: The Macmillan Publishing Co., 1967), 312쪽.

23) 같은 곳.

는 확률추리의 영역에 속한다. 그럼에도 불구하고 사람들은 그러한 지식과 계시에 의존한다.

엄밀한 증명과 증거의 영역으로부터 신의 계시 또는 실용적 정당성의 영역이 떨어져 나감으로써 이성과 계시가 조화를 이루던 스콜라시대는 막을 내리게 된다.

3. 영국 경험주의의 이중구조: 증명의 합리성과 관습의 합리성

14세기 서구세계에 나타난 계시와 이성이라는 대립구조는 엄밀한 증거에 대한 이념(理念)에 의해서 성립된 것이라고 볼 수 있다. 증거를 묻고 추적하는 엄밀한 태도 때문에 세계는 실체 없는 속성들 또는 속성 없는 실체들로 이루어지게 되었고, 변화 또는 인과에 관한 법칙은 하나의 관찰사태와 그에 관련된 다른 하나의 관찰사태에 대한 단칭명제들에서 연유된 기대이며 가정에 불과하다는 결론에 이를 수밖에 없었다.

그러므로 우리의 실제생활에서 받아들여지고 있는 신앙과 지식은 엄밀한 의미에서 어떤 직관적 증거나 논리적 증명도 미치지 못하는 영역에 놓여 있음이 확실하다. 위에서 우리는 일상생활의 주요한 활동으로서의 신앙과 지식이 어떤 논리에 의해서 구성되느냐 하는 문제의 예를 서구문명이 스콜라시대를 탈피하기 시작한 무렵에서 찾아보았다.

탈스콜라시대에 이루어진 이중구조, 엄격한 증거에 대한 이상과 실용적 정당성밖에 갖지 못하는 실제 사이의 긴장관계는 영국 계몽주의시대의 철학발전의 최후단계에서 다시 한 번 절정을 이룬다.

20세기 영국 분석철학의 한 주류를 대표하는 무어(G. E. Moore)에 의하면, 철학의 주요한 활동은 주어진 결론 또는 주장에 대한 이유를 찾는 데에 있다고 한다.[24] 주어진 결론에 대한 적절한 또는 적절하지 못한 이유는 어떤 것인가라고 하는 질문이 바로 철학자들의 의견을 다양하게 만들어 온 문제라는 것이다.

이러한 문제에 비추어 볼 때 지금까지의 철학체계의 발달사는 적절한 이유를 갖지 못한 결론 또는 주장을 버리면서 보다 적절한 이유에 의해서 정당화될 수 있는 결론과 주장을 찾아온 역사라고도 생각된다. 여러 세기를 거친 스콜라시대 사상의 발전 끝에 얻어진 결론인 이성과 신앙의 분리는, 정당화될 수 있는 적절한 이유가 이원화(二元化)될 수밖에 없었다는 데서 유래한다.

그리고 적절한 이유의 세계가 이원화된 것은 철학적 이성이 추구한 이상적인 적절한 이유가 궁극적으로 엄밀한 증거 또는 증명에 있었기 때문이라고 볼 수 있다. 실제영역에서 통용되는 신앙과 지식이 엄밀한 증거에 의해서 얻어질 수 있는 이론적 결론의 영역으로부터 벗어난 잉여(剩餘)의 세계에 놓여질 수밖에 없었던 것이다.

서구 정신세계에 나타난 이 이중구조는 엄밀한 증거 또는 증명의 요청에 의해서 이루어지는 이론의 세계와 거기에 미치지 못하는 잉여의 현실세계로서 이루어진다. 그러나 실천과 실제의 세계는 때때로 이론 밖의 세계에서 어떤 정당성이나 합리성도 얻지 못한 채 무질서 가운데서 난무하는 것을 본다. 사실 어떤 이론적 구조 안에 세계의 모든 가능한 사태를 통일한다는 것은 극히 일시적으로 이루어

---

24) G. E. Moore, ***Philosophical Studies*** (Totowa, N. J. : Routledge and Kegan, 1922), 39쪽 이하.

지는 일에 불과하다. 이론의 세계와 잉여의 실제세계 사이에는 언제나 긴장이 존재한다. 통일된 구조에 결코 안주할 수 없는 잉여세계에 대하여 잠정적 존재이유를 주는 방법으로서 이론과 실천, 계시와 증명, 증명과 잉여의 이중구조 자체를 합리화하기도 한다. 우리는 흄에게서 절정을 이룬 영국 계몽주의시대의 철학사상의 전개에서도 적절한 이유의 세계가 이원화되는 것을 발견한다.

말하자면 스콜라시대의 마지막 단계, 특히 오캄의 사상에 나타난 이중구조의 역사적 유형을 영국 경험주의 철학의 전개에서 다시 보게 된다. 물론 중세시대의 종교적 독단과 미신과 권위에 대한 비판으로서 성장한 계몽주의시대의 철학자들의 사상에서 스콜라시대 사상가들의 유형을 찾으려는 것은 역사적 흐름에서 빗나가는 어떤 우스꽝스러운 오류를 범하는 것으로 보일지도 모른다. 사실 스콜라시대의 신학 및 논리학에 대한 (베이컨, 데카르트에서 비롯된) 근세 철학자들의 비판과 경멸을 감안할 때 계몽주의 철학자들의 사상에서 스콜라시대와의 유사성을 발견하는 일은 불가능한 일인 것 같다. 다만 우리는 두 시대의 말기(末期) 사상에서 논리적 구조의 유사성을 발견함으로써 두 시대의 사상전개의 비슷한 논리적 방법을 드러내려는 것이다.

근세시대의 선구적 계몽주의 철학자 로크의 경험주의 철학은 이른바 본유관념(innate idea)에 대한 비판으로부터 이루어진 것이다. 어떤 원리가 본유적인 것이라고 주장하게 된다면 인간은 이성과 경험의 능력으로 얻게 되는 것이 아니라 다만 그것을 믿음으로써 받아들이게 되는 것이다. 그러나 로크에 의하면, 진정한 지식은 경험으로부터 주어지는 정보에 대한 우리 자신의 판단에서 이루어진다. 로크가 본유관념을 배격하는 이유는 그것이 궁극적으로 감각(sensation)

이나 반성(reflection)으로부터 주어지는 어떤 경험적 증거에 의해서도 떠받쳐지고 있지 않은 가설이기 때문이다.

물론 우리의 사유내용을 구성하는 관념들 가운데 어떤 경험적 증거도 직접으로 찾을 수 없는 것이 있을 수 있다. 그러나 이러한 관념들도 궁극적으로 소급해 올라가면 어떤 감각 또는 반성의 경험으로부터 파생되어 나온 것이라고 볼 수 있다. 감각과 반성에 의한 경험이 지식의 유일한 근거가 된다는 것이다. 따라서 우리의 관념세계는 감각이나 반성이라고 하는 경험적 증거의 기준에 의해서 검토되어야 한다. 경험적 증거에 의해서 주어지는 세계와 주어지지 않은 세계의 구별이 아직 소박하긴 하지만 경험주의의 중요한 원칙으로 생겨난 것이다.

주어진 하나의 사건에 관련된 원인을 찾을 수 있는 근거는 어디에 있는가라고 흄은 물었다. 한 사건에 관련된 어떤 사건에 대해서 관찰을 할지라도 그 두 사건 사이의 관계가 원인과 결과의 관계라고 하는 어떤 직관적 증거도 논리적 증명도 있을 수 없다는 것이 흄의 주장이다. 하나하나의 사건은 각기 독자적인 존재이며 서로 다르고 구별될 수 있고 떨어져 있는 것이다. 사건 A와 B 사이가 서로 떨어질 수 없는 관계로 연결되어 있다고 하는 직관적, 논리적 증거는 어디서도 발견할 수 없다. A와 B 사이에 걸쳐 있는 '연결'에 대한 어떤 관찰도 할 수 없고, 우리가 원인이라고 생각하는 사건 A로부터 결과라고 생각하는 사건 B가 연역되어야 할 어떤 '논리적' 관계도 찾을 수 없다. 이렇게 사건 A와 사건 B 사이에서 어떤 직관적 증거도 논리적 연역관계도 찾을 수 없다면 A를 B의 원인이라거나 B를 A의 결과라고 부를 아무 정당한 이유가 없는 것이다. 그는 그의 직관적, 논리적 증거에 대한 요청(기준)을 다음과 같이 설명한다.

> 어떤 대상도 그 자체 안에 그 대상 밖의 것에 관한 어떤 결론을 연역해낼 수 있게 해 주는 근거를 우리에게 제공할 수 있는 아무것도 가지고 있지 않다. 그리고 대상들이 자주 그리고 계속해서 병행되는 것을 관찰한 다음에도 우리들이 관찰한 것을 넘어서는 어떤 것에 관한 어떤 추리를 전개할 아무런 이유도 없다.[25)]

그러나 흄은 엄밀한 직관적, 논리적 비판 위에 세워진, 인과관계도 실체도 지니지 않은, 서로 떨어져 있는 지각들의 세계가 실제로 존재하는 것이라고 믿는가? 그는 우리가 몸을 담고 살아야 하는 자연 또는 현실 가운데 직관이나 논리로서 증명할 수는 없지만, 우리가 의존할 만한 법칙과 질서가 분명히 존재하는 것으로 믿는다. 그리고 정밀한 이유에 의해서 짜여진 논리의 사상보다는 자연의 법칙과 현실의 질서에 대한 소박한 믿음이 실제생활에 필요하다는 것을 인정한다. 물론 그는 실제생활에서 받아들이는 믿음의 대상들에 대해서 직관적, 논리적 증거를 제시할 수 있다고 주장하지 않는 다.

이 믿음들은 논리적으로는 아무 정당한 이유를 갖지 못하면서도 가장 생생하고 확고한 현실로서 우리 앞에 다가오고, 우리의 "사유 가운데서 다른 것보다 큰 비중을 차지하며 우리의 정열과 상상을 일으키는 큰 힘을 발휘한다." 따라서 이 믿음들은 "모든 우리의 행위들을 지배하는 원리들이 된다."[26)]

마치 물리학자 뉴턴이 자연의 모든 운동을 지배하는 기계적 원리

25) Hume, ***A Treatise of Human Nature*** (ed. L. A. Selby-Bigge, Oxford, 1888), Bk. I, Pt iii, sec. 12, 139쪽.

26) 같은 책, Appendix, 629쪽.

를 인력작용에서 발견하였듯이, 흄은 인간의 신념과 행위의 지배원리를 상상 또는 연상의 규칙들에서 찾으려고 하였다. 상상 또는 연상의 규칙들은 세계에 대한 인상들을 제멋대로 결합하거나 구성하는 것은 아니다. 그 규칙들은 경험의 쌓임으로 이루어지는 자연스러운 궤도에 따라 주어진 인상들을 일정한 관념 또는 신념으로 결합하고 구성한다. 오랜 경험과 습관으로 이루어지는 신념과 행위의 실제 세계는 논리적 분석에 의해서 제시된 증거와 이유들로 짜여진 이론의 세계와는 거리가 멀다. 증거와 이유들로 짜여진 이론의 세계 밖의 잉여지대에 속하는 실제의 현실로 하여금 별도의, 말하자면 다만 습관으로서의 정당성을 찾도록 만드는 흄의 이중구조는 이미 탈스콜라 시대의 오캄의 '논리적 증명과 신의 계시'라고 하는 구조에서 실현된 적이 있다.

사실 흔히 18세기 계몽주의시대의 선구적인 철학자로 불리는 로크는 지식의 구성에 대해서는 경험 과학적 설명을 시도하면서도 도덕 및 사회에 대한 그의 견해에서는 아직도 중세적 전통을 벗어나지 못하고 있었다. 스콜라시대의 철학자들이 초월적인 신으로부터 도덕률이 주어지는 것으로 믿었듯이, 그는 기본적인 도덕률이 자연법으로서 주어진 것이라고 여겼다.

그러나 흄은 경험적 증거에 대한 직관적, 논리적 기준 때문에 홉스의 이기주의 심리학의 가설에 의한 또는 로크의 자연권 사상에 근거한 도덕 및 사회질서 구성론을 받아들일 수 없다. 사회에서 통용되는 규칙들, 예를 들면 도덕, 법률, 그리고 관습들이 선험적으로 주어졌거나 자연법칙에 속한 것이 아니라고 보는 것이다. 그 규칙들은 필요에 따라서 사람이 지어내는 것(artifice)으로부터 유래하는 것이다.[27] 그러나 그것들은 일일이 어떤 합리적 이해타산을 한 다음에 이루어지는 약속과 같은 것이 아니다.[28] 그것들은 오랜 경험에서 얻어진 것이다. 그러므로 흄에 의해서 규약(convention)이라고 불리는 이 규칙들의 유일한 정당성은 그것들이 사회질서를 지탱하는 관습의 원리를 제공한다는 데 있다. 흄은 규약과 관습의 존재이유를 밝힘으로써 '계시' 또는 '자연'이라든가 '계약'과 같은 비경험적 근거에서 어떤 도덕 및 사회질서의 정당성을 증명하려는 초월주의 또는 합리주의적 태도를 포기할 수 있었다.

그는 단순한 경험주의자이기 전에 철두철미하게 직관적, 논리적 증거를 추적한 이론적 합리성의 신봉자였다. 그러한 결과로 그는 직관적, 논리적 증거가 미치지 않는 잉여세계에 습관과 관습의 원리를 적용해서 실제적 합리성을 받아들일 수 있었다.

4. 맺음말

영국 계몽주의시대의 철학적 전개는 스콜라시대의 오캄으로부터 20세기의 분석철학자 무어에 이르는 600년 동안의 영국 철학사 가운데서 하나의 황금기에 속하는 것이라고 이해할 수 있다. 이 계몽주의시대를 통과하는 동안에 영국 철학사상의 흐름은 그리스와 이탈리아에 원천을 두고 프랑스의 파리를 중심으로 발전하던 유럽대륙의 사상적 흐름으로부터 독립하는 추세가 이루어졌다. 중세시대의 도덕 및 사회관으로부터 탈피하고 사상과 의식의 근대화에 결정

27) 같은 책, Bk. III, Pt ii, sec. 2, 489쪽.
28) 같은 책, Bk. III, Pt ii, sec. 2, 490쪽.

적 기틀을 잡았던 영국에 있어서의 계몽주의 사조는 사상과 사회영역에서 영국 국민으로 하여금 독자적 스타일을 이룩할 수 있게 한 근본적 사유가 무엇이었던가를 보여 주는 훌륭한 예라고 생각된다. 오캄으로부터 풀리기 시작한 사상의 발전과정에서 찾아지는 영국 철학사의 고유한 특징과 함께 서유럽이 공유하는 정신사적 특징을 다음과 같이 요약할 수 있다.

개체(個體) 이외의 어떤 목적이나 이념에도 예속될 수 없는 독립된 개체라는 개념 위에 세워진 개인주의와 이에 따르는 사회이론의 발전이 영국 사상사에서 이루어졌다. 그리고 이 사상사적 전통은 후기 스콜라시대의 유명론을 성립시킨 논리에서 유도되어 나온 귀결이라고 볼 수 있다. 이 유명론의 논리는 모든 구별되는 것(예를 들면 지각)들은 서로 떨어져 있는 것이고, 떨어져 있는 것들 사이를 연결하는 어떤 관계의 끈도 지각(知覺)할 수 없다고 하는 명제를 포함한다. 예를 들면 하나의 사건 A의 결과로서 관찰된 다른 하나의 사건 B를 거부하고 또 다른 하나의 사건 C를 결과라고 판단하더라도 어떤 모순도 일으키지 않는다. 논리적 근거에서 A와 B 또는 A와 C는 어떤 필연적 관계도 가지고 있지 않은 독립적 개별자라는 결론이 나온다. 영국 경험주의자들이 받아들인 이와 같은 결론은 지각의 추적에 있어서 엄밀한 연역의 규칙을 바탕으로 해서 도달한 것이었다.

지각대상의 궁극적 구성요소를 추적하기 위한 논리적 분해방법은 이미 고대 그리스 및 로마의 원자사상(原子思想)에서 시작되어 갈릴레이의 물질 입자설, 데카르트의 해석기하학을 거쳐 20세기 논리적 원자론에 이르는 서구 전통의 과학적, 철학적 세계관을 구성하는 주요한 방법이라고 생각된다. 흄을 정점(頂点)으로 하는 영국 경험주의의 철학사적 공헌은 유명론적 분석을 회화적(繪畫的) 지각대상에 적용했을 뿐만 아니라 도덕 및 사회사상에까지 적용시킴으로써 개인주의, 사회계약, 공리주의(utilitarianism), 그리고 20세기에 있어서 가장 선풍적 사상운동의 하나로서의 분석철학에 대한 방법을 제공하였다는 데 있다. 사실 현대의 실존사상조차도 그 논리적 근원을 사르트르로부터 데카르트를 거쳐 13, 14세기 파리대학을 중심으로 활약한 유명론자들의 영향에 소급시킬 수 있을 것이다.

A라는 원인에 대하여 B라는 결과를 연결하는 대신 또 다른 하나의 사건 C또는 D라는 결과를 연결하더라도 어떤 모순에도 걸리지 않는다고 하는 인과관계에 대한 흄의 분석 배후에는 엄밀한 지각적 증거에 대한 요청뿐만 아니라, 무모순(無有唐)의 추리, 곧 연역적 증명에 대한 논리적 이념이 움직이고 있다. 이러한 직관적, 논리적 증거에 대한 요청은 바로 정확한 이유에 대한 요청에서 이루어지는 것이다. 정확한 이유에 의한 추론, 무모순의 추리는 연역적 증명을 논리적 이념으로 하는 것이기 때문에 영국 계몽주의시대의 철학 또는 경험주의의 전통이 단순히 실험 또는 개연(蓋然)의 논리 위에 서는 것이라고는 볼 수 없다. 영국 계몽주의철학의 절정으로서의 흄의 회의주의 또는 관습주의조차도 정확한 이유 또는 증명에 대한 그의 집요한 요구에 의하지 않고는 도달하지 못할 결론이다.

흄은 개연(蓋然)주의자, 경험주의자, 회의주의자이기 전에 연역주의자였다. 정확한 이유에 의한 추론, 무모순의 증명이야말로 서유럽의 철학사가 공유하는, 그리고 특히 영국 계몽주의 철학자들이 공식적으로 표방하는 경험주의, 개연주의의 세계관에도 불구하고 언제나 형식화되기 이전의(unformalized) 순수논리로서 체계 밑바닥에 지니고 있는 이론적 이상이며 정신이다.

그러나 영국 경험주의자, 특히 흄이 지니는 또 하나의 특이한 태도는 정확한 이유, 무모순의 증명에 대한 요청이 어디까지나 논리적, 이론적 기준이라는 점을 자각하고 실제와 실천의 현실에서는 별도의 이유 또는 별도의 합리성을 받아들인다는 데 있다. 실제와 현실세계를 어떤 정밀한 이유로 잘 짜여진 이론이나 논리적 질서로 이해하고 취급한다는 것은 불가능하다는 것이다. 그들은 현실의 삶은 이론 이상의 것이라고 생각한다. 흄은 현실의 삶에서의 습관과 관습의 존재 이유를 밝힘으로써 이론적 합리성 밖에 실제의 합리성이 존재할 수 있음을 밝히는 데 성공하였다. 그러나 이론(증명)의 합리성과 실제(관습)의 합리성 사이의 경계선은 고정될 수 있는 것이 아니므로 애매하게 놓여지기도 한다.

합리성에 대한 이러한 이중해석은 독일 관념론이나 고대 그리스 철학의 전통에서는 받아들이기 어려운 것이었다. 예를 들면 독일 관념론의 절정을 이룬 헤겔철학에 있어서는 논리 또는 이론의 합리성 가운데서 모든 현실의 세계가 이해되고 설명된다. 이론의 합리성 밖에 존재할 수 있는 현실세계란 상상할 수 없다. 모순 또는 그 밖의 모든 잉여의 현실, 어떤 우연적 사건도 개인적 정열도 철두철미하게 지배하는 절대이성의 적용범위 안에서 일어나는 현상이기 때문이다. 그럼에도 불구하고 독일 관념론의 흐름에서조차도 이론과 현실, 연역과 모순이라는 잠재적 대칭구조를 발견하게 된다. 적어도 이들이 공유하는 위와 같은 이중구조 가운데서 변화와 발전을 향한 갈등을 겪어 왔기 때문에 스콜라시대 이후의 서구문명이 다른 문명에서 보기 드문 특이한 운명의 역학(力學)을 지니게 된 것 같다.

3. 현대철학의 방향—합리적 토대의 붕괴

언제나 집단을 형성하여 살아온 인류는 그들에게 적합한 사회조직 또는 문화의 양식을 발견하는 중요한 과제를 외면할 수 없었다. 불가피하게 그들은 각자의 역할, 지위, 이해관계의 차이에서 일어나는 대립과 갈등을 조절하기 위하여 여러 가지 수단들을 만들어 내야 했다. 말하자면 대립과 갈등이라는 인류의 보편적 문제상황에 대하여 각 시대와 사회는 그 특유의 해결을 제시한다고 볼 수 있다.

재래의 형이상학, 종교, 이념체계 또는 이데올로기들은 그러한 해결을 제시하는 훌륭한 역할을 해 왔다. 그러나 그런 전통적 체계들은 거의 예외 없이 언제나 단일한, 적어도 연속성 있고 동질적인 사회 문화권을 전제로 성립했던 것이다. 그러므로 오늘과 같이 이질적인 정신과 세력들이 교차하는 불연속적 세계상황에서는 새로운 대응과 사유형식이 요청된다고 볼 수 있다.

19세기 실증주의 사회학자 오귀스트 콩트가 일찍이 형이상학, 종교와 같은 이념체계의 종말을 선언했음에도 불구하고 그것은 아직도 시대적 필연성에 입각한 것은 아니었다. 1980년대에 들어서서야 비로소 다니엘 벨이 이러한 시대적 추이를 명확히 관찰하면서 이데올로기의 종말을 역설할 수 있었던 것이다. 그의 이데올로기 종말론은 합리주의의 쇠퇴와 문화의 대중화 경향, 그리고 자본주의의 수정(적응성)과 복합경제 또는 복지개념의 등장이라는 시대적 변화를 배경으로 하고 있다. 말하자면 그는 자본주의, 자유주의의 사회가 이제 더 이상 어떤 형이상학이나 이데올로기적 교조에 의존하지 않더라도 자립할 수 있는 성숙한 단계에 들어섰음을 확신했던 것이다.

1. 후기 자본주의 사회론

그러나 오늘 이와 같은 이데올로기의 종말은 곧 자본주의 사회의 위기를 의미한다고 철학자 하버마스는 지적한다. 그는 후기 자본주의 사회에 필연적으로 도래하는 이데올로기의 종말에 대하여 비판적 이해를 제시한다. 자본주의 사회는 그 체제의 유지를 위해서 고도로 조직화된 생산활동과 자본관리를 필요로 한다. 또 그러기 위해서는 국가적 차원에서의 전체주의적 계획과 통제가 요청된다.

그런데 고도성장을 위해서 요청되는 전체주의적 계획과 관리는 개인적, 사적(私的) 생활영역의 침해 내지 지배를 가져온다. 말하자면 고도 자본주의 체제의 유지를 위한 계획과 통제 때문에 자본주의 체제의 생명인 개인의 노동 및 이윤추구에 대한 의욕과 개인의 자율성을 침해하는 결과를 낳는다.[1] 자본주의 체제가 요청하는 국가의 통제와 개인의 의욕(동기)은 양립할 수 없다는 것이다. 이것이 하버마스가 말하는 후기 자본주의 사회의 모순현상이다. 따라서 자본주

1) J. Habermas, ***Legitimation Crisis***, trans. Th. McCarthy (Boston: Beacon Press, 1973), 41쪽과 다음.

의 체제의 합리성 또는 정당성을 지켜 줄 그럴듯한 이데올로기는 존재할 수 없게 된다.[2)]

사회학자 앨빈 굴드너는 후기 자본주의 사회의 위기를 다른 측면에서 분석한다. 그에 의하면 후기 자본주의 사회체제를 지탱해 주는 것은 물질적 생활수준(말하자면 GNP)의 향상, 소비성향 및 감각적 쾌락의 충족이라고 한다.

이러한 수단 이외에 그 사회체제의 다변화된 계층들을 통합시켜 줄 어떤 다른 수단, 말하자면 그럴 만한 도덕 또는 이데올로기가 결핍되어 있음으로 해서 이 사회의 정당성은 위기에 처한다는 것이다.[3)] 이러한 사회는 어떤 도덕적 질서나 이데올로기에 의해서가 아니라 대중의 소비성향과 감각적 쾌락의 충족을 통해 사회 구성원들을 통치한다. 그리고 사회의 통치계층이 이데올로기를 조작해 내는 문화에 무력함으로 인해서 그 자신을 합리화해 줄 이데올로기는 더 찾기 힘들게 된다. 이는 자본주의 사회에 있어서의 이데올로기의 종말이라기보다는 '이데올로기의 실패'에 따르는 자본주의 사회의 위기라는 것이다.[4)]

1970년대에 들어선 벨은 이데올로기의 종말이 아니라 자본주의 사회의 문화적 모순을 논하면서 후기 자본주의의 위기를 시인한다.[5)] 이제 하버마스는 자본주의 사회의 전체주의적 계획통제와 그 개인의 자율성 또는 동기 사이의 갈등에서, 그리고 벨은 자본주의의 도

---

2) 같은 책, 68쪽과 다음.

3) A. W. Gouldner, ***The Dialectic of Ideology and Technology*** (London: The Macmillan Co., 1976), 231쪽과 다음; 246쪽과 다음; 250쪽과 다음.

4) 같은 책, 257쪽과 다음.

5) D. Bell, ***The Cultural Contradictions of Capitalism*** (London: Heinemann, 1976).

덕적 측면(노동의 고귀함, 절제, 기능적 합리성)과 그 쾌락주의, 감각주의, 반주지주의(反主知主義) 경향 사이의 모순에서 후기 자본주의의 위기를 의식한다. 말하자면 기술, 과학, 경제의 합리화 체제와 일반문화의 반주지주의적 쾌락주의적인 경향 사이에서 자본주의 사회는 그 자신의 정당성을 옹호하는 어떤 원리를 찾지 못하고 있다고 벨은 지적한다.

하버마스는 개인들 위에 그들을 통제하는 하나의 커다란 사회체제가 군림하는 것으로 본다. 이러한 일차원적 사회현실관은 플라톤, 헤겔, 맑스, 파슨스에게서도 나타났던 것이다. 그들은 사회체제 전체를 묶어 놓는 한 통일적 원리가 있다고 본다. 그러나 벨에 있어서는 그러한 원리가 없다. 물질적 생산양식이 또는 공동의 가치체계가 사회 전체를 지배한다고 말하는 하버마스와 파슨스의 일원론적 해석에 대하여 그는 사회실재의 다원론을 주장한다. 그에 의하면 사회라는 것은 불안정하게, 그러나 각각 독자적인, 때로는 서로 반대적인 원리들에 의해서 움직일 수 있는 몇 개의 영역들로 구성된다고 본다.[6] 능률과 합리성에 의존하는 사회·경제영역, 정의와 정당성을 문제 삼는 정치영역, 그리고 자아실현과 쾌감의 원리에 따르는 문화영역이 있다. 앞에 지적한 후기 자본주의 사회의 모순은 사회, 경제, 정치, 그리고 문화의 영역들을 지배하는 원리들 사이의 갈등을 의미한다.

그럼에도 벨은 후기 자본주의 사회의 정당성이 궁극적으로 도전받고 있는 것은 아니라고 믿는다. 다원적이고 개방적인 이 사회체제

6) 같은 책, 8쪽과 다음; 84쪽과 다음.

는 그 체제 내부의 모순과 불균형을 카리스마적 지도자나 이데올로기적 교조 같은 것에 호소하지 않고서도 스스로 조절하고 해결할 수 있는 충분한 유연성과 성숙성 그리고 자유를 지니고 있다고 본다.

예를 들면 자본주의의 문화적 모순으로서 나타난 무절제한 쾌락주의의 일반적 성향들은 개인적, 사회적 가치들에 대한 순위개념, 또는 자원의 제한성에 대한 생태학적 원리를 설득시킴으로써 해결할 수 있다는 것이다.[7)]

2. 이데올로기(합리성) 분석의 역사

과연 후기 자본주의 사회체제의 모순과 위기를 해결해 줄, 아니면 그 체제를 합리화 또는 정당화시켜 줄 새로운 시대의 이데올로기가 요청되는 것인가? 이러한 질문에 대한 벨의 응답은 『이데올로기의 종말』을 논한 지 4반세기가 지난 시점(『자본주의의 문화적 모순』이 출판된 1976년)에도 여전히 부정적임을 알 수 있다. 적어도 이데올로기는 성숙하고 개방적인, 따라서 다원적인 사회체제에 적합하지도 않고 필요하지도 않다는 것이다.[8)] 우리는 홉스에서 벤담, 칸트에서 헤겔에 이르는 서양 근세 철학사, 그리고 현상학에서 실존주의, 실증주의에서 언어분석에 이르는 현대철학의 방법론 사조 가운데서 그러한 탈(脫)이데올로기 또는 점진적 탈합리성(脫合理性)이라는 불가피한 귀추를 발견한다.

7) 같은 책, 251~82쪽.
8) 같은 책, 281~82쪽.

인류는 언제나 그들의 사상과 실천에 정당성을 부여하기 위하여 합리성에 호소해 왔다. 어떤 것의 합리성이 증명될 때 그 정당성을 인정하려는 것은 자연스러운 지적(知的) 태도라고 볼 수 있다. 그리고 이러한 합리성이 특정한 실천대상과 정책에 적용될 때 이데올로기의 구조가 성립되는 것이다. 그러므로 이데올로기의 구조 또는 이데올로기적 사유에 대한 분석은 합리성에 대한 분석에 의존하게 된다.

합리성 자체에 대한 반성(反省)을 수반하는 구조분석은 옛날 그리스의 소피스트들에 의해서 시작되었다. 이는 홉스를 비롯한 사회계약론자들이나 칸트에 이르러 비로소 다시 나타나는 합리성의 반성에 대한 효시라고 볼 수 있다. 그러나 고전적 합리성의 개념을 지배하던 플라톤과 아리스토텔레스에 의하면 생각하는 이성은 어떤 이성외적(理性外的) 요소들의 간섭도 받지 않는 초월적 기능을 지닌다. 생각하는 인간의 중요한 관심은 어떤 사유외적(思惟外的) 동기에 의해서 좌우되지 않으며 오직 진리발견과 명상에 있다고 확신했던 것이다. 심리적, 사회적, 또는 어떤 다른 제약조건들도 지니고 있지 않은 이 순수하고 소박한 이성의 개념은 데카르트, 칸트와 같은 근세의 합리주의자들에 이르기까지 유지되어 왔다. 따라서 이들은 모두 합리성은 진리의 표현이라고 믿었다.

인간 이성의 제약조건과 한계에 대하여 분석하기 시작한 체계적 철학자들은 영국의 경험주의자들이다. 이 철학자들에 의하면 인간의 중요한 관심사는 생존과 행복에 있다. 인간 이성은 그 자체의 고유한 목적을 가지고 있지 않고 생존과 행복이라고 하는 실제의 목적을 위한 수단으로서 작용한다. 홉스와 로크, 흄과 벤담은 모두 실제생활 세계에 있어서의 이성의 제약조건, 종속적 기능들을 밝히고 있다. 특히 흄에 의하면 과학과 도덕을 구성하는 원리는 습관과 감정의 작용이며, 인간 이성은 그러한 작용을 합리화하는 역할을 담당할 뿐이다. 바꾸어 말하면 과학체계와 도덕질서에 부여된 합리성이란, 습관과 감정에 주어진 원초적 믿음들을 변호하는 것에 불과하다.

칸트로부터 시작된 독일 관념론의 전개에서도 인간 이성의 한계 내에서 초월적 세계의 질서는 발견될 수 없다는 암시를 받는다. 칸트에 의하면 합리성은 인간적 이해력의 형식이며 세계 자체의 질서를 표현하는 것은 아니다. 세계의 합리적 질서는 인간 이성이 지닌 선험적 제약조건들에 의해서 구성된 것이다. 헤겔은 개인, 집단, 국가, 시대들이 세계사를 지배하는 정신의 특수한 표현양식이며 특수한 도덕과 법률, 과학과 종교들이 한 사회, 한 시대의 특수한 조건들에 의해서 규정되는 산물들이라고 본다. 한 특정한 개인과 집단이 지지하는 합리성 그리고 한 사회의 도덕과 법률의 합리성이 그들의 특수한 역사적 제약조건들을 떠나서 성립할 수 없는 것이라고 한다.[9)]

헤겔의 역사주의적 분석에 따라 맑스는 인간의 사유와 관념체계들의 합리성이 각기 특수한 역사적, 사회 경제적 제약조건들에 의해서 조작되는 것이라고 밝힌다. 어떤 사유와 관념체계에 대한 '이데올로기적 분석'이라는 것은 한 체계의 합리성이 그와 같은 조건들에 의해서 조작된 것이라고 밝히는 데 있다.[10)] 이러한 이데올로기의 분석을 모든 사유와 관념체계들의 구조에 적용한다면 인간의 이성 내

9) K. Mannheim, ***Ideology and Utopia***, trans. L. Wirth and E. Shils (N. Y.: Harcourt, Brace and World, 1936), 26~29쪽; 66~67쪽.

10) 같은 책, 75~83쪽.

지 합리성은 위기에 봉착하게 된다. 맑스가 현대의 지식사회학에 대하여 제시한 길은 바로 이러한 인간 이성 또는 합리성 자체에 대한 심각한 도전과 반성이라고 할 수 있다. 이러한 맑스의 암시에 따라 칼 만하임이 수행했던 것처럼 이데올로기의 분석은 인류가 오랫동안 의지해 오던 합리성의 근거를 여지없이 흔들어 놓고 만 것이다.[11]

이와 같은 합리성의 위기는 모든 이데올로기적 사유와 관념체계들의 위기를 몰고 오는 것이다. 말하자면 고전적 합리성에 대한 이데올로기적 분석은 결국 이데올로기적 사유 자체의 자폭(自爆)을 초래하게 된다.[12] '이데올로기의 종말'은 한편으로는 이와 같이 이데올로기적 사유의 자폭에서 오는 당연한 결론이며, 그리고 한편으로는 불가피하게 다원화되고 개방적인 사회체제의 피할 수 없는 징조로서 나타난 것이다.

3. 비판철학 방법으로서의 탈(脫)이데올로기

그럼에도 한 사회체제의 정당성을 옹호하기 위하여 이데올로기는 필요한 것인가? 충분히 개방적이고 성숙한 사회체제의 정당성을 찾기 위하여 이데올로기적 옹호를 요청할 필요는 없을 것이다. 이는 미국사회에 대하여 벨이 주장하는 것이다.[13]

---

11) 같은 책, 103~108쪽.

12) Gunter Remmling, ***Road to Suspicion: A Study of Modern Mentality and the Sociology of Knowledge*** (N. Y.: Appleton-Century-Crofts, 1967), 199~210쪽.

13) D. Bell, 위의 책, 281~82쪽.

그러나 우리사회에서도 수백 년을 유지해 오던 경제·정치·교육 체제가 단절되고 무너졌으면서도 새로이 잡히는 체제의 이데올로기적 근거는 아직도 정착되지 않은 채 신구시대(新舊時代)의 것들이 갈등 속에 놓여 있다. 우리는 전통의 단절, 현실과 이념의 불협화 속에서 어떤 것을 정당화해 줄 이데올로기를 찾을 수 있는가? 단일한 이데올로기(유교 전통의 500년) 사회를 탈피하여 황급히 뛰어든 이 불연속, 불협화의 세계를 이해하고 다스릴 우리의 새로운 사유체계는 무엇인가?

이데올로기 또는 이데올로기석 사유가 불가결한 것인가, 아니면 탈피할 수 있는 것인가 하는 문제는 경험론과 관념론 사이의 오랜 논쟁을 사회이론 내지 사회과학에 적용함으로써 제기된 것이라고 볼 수 있다. 논리경험주의자들에 의하면, 우리는 인간의 희망적 사유나 신념에 관계없이 독자적으로 존재하는 세계의 현상을 발견할 수 있다. 따라서 객관적 세계에 관한 이론과 가설을 형성하는 기초는 경험적 관찰자료이다.

그런데 경험주의를 비판하는 사람들은 이 관찰자료 또는 관찰자료의 타당성을 결정하는 기준 자체가 인간 자신이 지니고 있는 선험적 관심, 전제 또는 제약조건들에 의해서 지배된다는 것을 주장한다. 말하자면 세계에 관한 관찰자료들은 있는 대로의 실재를 소박하게 그려 낸 것이 아니라 이미 직관과 사유형식에 의하여(칸트), 또는 이데올로기적 사유에 의하여(맑스, 만하임), 또는 '패러다임'이라고 불리는 것에 의해서(토마스 쿤) 조작된 것이라고 하는 견해이다. 현대 서구 및 영미 철학계의 방법론에 영향을 주고 있는 이러한 접근방식은 관념론의 전통에 의해서 분명하게 부각된 입장이라고 볼 수 있다.[14)]

이러한 관념론의 전통은 영미와 서구세계를 막론하고 현대 철학계에 커다란 공헌을 한 점이 있다고 인정하지 않을 수 없다. 우리는 어떤 가정 또는 전제도 밑받침으로 하지 않은 객관의 세계를 인식하거나 서술한다는 것은 생각할 수 없다. 전통적 관념론의 공헌이 무엇이냐하면, 세계에 대한 관찰 또는 경험적 서술 이전에 이미 그 밑바탕에 이러한 전제조건들이 존재한다는 사실을 밝혀 준 점이다. 현대 영미 철학계의 방법론에 영향력을 행사하고 있는 토마스 쿤의 패러다임(paradigm), 비트겐슈타인 또는 피터 윈치의 삶의 형식(forms of life) 그리고 지식사회학의 이데올로기적 분석은 모두 영미 철학계에 침투된 관념론적 요소이다.[15)]

이들은 전제조건들(그것이 경험적 관찰 이전에 주어진 가치선택, 의도, 관점, 또는 사유와 언어의 형식, 어떤 것이든지 간에) 없이는 어떤 세계인식도 불가능하다는 점을 주장한다. 18세기의 로크, 흄으로부터 20세기의 논리실증주의자들에 이르기까지 그렇게 집요하게 추구된 소박한 원초적 경험도, 객관적 지식의 가능성도 이제는 한 유치한 기대에 불과한 것으로 판명되었다.[16)]

따라서 가치중립적 또는 탈가치(脫價値)의 과학 내지 사회과학은

---

14) Gresham Riley (ed.), ***Values, Objectivity and the Social Sciences*** (Reading, Mass.: Addison-Wesley Publishing Co., 1974), 6쪽 이하.

15) Th. Kuhn, ***The Structure of Scientific Revolutions***, 2nd ed. (Chicago: The University of Chicago Press, 1970). P. Winch, ***The Idea of a Social Science*** (London: Routledge & Kegan Paul, 1958). P. Berger & T. Luckmann, ***The Social Construction of Reality*** (Garden City, N. Y.: Doubleday & Co., 1966).

16) Dudley Shapere (ed.), ***Philosophical Problems of Natural Science*** (N. Y.: The Macmillan Co., 1965), 1~29쪽.

하나의 신화로 낙인 찍혀 버렸다. 그리하여 과학을 논하는 많은 사람들이 이제는 거리낌 없이 말하기를, 세계는 불가피하게 어떤 한 관점, 말하자면 어떤 가치선택, 이데올로기 집단적 또는 당파적 이익으로부터 관찰되는 것이라고 한다.[17] 따라서 실증주의 사회과학에 대한 비판자들은 과학의 객관성을 환상적인 것이라고 규정하며 이데올로기적 선택의 필연성을 주장하기에 이른다.

그러나 문제는 바로 여기서 발생하는 것이다. 세계관찰 또는 인식이 어떤 특정의 전제 또는 제약조건들 위에서 성립한다고 하는 지식사회학적 분석으로부터, 그러므로 반드시 어떤 한 특정의 전제 또는 관점에 집착하는 당파적, 이데올로기적 선택이 요청된다고 하는 주장은 나올 수 없다. 지식사회학의 입장에서 또는 관념론의 입장에서, 우리의 세계관찰 또는 실재인식을 왜곡하는 선험적 제약조건들과 이념적, 당파적 전제들을 드러내고 비판·고발하고 있는 것이다. 우리들은 유한한 인간으로서 실현할 수 없는, 그러나 추구하지 않을 수 없는 영원한 목표로서의 진리의 '객관성'—합리성이 아니라—에 도달하기 위하여 당파적, 이데올로기적, 전제 제약적 사유로부터 가능한 한 해방되어야 하는 것이다.

탈이데올로기의 정신은 오해되어서는 안 된다. 그것은 결코 인류의 일반적 사유능력이 이제 다양한 이데올로기적 제약조건들에서 탈피할 수 있을 정도로 진화한 시대로 돌입하고 있음을 의미하지 않는다. 오히려 오늘같이 전통이 단절되고 현실과 이념이 불협화를 이루고 사회가 다원화하면 할수록 보다 많은 이데올로기들이 제각기

17) R. G. A. Dolby, "The Sociology of Science in Natural Science", ***Sociology of Science***, ed. B. Barnes (Penguin Books, 1972), 309~320쪽.

세계의 패권을 향하여 다투게 될 것이다. 그리고 혼란이 진정되고 통일의 시대에 도달할 때는 반론(反論)을 불허하는 하나의 이데올로기가 군림할 것이다.

이데올로기의 분석, 그리고 탈이데올로기는 비판정신의 표현이다. 그것들은 실재에 관한 어떤 형이상학이나 이데올로기에도 안주(安住)하지 않으려는 비판철학의 입장이다. 실재에 관한 어떤 사유체계도 이데올로기적 조건분석에 의하여 그 합리성이 파멸되는 운명을 지닐 수밖에 없다. 이러한 견해는 20세기 방법론의 첨단을 걸어가는 현대 분석철학자들의 의도와 비슷한 점이 있다.

말하자면 탈이데올로기의 비판철학은 세계를 진실하게 묘사하는 어떤 하나의 과학, 형이상학, 이데올로기에 관심이 있는 것이 아니다. 세계를 묘사·처방하려는 모든 합리적 체계들, 이를테면 형이상학, 이데올로기들에 대한 근거, 제약조건, 구조들을 분석하기 위한 틀, 말하자면 세계에 관한 모든 상이한 합리적 체계들이 그 절대성을 상실할 수밖에 없게 하는 하나의 가능한 틀을 이 탈이데올로기의 비판철학은 추구한다고 말할 수 있다. 우리는 다양한 이데올로기, 형이상학, 과학이론(다양한 합리성)들이 충돌하는 상쇄작용에 의해서 보다 높은 '객관의 세계'로 해탈하려는 것이다. 우리들이 추구하는 객관세계는 탈합리성(脫合理性)의 틀 위에 설 수 있다.

오늘의 비판철학의 진정한 정신은 이른바 현대의 비판이론가들의 집단인 프랑크푸르트 학파의 주장과는 달리 합리주의 정신에서보다는 실증주의 전통에서 찾아야 한다는 것이 앞의 논의에 의해서 분명해진다. 비판의 객관성은 합리성에 호소함으로써 보장될 수 없기 때문이다. 합리외적(合理外的) 세계에 대하여 개방적일 때 자기반성과 비판의 자세가 이루어진다. 합리성에의 단순한 호소는 독단적 철학을 낳는다.

4. 비판철학 정신으로서의 실증주의

자연현상과 사회현실에 대한 과학적 인식을 추구해 온 서양사상의 전통에서 근세 초기의 물리학자 갈릴레이는 철학적 사변을 떠나 객관적 지식의 고전적 개념을 수립하는 데 결정적 공헌을 하였다. 그는 자연에 대하여 인간이 관찰할 수 있는 대상을 제일차적 및 제이차적 성질들로서 구분하였다. 제일차적 성질들은 객관적 대상 자체에 속한 것으로서 수학적으로 표현 가능한 것이며 제이차적 성질들은 객관적 대상에 속하지 않는 다만 주관적 감각현상에 불과하다고 하였다.[18] 이렇게 갈릴레이 이후의 자연과학은 대상 자체가 지닌 객관적 성질들을 수학적으로 표현하는 활동이라고 생각되었다. 이 점에 대해서는 합리주의자인 데카르트도 경험주의자인 로크도 의견을 같이하고 있다.

여기서 과학적 세계이해는 객관성을 추구하며 주관성을 배제한다고 하는 현대과학과 과학문명의 철학적 기초가 세워진 것이라고 볼 수 있다. 말하자면 과학적 이해대상으로서의 자연현상과 사회현실은 주관적 사고를 떠난 어떤 곳에 독립해서 존재하는 실재처럼 가정하게 된 것이다. 이러한 고전적 세계관은 20세기에 들어와 모리츠 슐리크, 카르납, 라이헨바흐와 같은 논리실증주의자들에 의해서 가

18) E. A. Burtt, ***The Metaphysical Foundations of Modern Science*** (N. Y.: Double & Anchor, 1945), 83~91쪽.

장 잘 체계화되었다. 그들은 인간적 주관을 배제한 그리고 가치중립적인 자연 및 사회체계를 발견하려고 한 것이다.

객관적, 가치중립적 과학 그리고 인간의 주관적 의식활동의 영향이 배제된 자연 및 사회체계를 발견하는 것이 가능한가? 또 그것은 바람직한 것인가? 현상학적 세계이해의 창시자 에드문트 후설은 이러한 세계이해의 태도를 인간 정신의 굴복이라고 진단한다. 왜냐하면 그것은 인간의 주체의식과 정신세계를 포기하고 객관의 자연질서 및 사회체제에 예속되려는 태도이기 때문이다.[19]

말하자면 자연, 사회, 역사가 인간의 정신과 주관으로부터 독립해 있는(소외된), 그리하여 역으로 인간의 정신과 주체의식에 대하여 위협적인 괴물로 화해 버렸다는 것이다.[20] 후설에 의하면 과학의 대상인 자연도 사회도 역사도 모두 인간 정신의 구성물이다. 그러나 17세기에 시작된 근대과학의 발전에 기초를 둔 객관주의적이며 몰인간적인 과학문명은 자연, 사회, 역사로부터 인간을 추방하는 현대의 비극을 낳게 된 것이라고 한다.

객관과 몰인간의 과학과 과학문명 가운데서 다양한 인간체험, 의식세계 그리고 순수정신과 같은 것은 다만 주관적 환상이라고 배척될 수밖에 없을 것이다. 그리하여 주관성과 정신의 세계를 추방하려는 근대과학의 발전은 현대문화 또는 문명을 반정신(反精神) 또는 반철학(反哲學)의 경지로 몰아넣게 된 것이다.

19) E. Husserl, ***Phenomenology and the Crisis of Philosophy*** (N. Y.: Harper & Row, 1965), 79~92쪽.

20) M. Merleau-Ponty, "The Philosopher and Sociology", ***Phenomenology, Language and Sociology***, ed. J. O'Neill (London: Heinemann, 1974), 95~110쪽.

현대과학은 인간적 편향과 철학적 해석을 떠나 중립적 자연의 객관구조를 탐구한다고 흔히 주장된다. 그러나 변화하는 사회 경제적 조건과 인간적 시야를 떠나서 성립할 수 있는 과학의 체계가 과연 있을 수 있는가 하는 것이 문제될 수 있다.

20세기 전반기의 과학사상의 조류를 지배하던 논리실증주의에 대해서 회의적인 지식사회학자들과 과학사가들에 의해서 이러한 문제가 제기되고 있다. 이들에 의하면 전통적 과학관은 수학적 체계 속에 담긴 자연상(像)을 과학이라고 흔히 간주하기 때문에 역사적 조건과 인간적 상상의 성격을 지니는 탐구활동으로서의 과학의 논리외적(論理外的) 근거를 반성할 수 없다고 한다. 실험적 검증이론을 따르는 논리실증주의자들과 반증이론의 칼 포퍼, 그리고 실험조작주의의 브리지먼(W. Bridgeman)은 모든 분야의 과학이론들이 객관적으로 주어진 현상의 관찰과 실험 위에 성립하는 것이라고 믿는다.

그러나 어떤 현상에 관한 관찰과 실험을 행할 때 우리는 직접으로 주어진 소박한 사실들을 받아들이는 것이 아니라 이미 전제된 어떤 커다란 체계 또는 틀(framework)을 통해서 받아들인다는 점을 주장하는 비판적 과학철학자들이 있다.[21]

우리들은 언제나 이미 지니고 있는 어떤 철학적 전제 또는 사변적 체계에 의해서 해석된 사실만을 본다는 것이다. 만약 우리가 언제나 이렇게 '해석된' 사실들밖에 볼 수 없다고 한다면, 중립적인 관찰과 실험의 객관적 자료들 위에 세워졌다고 주장하던 과학의 전통적인 개념은 붕괴 직전에 놓이게 된다. 과학적인 활동은—그것이 실험관

---

21) Th. Kuhn, ***The Structure of Scientific Revolutions***, 2nd ed., 43~51쪽.

찰의 행위든 이론 정당화의 과정이든 간에—보편성, 객관성, 중립성 위에서 이루어지는 것이 아니라 그 문화권과 그 시대 특유의 전제(前提)들, 말하자면 인식유형 또는 그보다 일반적인 의식상태를 반영하는 것으로 보인다.

인류가 과거에 지녔던 인식유형들에 대한 과학사적, 철학사적 반성은 과학적 세계관의 다원주의를 시사한다. 그럼에도 마르쿠제와 쿤은 20세기의 과학이 다원주의 해석 위에 근거할 수 있는 가능성을 부정하는 경향이 있다.[22] 그러나 파이어아벤트(P. Feyerabend)나 네스(A. Naess)와 같은 후기 실증주의 과학철학자들은 과학을 유일하게 결정되어 버린 도그마나 이데올로기로서 이해하는 폐쇄적 일차원적 해석에 대항해서 다원주의와 자유주의의 산물로 해석하는 경향을 보인다.[23]

실증주의는 과학이 성립하는 과정을 지배하는 규칙을 말하는 것이 아니고 과학이 불가피하게 지니는 인간적이고 철학적인 전제들에도 불구하고 그러한 전제들을 반성하고 그러한 제약조건들로부터의 (영원히 불가능할지도 모르는) 탈출 가능성을 추구하는 비판적 전략 또는 정신이라고 할 수 있다. 실증주의는 일정한 과학체계이기 전에 사유의 방법이며, 방법이기 전에 객관의 정신이다.

그러므로 철학적 반성을 무시하거나 인간으로부터 소외되어 인간을 억압하는 현대과학과 과학문명의 책임을 실증주의 정신에 돌

---

22) H. Marcuse, ***One-Dimensional Man*** (Boston: Beacon Press, 1966). Th. Kuhn, ***The Structure of Scientific Revolutions***, 2nd ed., 35~43쪽.

23) P. Feyerabend, "How to be a Good Empiricist", ***The Philosophy of Science***, ed. P. H. Nidditch (London: Oxford University Press, 1968), 12~39쪽. A. Naess, ***The Pluralist and Possibilist Aspect of Scientific Enterprise*** (Oslo Universitesforlaget, 1972).

릴 수 없는 것은 당연하다. 따라서 콩트 이후 실증주의의 영향에 의해서 물리학적 개념정의에 조작주의를 도입한 브리지먼이나 행동주의 심리학을 제창한 스키너,[24] 그리고 사회현상을 객관적 사물처럼 취급하기를 주장한 뒤르켐[25]을 진정한 실증주의 정신의 과학자라고 생각할 수 없다.

그들은 실증주의 방법이라는 것을 단순히 인간의 주관이 배제된 현상 또는 실재의 체계를 구성하는 태도라고 간주하는 경향이 있다. 현상의 구조 또는 체계배후에 대하여 묻는 것은 형이상학적, 비과학적 사변에 속하는 일이라고 그들은 생각한다. 과학적 관찰 내지 탐구 대상을 자연과 사회에 주어진 현상 자체의 구조와 체계에 국한시키려는 태도를 그들은 실증주의 방법이라고 이해한다.

그러나 자연현상과 현실세계가 그 바탕에 있는 인식과 행위 주체의 정신적 활동 없이 구성될 수 있고 이해될 수 있는 것인가? 고전적 물리학의 전통 안에서 대상세계는 인식 및 행동 주체의 정신적 활동으로부터 독립해 있는 객관적인 실재라고 소박하게 생각될 수 있었다. 인류는 문명 이후 오랫동안 그의 정신적 활동이 대상 자체를, 말하자면 인간 본위의 전제에 의해서 착색되지 않은 실재세계 자체를 있는 그대로 다만 관조하는 것이라고 믿어 왔다. 그러나 자연현상과 현실세계는 분명히 인간 자신의 사색과 노동에 의해서 형성되고 변화되는 것을 알 수 있다.

대상세계와 인간 정신 사이의 관계는 현대물리학, 예를 들면 상대

---

24) H. Marcuse, 위의 책, 12쪽 이하.

25) Anthony Giddens, ***Studies in Social and Political Theory*** (N. Y.: Basic Books, 1977), 31~44쪽.

성 이론이나 불확정성 원리에 의해서도 충분히 밝혀졌다고 생각된다. 따라서 현상과 현실세계는 그것이 자연에 관한 것이든지 사회에 관한 것이든지 간에 인간 정신의 활동이 전제되지 않고서 이해되거나 구성될 수 없다고 말할 수 있다. 막스 베버의 『프로테스탄트 윤리와 자본주의 정신』은 이와 같은 관계, 즉 현상 또는 현실세계의 구조와 그 근거로서 전제되어 있는 인간 정신의 활동 사이의 관계를 특히 사회 영역 가운데서 잘 해명해 준 좋은 예라고 볼 수 있다.[26)]

그러나 칸트는 이러한 현상 내지 현실구성의 원동력으로서의 정신 활동을 전제하면서도 관념주의에 매몰되지 않은 객관성에 대한 높은 기준을 지킨 훌륭한 비판철학의 선구자였다. 그는 선험적 정신활동에 의해서 구성된 현상세계 밖에 절대 객관성의 척도로서의 본체세계가 있을 수 있음을 상상(想像)하는 자기 탈출의 정신을 보여 주었다.

우리는 이렇게 선험적 전제 또는 제약조건을 객관화하려는 칸트의 정신에서, 그리고 후기 실증주의 과학철학의 전개에서 똑같이 이데올로기적 합리성은 인간 정신의 불가피한 동반자이기는 하지만 반성하고 해방되어야 할 제약조건이라고 하는 깨달음을 얻는다.[27)]

---

26) H. H. Gerth and C. W. Mills (eds.), "The Sociology of Ideas and Interests", ***From Max Weber*** (N. Y.: Oxford Univ. Press, 1946), 61~65쪽.

27) 이러한 객관성에 대한 선험적(先驗的) 기준을 제시한 칸트의 정신을 대변하는 철학자로서 칼 포퍼를 들 수 있다. 그는 귀납의 논리 또는 검증의 논리를 배격하고 추측과 반박(conjecture and refutation)의 논리를 주장함으로써 객관에 대한 칸트적 비판의식을 표현하였다(K. Popper, ***Conjectures and Refutations***, London: Routledge & Kegan Paul, 1963). 폴 파이어아벤트는 한걸음 더 나아가 지식의 객관성에 대한 고도의 선험적 비판의식을 가지고 지식의 무정부론(anarchism)을 제의하였다(P. Feyerabend, ***Aganist Method***, London: New Left Books, 1975).

4. 현대사회의 분열구조

세계 2차대전 이후 동서 양진영을 이끌어 온 미국과 소련을 위시해서 모든 현대국가의 체제들이 프롤레타리아 공산주의를 내걸거나 자유경쟁을 표방하는 자본주의를 내걸거나 간에 다 같이 중앙집권적 경영방식, 관료주의, 그리고 전문적 기술주의에 의해서 통제·지배되는 경향이 있다. 이러한 지배체제에 대한 저항운동으로서 일어난 1960년대 서양세계의 학생운동이 가라앉은 오늘에도 세계적으로 문제되고 있는 것은 역시 인간으로부터 소외된 현대사회체제의 반(反)인간성이다. 1964년 『일차원적 인간』을 써서 현대산업사회의 이러한 추세를 고발한 마르쿠제 이전에 이미 1956년 『조직인간』을 발표함으로써 윌리엄 화이트가, 그리고 그보다 앞서 트로츠키파에서 탈당한 제임스 버넘이 1940년 『경영자 혁명』이라는 책 가운데서 벌써 이와 같은 현대의 상황을 진단하고 있다.[1]

그러나 한 국가체제가 그 생존질서를 유지하기 위하여 요청하는

---

1) J. Burnham, ***The Managerial Revolution*** (Bloomington: Indiana University Press, 1960, 1941); W. H. Whyte, Jr., ***The Organization Man*** (N. Y.: Simon & Schuster, 1956); H. Marcuse, ***One-Dimensional Man*** (Boston: Beacon Press, 1964).

전체계획과 거대산업의 조직은 필연적으로 개인적 자유 또는 사적 생활영역을 침해할 수밖에 없는 것이 아닌가? 20세기 후반에 들어서면서 이러한 딜레마에 몰린 많은 철학자·사회이론가들이, 과연 개인의 자유와 사적 생활세계는 회복될 수 있는가, 될 수 있다면 어떻게 회복될 수 있는가를 논해 왔다.

우리는 이러한 인간회복에 관한 문제의식과 사상으로써는 이해하거나 해결될 수 없는 후기 산업사회에서의 인간 과제의 새로운 측면을 밝힐 필요를 느끼게 된다. 보다 정확하게 말해서, 오늘의 산업사회에서 제기되는 심각한 인간 과제들은 인간회복의 사상들이 공유하는 철학적 전제, 곧 일차원적 과학과 문명비평론으로써는 이해하거나 해결할 수 없다는 것이다.

1. 일차원적 사회와 인간회복의 사상

반(反)체제 운동을 반영하거나 지지하는 사르트르, 마르쿠제, 그리고 앨빈 굴드너와 같은 사회이론가 · 철학자들이 세계 2차대전 이후 산업사회체제가 정착되어 가는 1960년대 후반에 새로운 각광을 받게 된 것은 자연스러운 일이다.[2] 이들은 전체주의, 관료주의, 기술주의적 사회체제 또는 그러한 체제를 반영하는 사회이론과 철학을 비판함으로써 인간회복의 사상을 고취한다. 그런데 자본주의 생산

2) 세계대전 이후의 약 20년간 복지사회 건설 및 그 체제안정에 여념이 없었던 시기에 이 체제비판의 인본주의 사상가들이 어떤 절실한 호소력을 지닐 수 없었던 것은 당연하다.

관계에 의해서 인간을 소외시킨 사회체제를 신랄하게 비판한 맑스의 인본주의를 부활시킨 마르쿠제의 사상이나 맑스주의를 주장하게 된 말년의 사르트르 사상에 있어서 하이데거 등을 통해서 침투된 후설의 현상학적 세계관을 빼놓을 수 없다.[3] 그리고 파슨스를 중심으로 하는 체제중심의 사회학을 비판하는 인본주의 경향의 사회학자들에게도 현상학적 세계이해는 직접적 또는 간접적 영향을 행사하는 것으로 볼 수 있다.[4] 적어도 소외된 사회체제로부터의 인간회복을 외치는 거의 모든 현대사회이론들이 그 바탕에 현상학적 세계이해를 전제로 하고 있다.

자연현상과 사회현실에 대한 과학적 인식을 추구해 온 서양사에서 근세 초기의 물리학자 갈릴레이는 객관적 지식의 고전적 개념을 확립하는 데 결정적 공헌을 하였다. 여기서 과학적 세계이해는 객관성을 추구하며 주관성을 배제한다고 하는 현대과학의 철학적 기초가 세워진 것이다. 자연현상과 사회현실이 다 같이 주관적 사고의 영역을 떠난 어떤 곳에 독자적으로 존재하는 실재처럼 가정하게 된 것이다. 인간회복의 사상가 마르쿠제에 의하면 이러한 근대과학적 세계관은 20세기에 들어와 특히 모리츠 슐리크, 카르납, 라이헨바흐와 실증주의자들에 의해서 가장 잘 체계화되었다고 본다.[5] 그 주관의 창조 또는 부정(否定)의 기능을 완전히 배제한 그리고 몰(沒)가

3) H. Marcuse, "Existentialism: Remarks on Jean-Paul Sartre's L'Etre et le néant", ***Journal of Philosophy and Phenomenological Research***, Vol. VIII, No. 3 (1948), 309~336쪽.

4) Z. Bauman, ***Towards a Critical Sociology*** (London: Routledge & Kegan Paul, 1976).

5) H. Reichenbach, ***The Rise of Scientific Philosophy*** (Berkeley: Univ. of Calif. Press, 1951), 95~114쪽. H. Marcuse, 위의 책, 144~169쪽.

치의 공적(公的)인 자연 및 사회실재를 발견하여 체계화하려고 했다는 것이다.

인간의 주체적 의식활동이 배제된 객관적, 가치중립적 자연 및 사회실재를 발견하는 것이 가능한가? 현상학적 세계이해의 창시자인 후설은 이러한 세계이해의 태도를 인간 정신의 타락이라고 말한다.[6] 왜냐하면 그것은 인간이 주체적 의식과 정신세계를 포기하고 객관적 자연질서 및 사회체제에 복종하려는 태도이기 때문이다. 말하자면 자연, 사회, 역사가 인간의 정신과 주관으로부터 독립해 있는(소외된), 그리하여 역(逆)으로 인간의 정신과 주관을 지배하는 위협적인 괴물로 화해 버린 것이다. 17세기에서 시작된 근대과학의 발전에 기초를 둔 객관주의적, 몰인간적 과학문명은 자연, 사회, 역사의 세계로부터 인간을 추방하는 현대의 비극을 낳게 된 것이다. 객관주의적, 몰인간적 과학과 과학문명 가운데서 다양한 인간체험, 의식세계, 그리고 순수정신과 같은 것은 다만 주관적 환상적인 것이라고 추방될 수밖에 없다. 그리하여 주관성과 정신세계를 추방하려는 근대과학의 실증주의, 객관주의는 갈릴레이 이후 서양문명을 타락시키고 위기로 몰아넣었다고 후설은 개탄한다.

그러나 현상학적 세계이해에 의하면 모든 인간적, 주관적, 환상적 체험세계는 어떤 객관적 자연 및 사회적 사실로도 설명될 수 없는 독자적 실재성을 지닌 현상이다.[7] 그것은 어떤 객관주의의 선입견

---

6) E. Husserl, ***The Crisis of European Sciences and Transcendental Phenomenology*** (Evanston: Northwestern Uinv. Press, 1970), 3~18쪽.

7) E. Husserl, "Philosophy and the Crisis of European Man", ***Phenomenology and the Crisis of Philosophy***, ed. A. Lauer (Harper Torchbooks, 1965), 149쪽과 다음; 183~192쪽.

도 없이 우리 경험에 직접적으로 나타나고 느껴지는 '그대로'를 받아들인다는 것이다. 물리적 또는 객관적으로 경험될 수 있는 것뿐만 아니라 인간 마음의 현상으로 의식될 수 있는 모든 주관적 차원의 경험들을 인식대상으로 한다. 이것은 인식영역의 확장을 의미한다. 여태까지 인간 주체의 지위와 역할이 무시되었던 객관적 자연 및 사회세계에서 인간적 차원이 회복됨을 의미한다.

객관적으로는 인간 및 사회세계를 하나의 거대한 통일체계로 서술할 수 있을지 모르나 현상학적으로 현실세계는 여러 개의 다중적 세계들로 파악된다.[8] 이 다중적 생활세계들은 인간 위에 군림해서 인간을 지배하거나 인간으로부터 소외된 객체로서가 아니라 인간에 의해서 주체적, 자율적으로 만들어지는 체험세계이며 현상세계이다. 이러한 현상학적 세계이해는 현대사회체제의 객관적 구속성으로부터 인간을 해방시키려는 거의 모든 사회이론들의 철학적 기초가 된다. 인간으로부터 떨어져 나간(소외된) 사회체제, 그 거대한 객관적 법칙의 체계에 노예로 된 인간으로 하여금 다시 인간 본래의 주체성과 자율성을 주장하는 길을 마련해 주고 있다.

2. 모순구조의 전개: 공적 및 사적 세계의 분열

현상학적 세계이해에 따르면, 인간으로부터 소외되어 인간을 지배하는 객관적 사회의 전체주의 체제를 떠나서 사람들은 각기 다른

---

8) P. Berger & T. Luckmann, ***The Social Construction of Reality*** (Anchor Books, 1967), 19~28쪽.

사회집단을, 또는 개개인은 각기 그 고유의 생활세계를 형성할 수 있는 가능성이 있다. 이를테면 개인은 아무리 사회적 유대관계 또는 전체주의 지배체제가 강화될지라도 이러한 객관적 환경과는 완전히 격리된 별도의 의식세계, 생활세계를 사적(私的)으로 보유할 수 있다. 인간을 배제하고 소외시킨 일차원적 공적(公的) 사회체제가 현상학적 인간회복에 의해서 인간화되거나 인간에게로 접근한다기보다는 오히려 인간 자신이 일원화된 공적 사회체제로부터 스스로 떨어져서 자기 안의 사적 생활세계를 개척할 수 있는 길이 열린다. 여기서 일차원적 공적 사회체제로부터 괴리된 주관적 사적 생활세계가 확보된다.

그리고 이러한 괴리관계는 단순히 서로 다른 사회이론, 곧 체제중심적 사회이론과 현상학적 인간중심의 사회이론에 의해서 두드러진 문제라기보다는 현대의 산업사회체제가 지속됨에 따라 필수적으로 발생하는 실제적 추세로 보인다. 현대산업사회의 비(非)인간화 소외의 경향이 지속되고 깊어질수록 사람들의 개별적 생활세계—그 내면의 의식, 그 진정한 의도, 그 개인적 사고와 가치들은 더욱 격리된 고독한 곳에서 전개될 것이다.

인간을 소외시켜 사물화(objectification)하는 사회체제의 추세와 인간 자신이 스스로 객관화된 체제를 떠나 개별적, 사적 세계로 수렴(privatization)되어 가는 경향 사이의 괴리관계는 현대산업사회 또는 국가체제가 정착됨에 따라 더욱 심화되어 가는 것이다.[9] 이른바 일원화된 사회체제에 있어서 인간 스스로가 격리된 장소에 전개하는

---

9) P. Berger, B. Berger and H. Kellner, ***The Homeless Mind*** (Penguin Books, 1974) 62~77쪽.

사적, 개별적 세계는 공적 세계를 위협하는 경향을 드러낸다.[10] 후기 산업사회체제에서는 그 일차원적 체제에 의해서 인간의 개별적 존재양식이 말살되지 않고 오히려 이 두 개의 생활영역은 괴리 또는 독립해서 상호 적대관계에, 때로는 상보관계에 놓이게 될 수밖에 없다.

18세기 사회사상가 루소는 이러한 근대문명 또는 현대사회체제의 필연적 귀결을 일찍이 간파했던 사람이다. 사회체제가 거대하고 강력해질수록 인간은 그 체제로부터 소외되며, 따라서 인간 자신이 스스로 체제로부터 벗어나 개인적, 사적 의지에 따라 움직이게 됨을 암시하였다.[11] 예를 들면 국가 구성원의 수가 증가할수록 국민 개개인은 국가적 결정에 행사할 영향력을 잃게 되며, 따라서 국가적 결정에 덜 공감하게 되고 덜 동조하게 되면 그럴수록 국가는 더 큰 강제력을 동원해야 하고, 이는 다시 개개인으로 하여금 국가로부터 스스로 멀어지는 (소외의) 길을 택하도록 만든다. 다시 말해서 인간으로부터 소외된 사회체제 속에서 인간은 능동적으로 자기의 세계를 소외시키려고 한다.

현대의 많은 사회이론가와 철학자들은 천편일률적으로 인간으로부터 소외되어 가는 현대사회체제를 개탄한다. 그러나 이제 다가오는 문제는 인간 스스로가 능동적으로 자기 자신의 세계를 외부적 환경, 사회체제로부터 소외 또는 도피시키려고 하는 데서 (또 그러한 개

10) Richard Sennet, ***The Fall of Public Man*** (Cambridge: Cambridge Univ. Press, 1974), 3~27쪽.

11) Bertrand de Jouvenel, "Rousseau", ***Western Political Philosophers***, ed. M. Cranston (N. Y.: Capricorn Books, 1974), 65~79쪽.

체의 자유가 필요하다는 데서) 그 심각성이 드러날 것이다.

그러므로 미래사회가 부딪치게 될 과제는 몰(沒)인간적 사회체제에 대하여 자율적 인간의 회복을 꾀하는 데 있지 않을 것으로 보인다. 현대사회체제의 인간 소외와 개개인의 능동적 자기 소외의 상호 호응적 경향은 치유 불가능한 것이라고 볼 수 있다. 일차원적 사회에 있어서 인간회복운동이란 돌이킬 수 없는 경향에 거슬리는 시대착오의 환상에 지나지 않는다. 오히려 사회체제의 객관화와 이에 따르는 인간의 능동적 자기 소외의 추세에서 발생하는 사회체제와 개체세계의 분열, 그리고 이에 따르는 공적 및 사적 질서의 분리과정을 이해하는 것이 후기 산업사회의 이해를 위한 시급한 과제이다.

객관적, 몰인간적 문명의 지배체제에 대항해서 이루어진 현상학적 실존주의의 인간 해방의 개념은, 인본주의 사회이론가들에 의해서 제시되었던 것처럼, 분열된 다원적 실재들, 다중적 생활세계들을 이해할 수 있는 근거를 제공했다고 볼 수 있다.[12] 그러나 이렇게 해서 발굴된 사적 생활세계들, 그리고 서로 모순되는 세계이해의 틀들이 어떻게 한 일원화된 사회체제 내에서 공존할 수 있는가? 서로 모순되는 방향으로 심화된 사적 세계와 공적 세계 사이의 모순 또는 갈등은 어떤 문제를 일으키는가? 이러한 문제들은 적어도 마르쿠제가 제시한 일차원적 인간 및 사회비판의 논리로써는 이해되거나 해답될 수 없는, '70년대부터 싹트기 시작한 후기 산업사회의 새로운 사태라고 생각된다.

사실 언제나 집단을 형성하여 살아 온 인류는 각자의 역할, 지위,

12) P. Berger & T. Luckmann, 위의 책.

이해관계의 차이에서 일어나는 사사로운 또는 공적인 대립과 갈등을 조절하기 위하여 여러 가지 제도와 절차들을 만들어 내야 했다. 말하자면 대립과 갈등이라는 인류의 항구적 문제상황에 대하여 각 시대와 사회는 그 특유의 해결을 제시한다고 볼 수 있다.

재래의 형이상학, 종교, 이념체계들은 그러한 해결을 제시하는 훌륭한 역할을 수행해 왔다. 그러나 그런 전통적 이념체계들은 거의 예외 없이 언제나 연속성 있고 동질적인, 따라서 사적 생활세계의 분열 이전의 통일되어 있는 공적 사회 문화권을 전제로 성립했던 것이다.

마르쿠제를 비롯한 많은 산업사회 비판가들은 오늘도 개인들 위에 그들의 공적, 사적 생활세계들을 통제하고 조종하는 하나의 커다란 사회체제가 군림하는 것으로 본다.[13] 이러한 일차원적 사회체제의 이해는 플라톤, 루소, 헤겔, 파슨스에게서도 나타났던 것이다. 그들은 사회 전체를 묶어 놓은 한 통일적 원리가 있다고 보았다. 그러나 20세기 사회실재를 진단하는 다렌도르프와 다니엘 벨 등에 있어서는 그러한 원리가 없다.[14] 그들은 물질적 생산양식 또는 공동의 가치규범이 사회 전체를 지배한다고 말하는 마르쿠제와 파슨스의 일원론적 견해에 대항해서 사회적 실재의 다원론을 제시한다. 예를 들면 벨이 암시하는 현대사회의 실재라는 것은 각각 독자적인 때로는 서로 반대적인 원리들에 의해서 움직일 수 있는 몇 개의 불안정하게

13) H. Marcuse, 위의 책, 9쪽과 다음.

14) D. Bell, ***The Cultural Contradictions of Capitalism*** (London: Heinemann, 1976); R. Dahrendorf, ***Essays in the Theory of Society*** (Stanford, Calif.: Stanford Univ. Press, 1968), 232~255쪽.

결합된 영역들로 구성되는 것으로 볼 수 있다.

이와 같이 이질적 영역들에 의해서 구성되는 사적, 공적 생활세계들의 불연속적 구조 또는 모순적 구조를 포함하고 있는 현대사회에서는 새로운 공존양식 또는 거기에 따르는 사유형식이 요청된다고 할 수 있다. 19세기의 철학자 · 사회학자 오귀스트 콩트가 일찍이 전통적 형이상학, 종교, 이념체계들의 종말을 선언했음에도 그것은 아직 시대적 필연성에 입각한 것은 아니었을지도 모른다. 1950년대에 들어서서야 비로소 벨이 사회실재의 다원화라고 하는 시대의 추이를 명확히 관찰하면서 이데올로기의 종말을 역설할 수 있었다. 그의 이데올로기 종말론은 단일화를 지향하는 합리주의의 쇠퇴와 문화의 대중화 경향 또는 복합경제체제의 등장과 같은 해체확산적 시대 변화를 배경으로 하고 있다.[15)]

이제 이와 같은 시대적 추이가 더욱 심화되어 가는 후기 산업사회에서의 공적 및 사적 생활세계의 분열과 갈등을 해결해 줄, 아니면 합리화 또는 정당화시켜 줄 새로운 시대의 이데올로기는 발견될 수 있는가? 객관적 사회체제와 주관적 생활영역의 갈등, 그리고 고도로 분화 · 개별화되어 가는 사적 생활질서들 사이의 불협화 속에서도 공유하는 어떤 관계가 있을 수 있는가?

15) D. Bell, ***The End of Ideology*** (N. Y.: Collier Books, 1961), 393쪽과 다음.

3. 모순구조 속에서의 인간교육

이 분열과 단절의 생활세계 속에 사는 개인들은 이제 한 사회체제를 지배하는 어떤 객관적 합리성의 체제(이데올로기) 가운데서도 각자가 진심으로 받아들이는 목적이나 의미를 찾을 수 없을 것이다. 공적, 사적 생활세계의 분열로 단절 속에 사는 현대사회의 사람들에게 어떤 통일적 목표를 다시 부여하고 공유할 만한 어떤 새로운 사유 또는 가치체계를 발견하는 것이 가능한지 또 필요한 일인지조차 오늘의 현실상황에 비추어 볼 때 확실히 말할 수 없다.

개인은 한 강력하고 조직적인 지배체제 속에 살면서 자기 자신의 사적 세계를 독립적으로 영위할 수 있는 이중적 또는 다중적 인격구조를 발전시킬 것이다. 사실 이러한 다중인격구조의 발전은 원래 강력한 지배체제로서 군림하는 소외된 사회체제로부터 강요당한 것이라고 할 수도 있겠으나, 오히려 개인이 자신의 소외당한 사적 세계를 적극적으로 확보하려는 데서 문제는 더욱 심각해지는 것이다. 하나의 지배체제에 예속되어 있으면서 동시에 내면적으로 개별화한 사적 생활세계들을 지닌 불연속적 접합구조를 수용할 수 있는 어떤 합리적 틀을 찾거나 이 분열된 생활세계들을 한 질서 속에 통합시켜 줄 어떤 이념이나 가치체계를 발견하는 것이 어렵게 되었다.

본디 인간의 사상과 사고방식은 사회현실의 변화를 흡수하고 거기에 적응함에 있어 시간적으로 지체되는 경향이 있다. 이미 드러난 바와 같이 공적, 사적 생활세계의 분열에 의해서 나타나는 현대사회에 적합한 어떤 기존의 사유체계도 존재하지 않음에도 현대인은 여전히 구(舊)시대의 사유체계 속에 머물러서 자기 사유와 행위의 좌표에 차질과 무리를 일으키고 있는 많은 예를 볼 수 있다.

이와 같이 이론과 사상이 현실세계의 발전을 미처 따르지 못하는 상태를 이론과 사상의 지체(遲滯)현상이라고 부를 수 있다. 현대사회의 급속한 발전으로 일어난 공적 및 사적 생활세계의 분열과 갈등은 공유하는 현실세계의 상실을 그리고 통일성을 지향하는 사유에 혼란을 가져 오고, 이것은 다시 기존하는 사유 및 행위체계의 무효를 뜻하는 것이다. 지체현상으로서 현존하는 사유 또는 행위체계는, 그것이 하나의 철학으로 표현된 것이든 정치·사회 이데올로기로 표현된 것이든 간에, 현실적으로 무용(無用) 무력한 것이라고 하는 인상을 현대인에게 준다.

그러므로 현대사회가 부딪치고 있는 철학적 문제는 단순히 인간을 소외시키는 공적 사회지배체제에 있다기보다는 이러한 사회체제에서 스스로 소외되기를 추구하는 개인의 사적 영토 가운데 깊숙이 들어앉은 자의성(恣意性), 무정부·무의미상태에 더욱 심각하게 자리잡고 있는 것이라고 생각된다. 오늘의 어떤 국가 사회이념이나 어떤 도덕적 명령이나 종교적 계율도 이러한 후기 산업사회의 분열구조 또는 이중구조 가운데서 보편적 설득력을 지닐 수 없는 것은 당연한 것이다. 그럼에도 어떤 설득력도 지닐 수 없는 기존의 이념이나 가치체계들이 아직도 다음 세대를 위한 교육에 그대로 강요되고 있다.

3.1 소외는 회피해야 할 것인가?

봉건사회체제로부터의 인간해방을 외치고 인간의 감정과 자율적 지성으로써 과학, 철학, 예술을 추구하며 헤겔이 말하는 자유의 역사를 실현하기 위해 정진해 온 서양인들이 20세기에 들어서 다시금 개성과 자유가 말살된 이른바 일차원의 사회체제 속에 결박되어 있는 자신들을 스스로 발견하게 된 것은 운명의 역설이 아닐 수 없다. 오늘 많은 지식인들은 근세 이후 발전해 온 과학문명과 산업사회의 조직이 점차 인간의 자율행위의 가능성을 억압하며 개인을 무력한 국외자(局外者) 또는 소외자로 추방시켜 버리는 방향으로 진행되어 간다고 믿고 있다. 이와 같은 현대문명, 현대사회의 반(反)인간화 경향에 대한 반발로서 이루어진 것이 바로 1960년대의 구미세계에서 일어난 학생, 지식인들의 반(反)체제, 반(反)문명 운동이라고 볼 수 있다. 그것은 인간으로부터 떨어져 나간 사회체제, 그 거대한 객관적 법칙의 노예가 되어 버린 '60년대 의식의 자유를 향한 몸부림이었다.

그러나 20세기 말 후기 산업사회에서 그러한 반항의식이 어떤 타당성을 지닐 수 있는가 하는 것은 반성되지 않으면 안 된다. 이미 논의된 바와 같이 후기 산업사회에서의 의식의 움직임은 그러한 사회체제에 무조건 반항하거나 그 체제의 인간화를 요구하는 것이 아니라, 한편으로는 그러한 체제에 기능적으로 적응하고 한편으로는 그러한 공적 생활체제와는 격리된 각기의 사적 생활영토를 확보하려는 강한 욕구를 지니고 있기 때문이다. 이렇게 사적 생활영토를 개별적으로 격리·확보하려는 데서 공적 사회체제와의 심각한 괴리현상을 자아내고 있다. 따라서 공적 체제와의 괴리 또는 소외관계는 후기 현대사회를 형성하는 인간 존재의 필수적 조건이다.

개인의 생활의식이 사회 공동체와 일치되는 것을 여전히 행복한 인간의 생존조건으로 전제하고 인간과 세계 사이의 소외와 괴리관계를 극복하려는 많은 이론가, 실천가들의 노력은 사상적 지체현상에 속하는 것이라고 말할 수 있다. 오히려 분열 또는 모순관계를 본질적 구조로서 지니고 있는 현대사회에서 정착되어 가는 인간 존재의 보편적 조건은 공적 사회체제로부터 개인의 생활영토가 해방되는 것이라고 생각할 수 있다. 공적 사회체제가 개인적 생활영토에 대하여 소외 또는 분열관계에 놓여 있다는 것은 현대사회에 있어서 행복한 인간 존재에게 필요한 조건일지도 모른다.

그러나 동양사람들은 특별히 그들의 오랜 사회 공동체에 대한 비(非)개인주의적 귀속감 때문에 위와 같은 새로운 사회적 관계로 이행함에 있어 보다 큰 충격을 받는 것으로 예상할 수 있다. 유교의 가르침에 의해서 가장 많은 영향을 받은, 곧 부자(父子)·부부(夫婦)·장유(長幼)·붕우(朋友) 사이의 유기적 결속관계가 강조되어 온 동아시아사회에서 소외 또는 괴리관계는 받아들이기 어려운 경우일 수 있다. 동아시아사회에서 소외 또는 괴리관계가 불협화(不協和)의 사회관계로 파악되고 있는 것은 그 전통의 다른 면을 간과하고 있기 때문이다.

소외 또는 괴리관계는 현대사회에서의 인간 존재의 필수조건일 뿐만 아니라 역사발전의 한 단계로서 이해되지 않으면 안 된다. 소외관계는 일차원적 사회지배체제로부터 개별적 생활영토를 해방시켜 주는 자유로운 존재(또는 삶)의 조건이기 때문에 오히려 독립된 개별자로 하여금 창의와 독립의 정신을 갖게 하는 발전의 계기로 수용될 수 있다. 소외자는 체제 속에 파묻힌 일상적 자기를 분리시킴으로써 반성하고 따라서 떨어져나간 세계를 재(再)해석할 수 있는 기회를 얻게 된다. 소외관계의 체험 없이 자기 반성과 세계 재해석의 기회를 얻을 수 없다. 소외에 의해서 이루어지는 개인과 사회, 개인과 개인 사이의 긴장관계가 반성과 창조의 역사적 계기를 만든다. 그러므로 소외관계로써 구성되는 산업사회는 (마르쿠제가 말하듯이) 반드시 반성과 비판이 불가능한 폐쇄적 일차원의 사회를 지향하는 것이라고 생각할 수 없다.

소외관계의 체험으로써 인간은 성숙한 자아 및 세계이해에 도달할 수 있다. 객관적 과학이 추구하는 성숙한 세계인식이 인간과 자연, 개인과 사회 또는 역사와의 소외 또는 모순관계를 통해서 이루어지듯이 자아의 진정한 반성과 성숙도 소외된 또는 객체화된 자신을 바라볼 수 있어야 비로소 가능한 것이다. 주체적으로만 파악된 역사, 사회, 자연은 성숙한 과학적 인식의 기초가 될 수 없고 그러한 기초는 오직 소외관계를 계기로 해서 다시 이루어지는 객관의 차원에만 주어지는 것이다. 후기 현대사회에서의 소외관계는 인간이 보다 자유로워지고 성숙해질 수 있는 계기로서 이해되어야 한다.

3.2 무정부상태는 극복될 수 있는가?

그러므로 앞으로 전개되는 사회가 해결해야 할 과제는 인간을 소외시켜 버린 사회체제를 인간화하는 불가능한 목표에 있지 않을 것이다. 오히려 사회체제의 객관화와 이에 따르는 인간의 능동적 자기소외의 추세에서 발생하는 공공적(公共的) 사회체제와 개별적 생활영토의 괴리, 개별적 생활세계 자체의 분열현상, 그리고 이로 인한 공유(共有)질서의 붕괴과정을 이해하는 것이 시급한 과제이다.

인간 위에 군림하는 사회체제에 대항해서 이루어진 현상학적 인간 해방의 개념은, 분열된 다원적 실재 또는 생활세계들을 이해할 수 있는 근거를 제공했다고 볼 수 있다. 그러나 이렇게 분열되어 가는 상호 괴리 · 모순의 생활세계들이 어떻게 하나의 사회를 형성할 수 있는가? 서로 모순된 방향으로 심화되어 가는 생활영역의 표현으로서의 논리 또는 가치체계들 사이에 벌어지는 상반 · 상쇄관계가 어떻게 우리의 대화세계에 무정부상태 또는 허무주의를 초래하지 않는다고 말할 수 있겠는가?

맑스와 만하임으로부터 유래하는 지식사회학의 이데올로기 분석은 인간의 사유 또는 관념체계의 합리성이 특정한 사회 역사적 제약하에서 성립한다고 하는 상대성의 원리를 밝히는 것에 불과했지만, 이제 그 제약조건인 사회체제 자체가 갈등관계에 있는 생활영역들로 분열될 때 보편적 가치 또는 인식의 타당성에 근거한 대화 또는 담화세계(universe of discourse)의 형성은 기대할 수 없게 된다.

분열과 단절의 세계 위에 군림하는 어떤 보편적 가치와 인식의 타당성도 발견하지 못할 때 인간은 허무주의나 무정부상태에 빠질 수밖에 없는 것이다. 마르쿠제 등 반(反)체제 사회이론가들이 인간을 통제 · 조종하는 하나의 절대적 사회체제가 개인 위에 군림하고 있다고 말하더라도 그러한 절대 · 체제는 분열되어 가는 사적 및 의식의 영토들을 통합해 줄 수 있는 어떤 틀로서도 그 기능을 상실하고 만 것이다.

20세기 중반에 산업사회체제가 한참 성장 · 정착되어 가는 동안 인류가 공유하는 것이라고 믿고 추구해 왔던 세계인식과 가치에 관한 보편타당성은 후기 현대사회에서의 분열구조의 발전으로 인하여 이제 자취를 감추게 되었다. 세계가 하나의 역사 공동체로 돌입하던 20세기 초에 이미 시대변천의 잠재적 가능성을 예견한 니체, 키르케고르 등 철인들에 의해서 거론되기 시작한 무규범 · 무정부상태 그리고 허무주의를 이제 사회적 현실로서 우리는 실감하게 되는 것이다.[16)]

---

16) 니체는 맑스와 같이 인간의 허위의식을 분석 · 비판하는 지식사회학의 방법을 개척하였다. 그러나 그는 맑스와는 달리 기만(欺瞞)과 자기 기만의 의식을 인생의 필수적 과정으로서 받아들여 그 사회적 의미를 긍정적으로 강조한 것이 특이

3.3 대화는 가능한가?

산업사회의 급격한 진행과정에서 전통이 단절되고 공적 사회체제와 개별적 생활영토들 사이의 분열이 심하면 심할수록 보다 많은 이데올로기, 가치와 인식체계들이 난무하며 제각기 세계의 패권을 향하여 다투게 될 것이다. 이렇게 다양한 이념, 가치, 인식체계들이 충돌·상쇄되는 무정부상태 가운데서 미래사회의 인간은 반드시 그러한 무정부상태를 극복하기 위한, 그러나 연속성과 통일을 필수조건으로 하지 않는 새로운 대화 또는 사회관계를 추구하게 될 것이다.

미래사회가 부딪치게 될 인간 과제는 일차원적 지배체제에 대항하는 인간회복과 같은 단순한 관계형성에 있지 않고 분열되어 버린 모순의 생활세계들 사이에 벌어진 무정부상태에 새로운 대화관계를 도입하는 것이라고 생각된다.

재래의 대화관계는 공적 사회체제와 사적 영역 사이의 소외관계를 극복할 수 있고 나아가 하나의 공유할 수 있는 가치판단 및 인식의 근거를 발견할 수 있다는 전제 위에 성립하는 것이었다. 아직도 우리는 흔히 서로 합의가 이루어질 수 없는 대결자들이 각기 상대자에게 대화의 광장으로 들어올 것을 강력히 주장하는 것을 볼 수 있다. 그러나 각자의 생활세계들이 분화되어 가는 사회에서 공동의 광장을 찾아 대화관계를 이룬다는 것은 거의 불가능한 일에 속할 것이다. 이렇게 공동의 광장을 찾을 수 없는 세계에서는 비(非)연속성과 모순관계를 전제로 해서 대화가 전개될 수밖에 없다.

고도로 훈련된 대화는 본디 소크라테스와 포퍼에 의해서 암시되

한 것이다(F. Nietzsche, ***On the Genealogy of Morals***, ed. W. Kaufmann (Vintage Books, 1967), 3~12쪽).

었던 것처럼 동의를 구하기 위해서가 아니라 반대와 모순으로부터의 반응을 추구하고 불연속, 단절의 계기를 확인함으로써 보다 역동적인 합의의 관계를 이루는 것이라고 볼 수 있다. 말하자면 우리는 언제나 반대와 모순의 가능성을 적극적으로 추구함으로써 이미 박힌 가치기준과 세계인식의 편견에서 탈피하여 보다 객관적인 그러나 반드시 그 실현을 전제하지 않는 동의의 근거를 제시할 수 있기 때문이다.

후기 현대사회에서 이해되어야 할 가장 중요한 교육과제는 훈련된 대화능력의 습득이라고 생각된다. 미래사회의 구조적 특징인 모순과 분열관계는 단련된 대화관계로써 감당할 수 있기 때문이다.

3.4 어째서 물질주의적인가?

서양 문화권에서는 유례를 찾을 수 없는 한국인의 물질주의가 그 원인이 어디에 있는가를 정확하게 이해하는 것은 후기 산업사회에로 진행하는 한국사회, 한국문화의 실상(實相)을 반성하는 데 중요한 바탕이 될 것이다.

첫째로, 도덕 실천주의와 실학사상의 전통을 수용해 온 한국사회가 최근에 받아들인 현대과학문명 가운데서 실제적 효용성의 추구밖에 다른 차원을 전혀 습득하지 못하게 만드는 풍토와 사조에 그 원인이 있다. 물론 산업사회에서 과학과 지식의 중요한 역할은 그 실제적 조작능력과 효용성에 있다. 한국의 과학 및 지식정책에서도 우선적 관심의 대상은 실제적 효용성이 높은 산업과 경영방면이다. 효용성이라는 가치인식의 기준은 현대 한국사회의 교육 및 문화정책에서, 그리고 지식인 및 학생들의 사고방식과 가치관에서 지배적으로 작용하고 있음을 볼 수 있다.

그러나 실제 효용성을 추구하는 오늘의 한국문화와 교육의 불균형적 발전은 반성능력을 결여한 결과주의와 물질주의를 초래하고 과학문화의 지속적 저력으로서의 순수이론의 정신, 말하자면 비효용의 효용의 차원을 망각하도록 만들어 가고 있다.

둘째로, 다원주의를 토대로 한 사회질서 형성에 체험이 없는 한국인이 현대산업사회에 필수적으로 따르는 자유경쟁의 시장체제를 받아들였다는 데서 물질만능주의가 유래하는 것이라고 생각된다. 최근까지 한국인은 일원화된 사회 및 가치체계 속에서 살아왔다. 특히 한국사회에서 오래 지속되어 온 사농공상(士農工商)의 계층질서가 현대산업사회체제에 의해서 여지없이 붕괴되었음에도 가치서열의 일원주의 척도는 그대로 통용되고 있다.

그리하여 산업사회에서 피상적으로 부각되는 실제적 효용가치, 곧 물질적 재화(財貨)를 최고의 결정적 가치로서 받아들인 한국인에게 다른 종류의 가치가 으뜸이 될 수 있는(예를 들면 명예, 자유, 공의, 지식 자체 같은 것이 최고의 결정적 가치가 되는) 가치서열의 척도를 상상해 볼 여유가 주어지지 않는 것이다. 다른 가치서열의 척도를 지지하고 실천할 수 있는 상상력과 자유를 허용하지 않는 한국사회와 문화에서 물질은 절대적 가치기준으로서 등장할 수밖에 없을 것이다. 본디 서양에서는 자본주의가 가치서열에 관한 다원주의를 배경으로 해서 발전하였기 때문에, 그들의 산업사회에서의 자유경쟁은 한국사회에서처럼 물질적 재화에 국한되지 않았던 것이다. 그러나 가치서열의 일원주의 개념을 지닌 한국문화에서의 자유경쟁은 산업사회에서 피상적으로 중요한 측면 곧 물질적 가치(실제 효용성)에만 집중되어 버릴 수밖에 없다.

일원주의 가치서열의 개념은 물질 이외의 영역, 즉 이차적 가치

영역에도 그대로 이행·적용되어 어느 영역에서나 자유경쟁은 총화(總和)가 영(零)이 되는 치명적 경쟁을 연출하는 경향이 있다. 그 가장 좋은 예로서 우리는 한국교육과 정치에서의 치열한 대결상(對決狀)을 들 수 있다. 사회적으로 부각되어 있는 가치 이외의 것을 최고에 놓을 수 있는 가치서열의 비(非)환원주의 또는 비(非)연속성 개념이 한국문화에 뿌리내리기 전에는 한국인이 물질만능주의 또는 "네가 얻으면 내가 잃는다"고 하는 영총화(zero-sum)의 야만적이고 출구 없는 경쟁관계를 피할 수 없을 것으로 생각된다.

5. 잉여지대로서의 역사

1968년 헨리 키신저는 미국 외교정책의 당면과제를 논하는 가운데서 세계 2차대전 이후 강대국으로부터 벗어난 신생독립국가들의 정치적 운명에 대하여 언급하고 있다. 그에 의하면 사회체제와 이념을 달리하는 강대국들 사이의 외교적 갈등 못지않게 신생국가들이 내적으로 겪고 있는 정치적, 도덕적 합법성의 결여 또는 불안정상태가 국제사회의 평화를 교란시키는 주요한 요소라고 한다. 그는 신생국가의 정치적 운명에 대하여 다음과 같이 분석하고 있다.

> 거의 모든 신생국가들은 혁명의 병적(病的) 상태로 고통을 겪는다. 혁명은 모든 울분들이 한데 모임으로써 이루어진다. 그러나 기존체제가 제거되기 때문에 '혁명 이후에' 정치적 합의를 형성하는 일은 더욱 어려워진다. 신생국가들에 있어서 혁명에 거는 모든 기대와는 반대로, 건설적인 작업은 자유를 위한 투쟁보다 덜 화려한 것이고 더 복잡한 것으로 드러난다. 독립을 위한 투쟁의 흥분상태는 무한히 연장될 수 없는 것이다. 언젠가는 긍정적인 목표가 이전의 식민적 체제에 대한 울분을 대치하는 원동력으로서 설정되지 않으면 안 된다. 이러한 사회적 경향이 스스로 이루어지지 않을 때, 그 [사회]통합의 역

할을 국가가 수행하게 되는 것이다.[1)]

그러나 신생국가에 있어서 그 통합의 기능이 어떤 기존하는 도덕적 합법성에 근거하기는 어려운 일이다. 이러한 국가들의 통합기능은 식민적 지배체제의 붕괴 그리고 그 이전의 전통적 가치체계의 상실 때문에 흔히 국가의 강제력에 의해서 재구성될 수밖에 없다. 따라서 국가의 통제력이 확립되지 않은 상태에서의 갈등은 곧 내란 또는 혁명으로 유도될 수 있다. 사실 세계 2차대전 이후 혁명과 내란의 연속적 과정을 겪고 있는 국가들에서 국가적 차원의 통합기능과는 관계없이 계속되는 심각한 사회 경제적, 또는 종교 이념적 차원의 분열을 발견하게 된다.

1. 자연의 사회학(1): 홉스의 탈역사(脫歷史)

토마스 홉스의 사회이론은 바로 이러한 혁명과 내란이 일어나는 역사적 전환점에서 출발하고 있다. 말하자면 홉스는 20세기 후반기 신생국가들에서처럼 전통사회의 유대관계나 가치체계 또는 기존하는 정치적 지배체제가 붕괴되고 새로운 시대로 나아가는 역사적 단계의 '사회학'을 제시하고 있다. 서구세계는 적어도 13세기까지 전통적 가치체계에 의해서 지배되는 봉건사회체제를 유지하고 있었다고 보는 견해가 있다. 봉건사회체제는 모든 개인들에게 일정한 사

1) Henry Kissinger, ***American Foreign Policy*** (N. Y.: W. W. Norton, 1969), 81쪽.

회적 지위와 역할을 배당해 주는 것이다. 경제체제도 장원제도로써 과도한 경쟁과 개인주의를 제한하고 있었고 교회 역시 하느님이 섭리하는 우주적 질서로써 안정된 세계를 통치할 수 있었다. 그러나 14, 5세기에 국제교역이 빈번해지면서 경쟁과 능률과 개인주의가 사회발전의 원동력이 되었고, 이에 따라 전통사회의 질서는 붕괴하기 시작한 것이다.

만약 홉스가 말하는 모든 사람들의 모든 다른 사람들에 대한 전쟁(또는 경쟁) 곧 "자연의 상태"가—이러한 시대전환적 발전이 또다시 오늘의 국내 및 국제정세에서 발견되듯이—언제나 있을 수밖에 없는 역사의 반복적 과정이라면, 그것을 사회구성의 보다 일반적인 바탕 또는 조건으로서 받아들여야 할 것이다. 왜냐하면 정치사회체제라는 것이 어떤 초(超)역사적 선험적 실재로서 주어질 수 없는 것이라면, 모든 타입의 새로운 정치사회질서의 구성은 언제나 힘의 경쟁과 개인주의에 의해서 지배되는 '원시상태'로부터 출발할 수밖에 없기 때문이다. 따라서 이러한 원시상태로부터 어떻게 또는 어떠한 정치사회적 질서가 구성될 수 있는가 하는 문제는 파슨스가 그런 것처럼 회피할 수 있는 것이 아니다.[2] 한 사회질서의 시대가 막을 내리려

---

2) Talcott Parsons, ***The Structure of Social Action*** (N. Y.: The Free Press, 1949), 89~94쪽. 경쟁과 개인주의의 자연상태로부터 사회질서 구성의 방법을 논한 홉스를 비판함에 있어서 파슨스는 헤겔의 철학적 관점을 따르고 있다. 헤겔철학적 비판에 따르면, 개인주의는 자신의 변덕스런 욕망보다 높은 행동의 규칙이나 자신의 주관적 환상보다 높은 사고의 규칙이 없는 것처럼 말한다. 그러나 개인의 심리적 구조는 개인이 처해 있는 사회의 구조 그리고 개인이 사회에서 차지하는 자리와 밀접한 관계가 있다는 것이다(George H. Sabine, ***A History of Political Theory*** (N. Y.: Holt, Rinehart & Winston, 1961), 653, 654쪽).

고 할 때 언제나 야만의 원시상태가 복구되고 새로운 사회질서를 구성하려는 꿈틀거림이 시작된다.

그러나 파슨스에 의하면 홉스가 제시한 원시상태란 경험적으로 존재하지도 않고 또 그런 상태에서는 사회가 구성되지도 않았을 것이라고 한다. 홉스의 말대로 각자의 욕망 또는 목적을 마음대로 추구하는 합리적 개인들이 계약에 의해서 한 사회를 구성한다고 할지라도 그들은 기회만 주어진다면 홉스 자신이 시인하듯이, 계약을 무시하고 파괴적 행동을 함으로써 사회는 언제나 전쟁과 내란상태에 머물러 있을 것이라는 것이다. 사회적 관계는 그러한 투쟁이나 전쟁에 의해서 이루어지는 것이 아니라고 하는 것이다.[3] 각자의 목적을 개별적으로 추구하는 개인들 사이의 계약관계나 그들에 대한 국가의 통제기능 때문이 아니라 그러한 계약과 통제 이전에 이미 한 사회를 형성하는 개인들 사이에 도덕적, 규범적 관계가 존재한다고 파슨스는 강조한다.[4]

그러나 파슨스는 홉스의 원시적 자연상태가 제기하는 사회질서 구성의 문제를 해결하지 않고 회피해 버린 것이다. 기존의 질서가 끊임없이 변화하고 새로운 질서를 기다리는 시대전환적 상황을 괴롭히는 문제는 여전히 홉스의 원시상태에서 일어나는 것이다. 어떤 기존하는 정치 도덕적 합법성도 존재하지 않는 이러한 상태에서 제기되는 문제는, "서로 다른 목표와 가치를 추구하는 개인 또는 집단들을 가지고 어떻게 또는 어떠한 사회질서를 구성할 수 있는가?" 하는 것이다. 이렇게 개인주의적이고 무정부주의상태의 구성원들로써

3) Parsons, 같은 책, 313~14쪽.

4) 같은 책, 311쪽과 다음.

이루어질 수밖에 없는 전환시대의 사회질서는 어떻게 구성되는 것인가?

2. 자연의 사회학(2): 다렌도르프의 역사입문

2.1 우리는 근래에 등장한 정치·경제·사회이론가들의 민주주의론에서 공동생활에 개입하는 불완전한 인간 존재양식의 조건이 어떻게 고려되었는가를 밝힐 수 있다. 예를 들면 조지프 슘페터(J. Schumpeter)는 18세기 철학자들로부터 유래하는 고전적 민주주의의 개념을 분석함으로써 그 비(非)현실성을 지적하고 새로운 대안을 제시한다. 맑스주의의 분석을 빌리면 이해관계를 달리하는 개인과 집단들이 그들의 논의과정을 통하여 공동의 선(the common good) 또는 일반의지가 무엇인가에 대한 어떤 합의에 도달할 가능성이 없다는 것이다. 경제학자 케네스 애로(K. Arrow)도 모든 사회구성원의 의사가 반영될 수 있는 공동의 선이란 성립할 수 없다는 것을 투표의 역설(the paradox of voting)에 의해서 결정적으로 증명하였다. 여기서도 민주주의의 구성방법에 근거하는 사회가 결코 모든 구성원들이 공평하게 참여함으로써 이루어지는 것이 아니라는 것을 알게 된다. 애로가 제시한 투표의 역설이라는 것은 다음과 같이 요약될 수 있다.[5] x, y, z라는 안건에 대하여 다음과 같은 서열을 매기는 A, B, C라고 하는 투표자(말하자면 사회구성원)가 있다고 하자.

---

5) Kenneth Arrow, ***Social Choice and Individual Values*** (2nd ed.; N. Y.: John Wiley & Sons, 1963), 2쪽과 다음.

투표자 / 서열	A	B	C
제1순위	x	z	y
제2순위	y	x	z
제3순위	z	y	x

A와 B의 집단은 y보다 x를 우선적으로 택하고, B와 C의 집단은 x보다 z를 우선적으로 택한다면 이전(移轉)의 원리(the principle of transitivity; 말하자면 어느 누가 y보다 x를 우선적으로 택하고 그리고 x보다 z를 우선적으로 택한다면, 그는 y보다 z를 우선적으로 택할 것이라는 것을 예측할 수 있다)에 의해서 A, B, C로 구성되는 사회 집단은 y보다 z를 우선적 순위에 놓을 것이라고 말할 수 있을 것이다. 그러나 A와 C의 집단은 z보다 y를 우선적으로 택하고 있다는 사실 때문에 이 3개의 선택지(選擇肢)에 대한 어떤 다수결도 모순에 빠지게 된다는 것을 알 수 있다.

말하자면 모든 사회구성원들의 가치 또는 이해관계를 결합하는 완전한 사회복지의 질서에 대한 논리적 근거는 존재하지 않는다는 것이다. 모든 구성원들의 요구가 합리적으로 반영되는 사회적 선택의 방법이 있을 수 없다는 발견은 현대사회이론에 커다란 충격이 아닐 수 없다. 18세기 사회계약설 이후로 주류(主流)를 이루어 온 사회이론은 사회구성원들의 참여(투표방법 또는 시장체제)에 의해서 각자가 주장하는 가치와 요구를 실현할 수 있는 공동의 선이 존재하리라는 것을 전제로 해 왔던 것이다. 아담 스미드와 존 로크의 개인주의, 자유주의에 입각한 사회이론 역시 개인들의 자유로운 가치추구에 의해서 합리적으로 실현할 수 있는 사회적 선이 존재한다는 가정 위에 서 있는 것이다.

19세기 사회사상의 흐름을 형성하던 스미드, 로크류의 고전적 자유주의는 이제 자취를 감추어 가고 있다. 개인주의, 자유주의에 근거할 때 현대사회가 기대하는 사회적 질서는 실현될 수 없다는 것이 분명해졌기 때문이다. 그럼에도 불구하고 현대 자본주의 사회의 지배체제인 관료주의에 대한 비판과 사회적 선택에의 민주적 참여를 외치는 소리는 높아 가고 있다. 그리고 현대 자유자본주의 사회를 괴롭히는 불평등관계에 관한 비판의식은 고도로 팽창되어 있다. 빈곤과 소외의 구석자리에서 참여적 민주주의에 대한 드높은 요구가 외쳐지는 20세기 후반기 사회운동의 흐름을 대변하는 사상으로서 존 롤스의 공정성(fairness)으로서의 정의 또는 맑스주의자들의 프롤레타리아 혁명에 의한 정의의 개념을 들 수 있다.[6]

그러나 이는 20세기를 마감하는 오늘, 사회체제의 가능한 현실이라기보다는 현대사회에 팽만해 있는 기대와 이상을 표현하는 것이라고 볼 수 있다. 불평등관계를 시정하는 공정성의 추구는 사회적 선택이 합리적으로 구성될 것을 요청하는 근거 위에서 이루어진다. 그런데 구성원들이 추구하는 가치들이 합리적으로 반영되도록 하는 사회적 선택의 방법은 존재할 수 없다는 것이 슘페터, 애로, 다니엘 벨을 비롯한 많은 사회이론가들에 의해서 논의되었다.[7] 특히 애로에 의하면, 개인적 입장에서는 상이한 가치들에 대한 우선순위를 결정하는 합리적 선택이 가능함에도 불구하고 구성원 다수가 참여

6) John Rawls, ***A Theory of Justice*** (Cambridge, Mass.: Harvard Univ. Press, 1971).

7) Daniel Bell, ***The Coming of Post-Industrial Society*** (N. Y.: Basic Books, 1973), 440~51쪽.

하는 사회적 선택에서는 그러한 합리적 순위가 이루어질 수 없다.

사회적 선택의 합리적 근거구성이 불가능하다는 것은 완전한 평등사회의 실현이 이론적으로 불가능하다는 것을 의미한다. 사실 이러한 이론적 귀결의 근거로서, 몇몇의 사회이론가들은 거의 완전한 평등원리를 표방하던 소련사회에서 '6, 70년대로부터 이미 차등적(差等的) 임금 및 특권배분이라고 하는 자본주의 정책이 도입되고 있는 불가피한 현실적 추세를 지적하고 있다.

그러므로 이제, 사회적 선택과 평가 또는 사회적 질서의 구성을 지배하는 새로운 논리가 발견되어야 한다. 따라서 파슨스의 사회질서에서도, 슘페터, 애로, 벨의 사회적 선택의 이론에서도, 그리고 오늘의 맑스주의에서도 홉스의 원시적 자연상태를 전제로 한 사회구성의 방법이 논의되고 있지 않다는 사실이 문제된다. 이는 많은 현대 사회이론들이 전환시대의 사회학적 상황을 현실적으로 분석할 능력이 없음을 의미한다. 홉스의 원시상태는 현대사회이론이 회피할 수 있는 것이 아니라 반드시 전제하고 설명해야 할 실제적 과제이다.

2.2 랄프 다렌도르프는 홉스의 원시적 자연상태를 사회학적 분석의 출발점으로 받아들이고 있다. 다렌도르프는, 파슨스의 사회학적 분석이 홉스가 제기한 문제를 루소의 전제로 대치(代置)시켜 버렸다고 논평하면서 홉스의 문제를 외면하지 않은 자신의 입장을 다음과 같이 말하고 있다. "정치의 강제성 이론이 전제로 하고 있는 것은, 인간이 불확실성의 세계에서 살고 있다는 점이다."[8] 불확실성의 사회적 존재양식은 자유와 경쟁이다.

자유와 경쟁은 인간의 원시적 존재양식 또는 원시적 관계이다. 인간의 원시적 존재양식 또는 관계가 다렌도르프의 사회학적 분석의 대상이다. 강제에 의한 통합 또는 질서구성 이전의 인간의 원시적 존재 및 관계양식—이러한 상태는 다만 원시사회의 상태를 지시하는 것이 아니라 시대전환적 상황에서는 언제나 발생하는 것이다. 그리고 이러한 시대전환은 역사가 존재하는 상황에서는 언제나 일어날 가능성이 있다—으로부터 갈등과 불평등 관계라는 필연적 산물이 나타난다. 따라서 계급갈등 또는 불평등관계에 관한 그의 이론은 홉스의 원시 자연상태에 대한 그의 사회학적 분석의 결과라고 볼 수 있다.

갈등 또는 불평등관계에 관한 사회학적 분석의 역사는 길다. 홉스, 루소, 헤겔, 맑스, 베버, 다렌도르프는 그 사회학적 분석의 주요한 맥락을 이어온 인물들이다. 그러나 이들은 무엇이 사회적 갈등 또는 불평등관계의 근원인가에 대한 서로 다른 이론들을 제시하고 있다.

루소에 의하면, 불평등관계는 원시적 자연상태를 벗어난 사회적 관계에서 발생한다. 어떤 것에 대한 사적(私的) 소유권을 주장하고 또 그것을 인정받는 사회적 관계가 성립했을 때 이미 불평등관계가 시작되는 것이라고 볼 수 있다.[9] 루소와 마찬가지로 맑스의 사회이론 역시 원시적 상태에서의 평등관계로부터 사유재산의 인정에 따르는 불평등관계의 형성으로 나아가는 길을 논하고 있다.

루소의 원시적 자연상태 또는 맑스의 공산주의 체제에서처럼 사

---

8) Ralf Dahrendorf, "In Praise of Thrasymachus", ***Essays in the Theory of Society*** (Stanford, Cal.: Stanford University Press, 1968), 148쪽.

9) Ralf Dahrendorf, "On the Origin of Inequality among Men", ***Essays in the Theory of Society***, 159쪽.

유재산이 존재하지 않는 사회를 상상할 수는 있다. 이들의 가정(假定)은 분명히 플라톤이나 아리스토텔레스에서처럼 사회적 불평등관계가 자연적 능력이나 적성의 차이에 의해서 발생하는 것으로 설명하는 단순한 방법론적 단계를 훨씬 넘어서는 것이라고 볼 수 있다. 그러나 만약 불평등관계의 진정한 근원이 일정한 사회체제에 따르는 사유재산에 있다면, 사유재산제도가 폐지된 또는 거기에 준(準)하는 사회에서는 불평등관계가 출현하지 않아야 할 것이다. 그럼에도 불구하고 공산주의를 표방하는 소련이나 유고슬라비아에서도 그리고 체제적으로 거기에 준하는 이스라엘과 같은 나라에서도 명시할 수 없는, 그러나 확연한 특권의 힘이 작용하며 따라서 그 순위가 구별되는 사회계층이 발생하고 있다는 것을 사회이론가들은 지적한다.[10)]

맑스와 엥겔스는 사유재산 이외에 노동분화에서도 계층형성의 근원을 발견하였다. 사회적 기능의 분화와 사회계층화 사이의 관계는 파슨스, 데이비스, 무어 등 미국 사회학자들에 의해서 발굴되었는데, 이들은 상이한 사회적 지위가 지니는 중요성과 거기에 요구되는 자격에 매겨지는 가치에 상응되도록 수입, 특권, 권력을 불평등하게 분배하는 것은 필연적이고 필요한 것이라고 하였다.

불평등 또는 갈등관계는 억압에서 자유에의 발전 가능성을 열어주는 역사적 동력의 근원이라고 볼 수 있다. 사회적 불평등관계가 소멸된 사회란 사회학적으로 상상할 수 없는 유토피아에 속한다. 모든 사회의 계층적 구조는 지배적 규범에 의해서 소외된 자들의 반발

10) 같은 책, 159쪽과 다음.

에 직면할 수 있는 역학적 관계 위에 세워져 있으므로 언제나 변화에의 가능성을 내포하고 있다.[11)]

2.3 다렌도르프는 원시적 상태에서의 사회질서 구성의 문제를 지배와 피지배의 역학이 작용하는 불평등관계로써 설명하는 이론적 발전을 가져 왔음에도 불구하고 보완되어야 할 비판적 과제를 남겨 놓고 있다. 그는 강제적 규범 또는 평가에 의해서 지배와 피지배의 불평등 또는 갈등관계가 이루어지며 그 불평등관계는 유동적인 것이라고 하면서도 그 규범적 평가와 불평등관계가 하나의 계속되는 과정 안에 들어 있음을 밝히지는 않았다. 사실 모든 규범 또는 평가기준들은 그 정당성을 확대시킴으로써 지배적 자리를 차지하려는 경향을 지니기 때문에 결과적으로 서로 갈등 내지 불평등관계로 발전하게 되는 것이다. 정당화과정(legitimation process)이 성공적으로 실현됨으로써 지배적 지위를, 실패함으로써 피지배적 지위를 얻게 된다.

여기서 우리는 다렌도르프가 간과해 버린 하나의 비판적 과제를 발견하게 된다. 그는 사회적 변동 내지 역사전개에 대한 구조분석을 위해서 그가 제시하는 갈등관계에 관한 이론이 유효한 것이라고 주장하면서도 주어진 사회적 실재가 갈등이론을 전제할 때 잘 설명될 수 있는 측면을 가지고 있다고 하는 갈등균형 병행론을 받아들이고 있다. 그는 갈등이론과 균형이론의 모형을 다음과 같이 요약하고 있다.[12)]

11) 같은 책, 177쪽과 다음.

갈 등 이 론	균 형 이 론
(1) 모든 사회는 어느 순간에서나 변화의 과정 속에 있다. 그리고 사회변화는 어디에나 존재한다.	(1) 모든 사회는 비교적 지속적이고 안정된, 요소들의 구조이다.
(2) 모든 사회는 어느 순간에나 반대와 갈등을 드러내고 있다. 그리고 사회적 갈등은 어디에나 존재한다.	(2) 모든 사회는 잘 통합되어 있는, 요소들의 구조이다.
(3) 사회 안의 모든 요소들은 해체와 변화에의 길을 걷고 있다.	(3) 사회 안의 모든 요소들은 하나의 체계가 유지되도록 하는 기능을 발휘한다.
(4) 모든 사회는 어떤 구성원들의 다른 구성원들에 대한 강제에 의해서 이루어진다.	(4) 사회구조의 모든 기능은 그 구성원들 사이에 이루어진 가치에 관한 합의에 의해서 수행된다.

다렌도르프는 사회적 실재의 갈등과 균형의 두 측면이 마치 개별적으로 독립해서 다만 병존하는 것처럼 본다. 그러나 균형이론으로 설명되는 사회적 실재라는 것은 한 집단의 평가와 정당화의 논리적 과정이 성공적으로 정착해서 유일한 지배적, 공통적 규범 및 존재양식으로서 군림하고 있는 상태를 의미한다. 따라서 이렇게 구성된 사회질서 안에 잠복된 불평등관계 가운데는 긴장이나 갈등이 잠자고 있는 것이다. 그러나 구성원들의 평가와 정당화의 과정에서 어떤 공통적 규범 및 존재양식도 절대적 자리에 군림할 수 없을 정도로 이단적(異端的) 규범 및 존재양식이 환원되거나 해소되지 않고 잉여집단으로 남아 있을 때 갈등 또는 불평등의 긴장관계가 이루어질 수

12) Ralf Dahredorf, ***Class and Class Conflict in Industrial Society*** (Stanford, Cal.: Stanford Univ. Press, 1959), 161쪽과 다음.

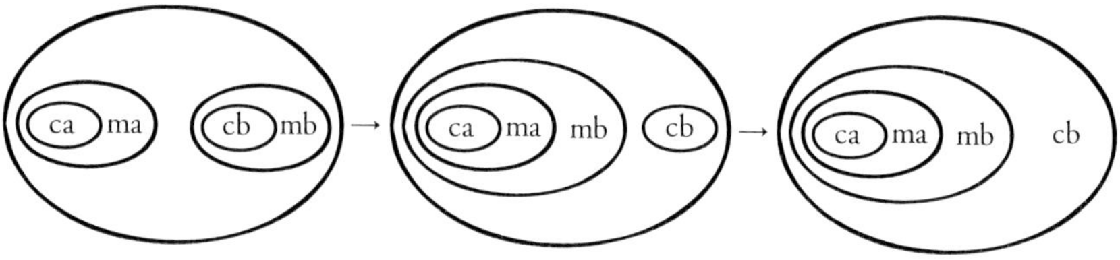

평등 갈등관계(구조 1)　　　불평등 갈등관계　　　불평등 균형관계(구조 2)

밖에 없다.

그러므로 우리는 갈등과 균형이라고 하는 병존하는 듯한 두 개의 정태적(靜態的) 모델이 사회를 구성하는 집단들이 펼치는 평가와 정당화라는 생존활동의 계속되는 과정 가운데서 두 개의 서로 다른 극적 상태를 이상화하고 있는 것이라고 생각할 수 있다. 말하자면 갈등과 균형상태는 평가와 정당화라는 생존활동의 과정으로 이루어지는 사회변동에서 나타나는 두 개의 시점(時點)으로 간주할 수 있다. 극단의 갈등상태(구조 1)에서 극단의 균형상태(구조 2)로 나아가는 한 과정을 다음과 같이 예시할 수 있다.

여기서 구조 2의 상태, 즉 완전한 불평등 균형관계가 성립할 수 있는가 하는 문제가 일어난다. 중심을 이루고 있는 지배적 가치 및 존재양식의 체계에로 환원되거나 흡수될 수 없는 불평객(不平客) 또는 잉여집단이 언제나 구석자리에 도사리고 있는 것이 아닌가? 완전한 균형적 구조에 가깝게 접근하는 한 역사적 시점을 발견할 수 있다면 그 시점에 도달한 그 순간부터, 외부로부터의 충격이 없는 한, 도대체 역사라는 것이 존재하지 않을 것이다. 과연 이렇게 잉여집단이 중심의 가치 및 존재양식에 완전히 통합된 균형구조라는 것이 존재할 수 있느냐에 대한 해답을 우리는 사회적 평가 및 합의과정에 대한 듀이의 합리주의적 해법에 대한 비판 그리고 모순해소에 대한 20세기의 몇몇 논리 사상가들의 생각으로부터 얻을 수 있다.[13)]

3. 이성의 사회학: 듀이에게서 파산된 합리주의

3.1 그의 평가와 합의의 논리적 과정이 이해관계와 입장을 달리하는 계급들 사이의 궁극적 갈등을 해소할 수 없다고 하는 맑스주의자의 비판에 대하여 듀이는 그가 제시하는 방법에 의해서 모든 당파들의 이익에 가능한 한, 가장 광범한 기여를 하는 방향으로 사회적 선택을 할 수 있을 것이라고 주장한다. 이렇게 사회적 합의 또는 사회질서의 합리적 구성에 대한 낙관적 입장을 택한 듀이에 의하면, 그의 평가방법은, "갈등의 대립을 각자의 특수한 요구들이 심사·평가될 수 있고 또 어느 한 편의 요구가 따로 주장될 때보다 더 포괄적 관점에서 논의되고 판단될 수 있는, 숨김이 없는 광장으로 끌어내는 역할을 하는 것이다."[14)]

흄으로부터 유래하는 현대 실증주의의 가치 인식불가론(non-cognitivism)을 배격한 듀이의 위와 같은 낙관적 평가방법이, 사회적 합의 또는 사회질서 구성의 문제에 관한 한, 슘페터, 애로, 벨과 같은 현대 사회이론가들의 발견에 역행하는 것이라고 생각된다. 따라서 갈등과 모순해소의 논리적 가능성을 신봉하며 집요하게 추구하는 서양 철학자들 가운데서도 가장 현실적인 듀이의 합리주의적 평

---

13) 위의 「대화의 논리로 본 역사」

14) John Dewey, ***Liberalism and Social Action*** (N. Y.: Capricorn Books, 1963), 79쪽.

가와 합의의 과정에 관한 이론의 허구가 반성되지 않고서는 그것이, 현대 사회이론가들에 의해서 제기된 문제의 사회질서 구성의 근거, 과정 및 미완성적 성격에 대한 논리적 이해가 이루어질 수 없는 것이다.

한 공동의 문제상황에 처한 각자는 그들의 상황을 다르게 파악하고 정의할 가능성이 언제나 있다. 왜냐하면 각자는 한 주어진 상황 안에서 그리고 그 밖의 상황에 대하여 여러 다른 관계에 놓여 있기 때문이다. 그리하여 하나의 상황에 참여하는 구성원들이 각각—그 공동의 상황 속에서 차지하는 각자의 위치 그리고 공동의 상황 밖의 집단 또는 상황들에 대하여 가지는 각자의 관계에 따라서—서로 다르게 문제의 상황을 파악하고 정의하게 될 것이다.

한 주어진 상황에서 A라는 집단은 어떤 사건을 해결해야 할 문제라고 보는데, B라는 집단은 그 사건이 전혀 문제도 되지 않는다고 주장할 수 있다. 도대체 어떤 사건이 문제라고 파악되는 이유는 무엇인가? "한 상황이 문제적인 것으로 보인다는 것은 우리가 이미 가치 있는 또는 타당한 것이라고 생각한 대상이 위협을 받고 있다는 것이다."[15] 문제적 상황이 존재한다는 것은 한 집단의 구성원들에 대하여 어떤 대상이 중요한 것으로 인식된다는 것을 의미한다. 따라서 주어진 상황에서 '무엇이 해결할 문제인가?'라는 토론을 아무리 거듭한다고 할지라고 각각 서로 다른 위치와 이해관계에 놓여 있는 집단 구성원들 사이의 불일치(不一致)의 관계를 전제로 하지 않고서는 어떤 결론에도 도달할 수 없는 것이다. 말하자면 어떤 사회적 합

---

15) Henry Stuart, "Dewey's Ethical Theory", ***The Philosophy of John Dewey***, ed. P. A. Schilpp (Evanston, Ill.: Northwestern University Press, 1939), 297쪽.

의 또는 질서를 구성하려고 할 때 고려해야 하는 현실적 조건 또는 출발점은 홉스가 제기한 갈등과 불일치의 원시적 자연상태라는 것이다.

3.2 문제를 정확하게 파악하고 정의한 뒤에 그 해결을 위한 과정을 이루는 것은, 행동의 여러 선택 가능성들을 가설하고 검토하여 각 선택에 따라올 결과들을 고려하는 것이다.[16] 듀이는 그 평가의 과정이 다음과 같은 두 개의 측면을 지니고 있다고 한다 : "[첫째로] 각 선택지(選擇脂)의 의미는 그것을 실천에 옮길 때 따라올 결과들로써 구성할 수 있다……. [둘째로] 한 선택에 따라올 결과들과 다른 가능한 선택에 따라올 결과들을 비교함으로써 한 선택지를 수락하고 또는 거부하는 잠정적 결정을 내리게 된다."[17]

각 선택지의 의미는 그 실천에 따라올 결과들로써 규정할 수 있다. 말하자면 평가과정의 일면은 제안된 선택지를 상상적 실험을 통하여 그것이 가져올 결과들에 연결시켜 봄으로써 그 선택의 적부(適否)를 심사하는 일이다. 그러나 두 사람은 동일한 선택지를 다른 결과들에 연결시킬 수 있으므로 한 선택지에 대하여 두 사람이 같은 의미를 부여한다는 것은 기대하기 어려운 일이다. 따라서 두 사람이 주어진 선택지들을 비교·평가하는 데 있어서 어떤 공통의 근거가 존재하기 어렵다.

어떤 종류의 결과들이 최종선택의 근거가 되느냐 하는 것은 궁극

16) John Dewey, ***Logic: The Theory of Inquiry*** (N. Y.: Holt, Rinehart & Winston, 1938), 170쪽.

17) 같은 책, 172쪽.

적으로 결정을 내리는 사람이 어떤 종류의 인간이며 또 어떤 종류의 인간이 되기를 원하느냐에 달려 있다는 것이다. 따라서 문제상황을 구성하는 자들이 여러 다른 선택 가능성들을, 거기에 따라올 결과들에 관련시켜서 비교하는 평가과정을 충실히 수행한 뒤에도 각 구성원은 서로 모순되는 결론에 도달할 수 있다.

그러므로 우리의 보다 중요한 질문은, 만약 한 문제의 상황을 구성하는 상이한 개인, 집단, 정당, 국가들이 동일한 가설적 선택지를 각기 다른 상상적 결과들에 연결시킬 때 무엇이 공동의 평가 또는 선택에 도달할 수 있는 방법이냐 함이다. 다양한 구성원 또는 집단들이 최종적 선택에 있어서 각각 서로 다른 결과들을 더 바람직하다고 또는 의미 있는 것이라고 주장한다면 이러한 갈등을 해결할 방법은 무엇인가? 듀이의 탐구 및 평가방법에 의해서 한 구성원의 선(善)이 다른 한 구성원의 선보다 더 우월하다고 논리적으로 또는 실증적으로 정당화할 수 있는가? 그렇게 단순한 방법은 오히려 문제의 정의와 해결을 위한 가설적 추리 및 비교를 하는 문제상황의 구성원들로 하여금 결국 서로 모순적인 다른 결론들에 이르게 함으로써 여전히 사회적 합의의 근거를 마련할 수 없게 하는 것이다.

앞에 논의된 근거에 의하면, 듀이의 탐구 및 평가방법은 적어도 사회적 합의 또는 사회질서 구성의 논리가 될 수 없다는 것이다. 듀이는 아마도 자격 있는 과학자들의 탐구 및 평가활동이 언제나 보편적 합의에 의해서 (특히, 자연에 관한) 과학적 지식의 세계(진리공동체)를 구성했던 것처럼 같은 방법에 의해서 사회질서의 세계(사회공동체)를 쉽게 구성할 수 있을 것이라고 예상했을 것이다. 그러나 20세기 후반의 세계에서 듀이가 지시하는 바와 같은 진리공동체나 사회공동체가 존재하지 않는다는 것은 분명하다.

4. 잉여세계에 건네는 대화인 역사

모든 구성원들의 상이한 이해관계를 조화시켜서 사회공동체를 구성하기 위한 듀이의 사회적 합의의 방법이 결국 불편부당의 넓은 관점(a broad and impartial view)[18]을 전제로 한다는 것은 그가 하나의 현실적이고도 강력한 사회이론을 제시할 수 없다는 것을 의미한다. 듀이 역시 홉스에 의해서 제출된 문제를 외면해 버린 것이다. 투표의 역설에 부딪쳤던 케네스 애로도 루소와 칸트류의 이상주의 철학(보편화가 가능한 도덕)에 호소하지 않고서는 구성원 다수에 의한 사회적 선택이 이루어질 수 없음을 논하고 있다.[19] 애로의 역설을 받아들이는 다니엘 벨은 민주적 토의에 의해서 모든 상이한 가치들 사이의 대립을 해소시키는 하나의 사회적 선택을 구성하는 방법은 타협 또는 협상밖에 없다고 한다.[20] 그리고 사회적 선택의 보다 현실적 구성방법이 제안된 것은 슘페터의 고전적 민주주의에 대한 대안에 의해서였다. 그는 민주주의의 방법이란 구성원들로부터 보다 많은 투표를 얻기 위한 경쟁을 통해서 권력자가 선택되는 것을 보장하는 제도적 장치를 의미한다고 하였다.[21]

앞의 논의는 사회적 선택이 구성원들의 동등한 참여와 합의에 의해서 이루어질 수 없는 논리적 조건을 밝혀 주고 있다. 실제로 사회질서의 구성은 구성원들의 불평등관계에서 이루어질 수밖에 없다

18) John Dewey, ***Human Nature and Conduct*** (N. Y.: The Modern Library, 1930), 246쪽.
19) Arrow, 위의 책, 81~86쪽.
20) Bell, 위의 책, 307쪽과 다음.
21) J. Schumpeter, 위의 책, 269쪽.

는 것을 사회질서에 관한 두 개의 대립된 이론을 전개하는 파슨스와 다렌도르프가 다 같이 시인하고 있다.[22)]

그러나 사회적 선택에 관한 듀이의 탐구 및 평가의 논리적 과정을 비판적으로 분석하는 데서 나오는 결과는 다만 사회질서가 구성원들의 평등한 관계와 합의에 의해서 이루어지는 것이 아니라는 간단한 결론일 수는 없다. 듀이의 탐구 및 평가의 과정에 관한 비판적 분석의 결과는 : (1) 사회적 선택, 말하자면 사회질서가 합리적으로 합의에 의해서 이루어질 수 없는 논리적 한계를 명시해 줄 뿐만 아니라 (2) 이러한 사회질서, 예를 들면 사회계층의 형성근거로서의 평가와 합의의 과정은 언제나 다시 논란될 수밖에 없는, 말하자면 미완성에 머무를 수밖에 없는 것임을 밝혀 준다. 언제나 다시 논란될 수밖에 없는 것은, 피지배의 위치에 놓여 있는 구성원들이 그리고 때로는 (그들의 도전 때문에) 지배의 위치에 놓여 있는 구성원들이 결코 완결(합의)될 수 없는 새로운 탐구(모색) 및 평가의 과정을 전개해서 각각 그들에게 보다 만족스러운 사회질서를 재구성하려는 투쟁을 다시금 시작할 수밖에 없기 때문이다.

사회적 합의를 위한 평가의 논리적 과정이 미완성에 머무를 수밖에 없기 때문에 어떤 공통의 규범이나 인식체계도 절대의 자리에 군림할 수 없으며, 따라서 주변적 존재 및 가치의 소유자가 공동의 체계에로 환원되거나 해소되지 않고 잉여지대에 남아서 불평등관계를 구성한다. 이렇게 구성원들의 평등한 참여와 합의에서가 아니라

22) Talcott Parsons, "An Analytical Approach to the Theory of Social Stratification", ***American Journal of Sociology***, XLV (Nov., 1940), 849~862쪽; Dahrendorf, "On the Origin of Inequality among Men", ***Essays in the Theory of Society***, 151~178쪽.

지배하는 자(중심)와 지배받는 자(주변)의 불평등관계에 의해서 이루어지기 때문에 사회적 합의와 사회질서의 형성과정은 언제나 중심과 주변 사이의 지배, 대치(對峙) 또는 교체라고 하는 역사적 관계로써 이어지게 된다.

인간이 자연을 정복하고 문화와 역사를 만들어 내는 창조적 주체인 것은 사실이지만, 보다 거시적 차원에서 돌이켜볼 때 인간은 역시 자연의 부분으로서 존재하기 때문에 자연법칙의 커다란 테두리를 벗어나서 그의 운명과 역사를 개척하거나 그의 평등과 보편에 대한 이념을 완전하게 실현할 수는 없는 것이다. 그리하여 이념과 실천의 능력으로써 뛰어넘을 수 없는 장벽 또는 저항으로서의 운명과 자연의 질서를 시인하지 않으려 함은 인간의 부질없는 환상임에 틀림없다.

잉여이론은 이러한 제약조건하에 있는 탐구와 평가 또는 이념실천의 의지가 지니는 편협한 목적지향성에 대하여 깊이 반성하는 정신적 자세의 표현이다. 만약 비판정신(또는 반성정신)으로서의 잉여론의 계보를 칸트의 선험주의에서 출발하는 것으로 이해한다면 잉여론의 가장 중요한 방법을 쉽게 파악할 수 있을 것이다. 현상세계의 정연한 논리적 질서를 철저하게 추구하면서도 그것이 다만 인간의 선험적 사유체계를 반영하는 것일 뿐이며 진정한 본체세계는 그 선험적 논리 밖에 존재할 것이라고 주장한 칸트의 비판정신, 그 이념비판의 객관정신이야말로 잉여론이 추구하는 바로 그것이라고 할 만한 것이다. 그는 무한히 반복된 사실관찰과 경험에 의해서도, 가장 엄밀하고 체계적인 논리의 추적에 의해서도, 본체세계의 진리는 우리의 편이 될 수 없다고(검증될 수 없다고) 함으로써 인간적 논리와 이념의 벗어날 수 없는 주변성을 그 한계로서 자각하는 훌륭한 객관정신을 발휘하였다.

이러한 객관정신에 의해서 이해되는 것은 무엇인가? 논리적 추적 저편에 논리로써 넘을 수 없는 잉여지대 곧 미결정의 세계가 언제나 존재하는 것처럼 이념과 실천 저편에 이념과 실천으로써는 정복할 수 없는 잉여지대, 곧 무리(無理)와 비정(非情)의 현실세계가 도사리고 있다는 것이다.

헤겔은 합리적인 것은 현실적이고 현실적인 것은 합리적이라고 말했다. 그러나 우리가 부딪치는 자연과 사회 또는 역사현실 가운데에 어떤 논리나 이념으로써 이해하거나 해소할 수 없는 예외의 사건 곧 잉여의 현상들이 얼마나 많은가? 예외적 사실과의 끝없는 과리를 계기로 의외의 과학사가 이루어지고 주변자의 쉼 없는 도전과 갈등을 계기로 전대미답(前代未踏)의 역사가 전개되어 가는 모습을 볼 수 있다. 오늘을 지배하는 논리로써 이해할 수 없는 광막한 자연과 오늘의 이념실천으로써 정복할 수 없는 문화적 혼돈과 역사적 장벽이 언제나 우리 앞에 과제로서 놓여 있다. 과학도가 기존의 논리로써 설명할 수 없는 잉여현상에 부딪쳐 다만 침묵하듯이 우리는 우리의 이념실천으로써는 해소할 수 없는 무리와 비정의 잉여현실 가운데서 시달리며 좌절한다.

그러므로 역사는 인간적 이념과 실천의 결단하는 방향으로 이루어지는 것이 아니라, 그러한 목적관념과 행위의 편협성을 끊임없이 제약하고 좌절시키는, 아직 전모를 알 수 없는 잉여의 벽 앞에서 오히려 이념과 논리의 노예인 자기 자신을 끊임없이 주변자로 밀어내는 객관의 질서와 냉혹한 현실에 부딪치는 과정이다. 그러므로 역사는 인간의 자기(그것이 이념이든 욕망이든 그 밖의 무엇이든) 실현의 운동이 아니라 인간이 아직도 통제할 수 없고 실현할 수도 없는 잉여 세계를 향하여 건네는 대화의 운동이다.

그 대화에 있어서 응답자는 누구인가? 아직도 세상에 그 자신의 최후의 구도를 펼치기 위하여 기다리는 잉여의 주변자다. 그 주변자는 때로는 노도 같은 물결을 타고 덮쳐 와 일껏 자리 잡힌 중심자의 판도를 뒤집어 놓는다. 그 주변자는 소외된 인간인가? 그는 말없는 자연의 질서인가? 그 뜻을 헤아릴 수 없는 초월자인가? 그러나 그들은 어떤 이름으로 불리든 간에 다만 아직 실현되기를 또는 응답하기를 기다리는 잉여지대의 대변자이며 대행자일 뿐이다.

만약 누구든지 이념실천에 의해서 또는 그러한 것들을 지닌 인간 주체의 창조적 활동에 의해서 오늘의 역사가 이루어지는 것처럼 이해한다면, 그러한 역사는 인간의 아주 가벼운 일시적 유희일 수밖에 없을 것이다. 왜냐하면 이 우주의 역사 가운데서 인간 이념의 창조적 활동이 그렇게 실현되어 본 일도 없고 그렇게 될 수도 없기 때문이다. 19세기말로부터 오늘에 이르기까지 특히 한국사의 전개과정은 과연 어떠한 이념과 실천에 의해서 이루어진 것인가? 언제나 우리들은 어떤 주류에도 소속될 수 없는 세계사의 (또는 더 근본적으로 자연사의) 잉여지대에서 살고 있는 것이다. 일반적으로 제3세계에 속하는 주변자들의 역사현실은 세계사의 주류에서 밀려난 잉여지대에서 이루어진다. 자신의 이념과 의도와는 판이하게 전개되어 온 수모(受侮)와 좌절 또는 은폐와 변명의 역사를 어떤 시대의 이념이나 보편정신의 실현과정이라고 합리화하려는가?

미완성의 변

「찾아보기」를 만들어 넣으려고 애써 보았으나 잘 되지 않았다. 대안으로서 다음과 같은 개념의 얼개를 지어 보았다. 위의 글 가운데서 제출된 사상과 논리가 아직 변변치도 못하거니와 십여 년의 변화를 거치며 이루어진 것이어서 이런 얼개로라도 전체에 흐르는 구도를 짜 보이는 것이 특히 이런 쪽의 연구를 체계화하려는 다음 세대를 위하여 필요하다고 생각했다.

모든 존재하는 사태가 주변화하는 보편적 경향을 얼개 (1)에서는 원시성(原始性)의 심화단계로서, 얼개 (2)에서는 보편성의 심화단계로서 표현하였다.

얼개(1) : 원시성의 심화단계

(1.1) **호모 에렉투스의 돌도끼**, 질그릇, 범주, 로고스, 상향추론, 귀납법, 플라톤의 변증법, 하향추론, 연역법, 헤겔의 변증법, 발견과 증명의 논리, 가설행위론, 물리학, 논리체계의 모순과 잉여의 지양, 주변유도의 논리, 결정성의 논리.

(1.2) **코페르니쿠스의 전회**, 지질학과 고대 생물학의 자연사, 가면

동일자로서의 존재와 의식, 이론적 사변의 주변성, 허사(虛辭) 결정론, 논리적 숙명으로서 다름, 자체분열, 혼돈, 모든 존재하는 사태의 주변화, 의존성의 논리.

얼개(2) : 보편성의 심화단계

(2.1) 순수이론의 합리성, 로고스, 일관성, 연역주의, 모순배제, 주변의 잉여와 타자성의 배제 또는 동일화, 결정성의 논리.

(2.2) 실제의 합리성, 전체의 형평성, 대대(對待)관계, 귀납법, 카타스트로피, 주변의 잉여와 타자성에의 함몰(동화) 또는 공존.

(2.3) 형평관계, 자체분열, 존재와 의식의 주변화와 해체, 의존성의 논리.

* * *

글자의 어지러운 모음들을 읽힐 만한 이야기로 구성하는 일을 위해 김귀룡, 김선영, 조성우, 윤민재 동학이 여러 날 밤을 새웠다. 영문으로 냈던 것을 수정하고 번역하는 일을 최세만, 박우석, 김혜련 선생 그리고 최병일 동학이 도왔다. 마지막 검독과 비평을 김상봉, 김상환 선생으로부터 받았다. 지나칠 수 없는 난문(難文)을 걸어와서 핵심에 들어앉은 개념을 다시 조정하도록 정성호 선생과 박영옥을 비롯한 여러 동학들이 끌어내 주었다. 철학에 관한 한 형식적 교육을 받은 일이 없는 내자가 언제나 나의 번잡한 표현들을 스스로 반추하고 깎아 버리도록 하는 데에 기여했다.

『철학과 현실』(서울: 철학문화연구소)에 실렸던 3편의 글을 포함하는 이 책의 큰 부분이 1989년도에 연세대학교에서 수여한 학술연구 과제를 이루도록 마련되었다. 이런 작업에 관련해서 여기에 드러내기에 송구한 몇 분의 스승과 동료교수로부터 받은 학문 안팎의 자극과 시혜(施惠)에 대하여 보응할 길이 없음을 느낀다. 하나의 철학 저술로는 모험에 가까운 내용전개와 스타일에도 불구하고 고려원 편집부의 특별한 관점과 이해가 있었기에 이런 책도 세상에 나올 수 있게 되었다. 오십을 한참 지나서야 나는 혼자 설 수 없음을 받아들이게 되었다. 학문에서는 어떤 보탬이 됐을지 모르나 일생으로서는 이미 늦은 깨침이다.

박동환